JIANCHAQUAN DE
XITONG GONGNENG
FENXI YANJIU

检察权的系统功能分析研究

贵州民族大学
威宁自治县人民检察院　编著

中国政法大学出版社
2025 · 北京

图书在版编目（CIP）数据

检察权的系统功能分析研究 / 贵州民族大学，威宁
自治县人民检察院编著. -- 北京：中国政法大学出版社，
2025. 9. -- ISBN 978-7-5764-2278-8

　　Ⅰ. D926.304

中国国家版本馆 CIP 数据核字第 2025166ES3 号

出 版 者　　中国政法大学出版社

地　　址　　北京市海淀区西土城路 25 号

邮寄地址　　北京 100088 信箱 8034 分箱　　邮编 100088

网　　址　　http://www.cuplpress.com (网络实名：中国政法大学出版社)

电　　话　　010-58908441(编辑部) 58908334(邮购部)

承　　印　　固安华明印业有限公司

开　　本　　880mm×1230mm　　1/32

印　　张　　11.25

字　　数　　270 千字

版　　次　　2025 年 9 月第 1 版

印　　次　　2025 年 9 月第 1 次印刷

定　　价　　48.00 元

在全面依法治国深入推进的时代背景下，构建具有中国特色的检察自主知识体系，不仅是检察事业自身发展的内在需求，更是法治中国建设进程中不可或缺的重要一环。检察权作为国家公权力的重要组成部分，其理论内涵、制度架构与实践运行，深刻影响着国家法治体系的完善与法治效能的发挥。

检察自主知识体系的构建，源于对检察权本质属性的深刻认知与精准把握。检察权在国家权力结构中占据独特地位，与审判权、监察权、行政权等相互关联又彼此独立。从宪法层面来看，检察权的宪法地位明确了其在国家权力体系中的角色与使命，其与其他公权力合理分工协作，共同构筑起国家治理的法治框架。深入剖析检察权与审判权、监察权、行政权之间的关系，有助于厘清权力边界，避免权力冲突与滥用，确保权力在法治轨道上规范运行。同时，检察权在监督体系中的定位，凸显了其在维护法治统一、保障公平正义方面的重要作用，是法治监督体系不可或缺的组成部分。

我国检察权制度有着深厚的历史渊源与独特的发展轨迹。从人民检察制度中"检察权"概念的发端，到"检察权"概念社会主义内涵的形成，再到改革开放后检察制度的不断发展与完善，检察权制度始终与国家发展、法治进步紧密相连。这一过程不仅见证了我国法治建设的历程，也为构建检察自主知识体系提供了丰富的实践素材与理论源泉。通过对我国检察权制度形成与发展的梳理，我们能够更好地理解检察权在本土法治语境中的特殊意义与价值，为构建符合中国国情的检察自主知识体系奠定坚实基础。

全面依法治国战略的实施，为检察机关依法履职提供了广阔的舞台与明确的方向。检察机关作为全面依法治国的重要力量，其依法履职与全面依法治国之间存在着紧密的内在联系。法律监督职能作为检察机关的核心职能，是全面依法治国的直接实践路径，通过履行这一职能，检察机关能够有效监督法律的实施，确保法律在各个领域得到严格遵守。双向赋能机制的构建，使得检察机关在依法履职过程中，既能够为法治运行提供有力保障，又能从法治实践中汲取养分，不断提升自身的履职能力与水平。公平正义的具象化实现、国家治理现代化的法治保障体系构建等，都离不开检察机关的积极参与与有效作为。同时，全面依法治国也为检察机关依法履职提供了坚实的制度保障与良好的外部环境，使检察机关能更好地履行职责，服务法治建设大局。

在刑事诉讼、民事监督、行政监督以及社会治理等不同领域，检察权发挥着多种功能。在刑事诉讼领域中，公诉权通过起诉权与不起诉权的平衡、对侦查活动和审判活动的监督与制约等，保障刑事诉讼的公正、高效进行；侦查监督权确保侦查活动的合法性，纠正违法侦查行为，保障犯罪嫌疑人的权益；审判监督权则通过对审判活动的法律监督、抗诉权的行使等，促进司法公正并提高效率。在民事监督、行政监督领域，民事检察监督和行政检察监督分别针对民事生效裁判、民事执行、行政诉讼、行政非诉执行等方面开展工作，维护当事人合法权益，促进行政机关依法行政。在社会治理中，检察权在公共利益保护、社会矛盾化解以及国际合作等方面发挥着积极作用，为构建和谐稳定的社会环境贡献力量。特别是在未成年人司法保护领域，检察权从刑事司法保护到民事、行政司法保护，再到实践创新，全方位守护未成年人的健康成长，彰显了检察工作的人文关怀与社会责任。

随着大数据技术的飞速发展，检察智能化成为检察事业发展的新趋势。大数据技术在提升法律监督功能、司法办案效能以及社会治理参与功能等方面展现出巨大潜力。通过拓展侦查监督功能、深化审判监督功能、优化执行监督功能，大数据技术为检察工作注入了新的活力，提高了法律监督的精准性与实效性。在司法办案过程中，大数据技术能为案件线索的发现与排查、证据的收集与审查以及案件质量评估与风险预警提供帮助，提升司法办案的效率与质量。在社会治理领域，大数据技术为犯罪态势分析与犯罪预防、行业监管与治理以及公共利益保护等提供了有力支持，拓展了检察权参与社会治理的深度与广度。

然而，在依法履职背景下，检察权运行也面临着诸多挑战。司法改革的深入推进对检察权产生了多方面的影响，既带来了发展机遇，也提出了新的要求与挑战。技术革新如大数据、人工智能等在检察工作中的应用，在赋予检察工作高效与便利的同时，也对检察人员的专业素养与技术应用能力提出了更高要求。面对这些挑战，我们需要积极探索应对策略，加强检察队伍建设，提高检察人员的政治素质、业务能力和职业道德水平；完善检察工作机制，优化工作流程，提高工作效率与质量；推进科技强检战略，充分利用大数据、人工智能等技术手段，提升检察工作的智能化水平；强化社会监督与舆论引导，增强检察工作的透明度与公信力，营造良好的法治舆论环境。

本书旨在系统探讨检察权的理论内涵、制度发展、功能作用以及面临的挑战与对策，以期为构建中国检察自主知识体系贡献一份力量。通过对检察权相关问题的深入研究，我们期望能够为检察实践提供有益的参考与指导，推动检察事业不断向前发展，为全面依法治国、建设社会主义法治国家提供坚实的检察保障。

我们相信，在全面依法治国的伟大征程中，中国检察自主知识体系必将不断完善与发展，检察权将在国家治理体系和治理能力现代化进程中发挥更加重要的作用，为实现社会公平正义、维护国家法治尊严作出新的贡献。

本书在撰写过程中，参考了大量的学术文献和实践资料，得到了贵州民族大学以及众多专家学者的指导和帮助，我们在此表示衷心的感谢。同时，由于检察学是一个不断发展和完善的领域，书中难免存在不足之处，恳请广大读者批评指正。

目 录

第一章

检察权的理论分析

从国家权力结构的整体框架来看，我国实行的是人民代表大会制度，由人民代表大会统一行使国家权力。在这一制度下，国家的行政机关、审判机关、检察机关以及监察机关等，都由人民代表大会产生，并对人民代表大会负责，受其监督。这种制度设计确保了国家权力的统一性和协调性，同时也为检察权的独立行使提供了坚实的宪法基础。[1]检察权在宪法上被明确为国家的法律监督机关所享有的职权。《宪法》[2]第 134 条规定："中华人民共和国人民检察院是国家的法律监督机关。"这一规定不仅确立了检察机关的法律地位，也明确了检察权的基本属性，即法律监督。检察机关通过行使检察权，对法律的实施情况进行监督，确保国家法律的统一、正确实施，维护国家法治的尊严和权威。此外，检察权在与其他国家权力的关系中，也展现出其独特的作用和价值。一方面，检察权与立法权密切相关。立法权决定了检察权的内容，检察权则是立法权的具体体现和保障。检察机关在行使检察权时，必须严格遵守法律的

---

〔1〕 马长山：《面向"三维世界"的数字法学》，载《中国社会科学》2024 年第 11 期。

〔2〕 全称为《中华人民共和国宪法》，为行文方便，全书提及我国法律名称时均直接使用简称。

规定，确保法律的正确实施。另一方面，检察权与行政权、监察权、审判权等相互独立、相互制约。在人民代表大会制度之下，这些权力处于平行地位，共同构成了国家权力结构的有机整体。

一、检察权的宪法地位

在全球政治法律体系的立体图谱中，不同国家的检察权制度恰似各具特色的文化基因载体，不仅映射着差异化的社会政治经济结构，更镌刻着独特的历史密码与文化指纹。这种制度多样性的形成机制，可从马克思主义政治经济学与历史唯物主义的双重视角进行解构：经济基础作为社会运行的底层逻辑，直接塑造着检察权制度的形态特征[1]；而历史传承与文化传统，则为制度注入了鲜活的民族性格。从经济基础决定论视角观察，19 世纪中叶英国检察制度的演变颇具典型性。随着工业革命推动资本主义生产关系成熟，为适应自由市场经济对司法效率的需求，英国逐步将大陪审团的部分职能剥离，设立皇家检察官办公室，并将其纳入行政体系管理。这种制度设计既保障了司法程序的统一性，又契合了资产阶级对行政权强化控制的现实需求。反观北欧福利国家，20 世纪 70 年代以来，为应对社会民主主义经济政策下公共事务的激增，芬兰、瑞典等国将环境监察、公益诉讼职能独立化，形成与传统刑事检察并行的双轨制，这正是国家干预主义经济模式在司法领域的具象化呈现。

在历史维度，法国检察制度的演进轨迹深刻体现了历史惯性的塑造作用。自 13 世纪腓力四世设立"国王代理人"制度

---

〔1〕 王翔：《迈向数字法治政府：开放政府视角下的公民法治满意度》，载《东北大学学报（社会科学版）》2024 年第 5 期。

起，法国检察权始终作为王权延伸的象征存在，即便经历大革命的制度重构，检察官"站着的法官"这一定位依然延续至今。这种将检察权定位为司法监督核心的传统，与其大陆法系成文法传统及中央集权历史密不可分[1]。而在普通法系的美国，检察权的分散化是其联邦制历史传统的直接体现。联邦与各州检察系统平行并存，在刑事起诉、反垄断等领域形成复杂的权力博弈与协作关系。这种制度设计在宪法框架下有效平衡了中央权威与地方自治间的历史张力。

文化因素对检察权制度的影响同样显著。德国刑事诉讼法确立的"客观义务"原则，要求检察官超越当事人立场追求实体正义，这与日耳曼民族崇尚秩序、强调国家责任的文化特质深度契合。与之形成对比的是日本检察厅奉行的"起诉便宜主义"，其在轻微犯罪案件中广泛适用暂缓起诉，这一司法柔性实践则与日本"以和为贵"的传统观念及战后民主化转型密切相关。值得注意的是，即便是制度趋同的欧盟国家，在检察权行使上仍存在显著差异：意大利检察官在反腐败调查中拥有较大的自由裁量权，这与其长期打击有组织犯罪的特殊国情密切相关；而荷兰则通过检察指导委员会制度，将检察官决策纳入集体协商框架，这深刻反映了其源远流长的协商共识政治文化。

这些制度实践表明，检察权制度的多样性并非偶然产物，而是特定时空条件下，经济基础、历史传承与文化传统共同作用的结果。理解这种多样性，需要穿透制度表象，深入剖析其背后的社会运行逻辑与文明演进脉络。社会存在决定社会意识，社会意识是社会存在的反映。检察权制度作为社会意识的一种表现形式，不仅受到社会经济基础和历史传承的影响，还深刻

---

〔1〕　黎江虹、周坤琳：《数字秩序：从自发到规范的法治型塑》，载《理论与改革》2024 年第 5 期。

地反映着特定时期、特定国家的政治、法律、文化等社会存在状况。因此，在分析和比较不同国家的检察权制度时，我们必须将其置于更广阔的社会历史背景之中，才能更准确地把握其本质和特征。不同国家的检察权制度之所以呈现出丰富多样的形态与地位，正是因为它们各自独特的社会政治经济结构、历史传承与文化底蕴。这一现象不仅验证了马克思主义基本原理的正确性和科学性，也为我们深入理解和比较不同国家的检察权制度提供了有力的理论支撑和思维框架。

在现代国家复杂的权力交互网络中，检察权的演变轨迹呈现出独特的历史脉络与制度逻辑。以 1808 年《法国刑事诉讼法典》确立的检察制度为起点，检察权从行政权体系内的辅助职能逐渐演变为司法监督领域的核心力量。这种演变并非一蹴而就，而是经历了从拿破仑时期检察官作为"国王代理人"，到现代社会作为"法律守护人"的角色转型[1]。检察权被赋予的"二级权力"特性，在德国的司法体系中体现得尤为典型——检察官既非纯粹的行政官僚，也不同于独立的司法官，而是通过《德国法院组织法》确立的"双重领导制"，在接受司法部指令的同时保持在诉讼程序中的法定独立性。

这种权力定位使检察权在司法监督中形成了立体化的职能网络：在刑事诉讼领域，检察官通过证据审查、诉前调查等环节，对侦查机关形成实质制约；在行政诉讼中，德国巴伐利亚州的检察官可代表公共利益提起客观诉讼，纠正行政机关的违法行政行为；而在民事公益诉讼层面，日本检察厅在环境公益诉讼案件中，通过行使调查取证权和诉讼指挥权，有效填补公民诉讼能力不足的制度缺口。然而，这种"嵌入式"的权力运

---

〔1〕 陈治：《财政可持续的数字治理及其法治路径》，载《法学》2024 年第 7 期。

行模式也带来了现实困境，如意大利曾因检察官过度介入政治调查，引发行政部门通过《司法改革法》限制其侦查权限的争议事件。

相较于西方，中国共产党领导下的人民代表大会制度构建了独特的权力监督范式。从陕甘宁边区时期"审检合署"的制度探索，到 1954 年《宪法》确立独立检察体系，再到 2018 年国家监察体制改革后形成的"监察-检察"双轨监督机制，中国的检察制度始终与国家治理现代化进程同频共振。在这一制度框架下，最高人民检察院发布的《行政检察工作白皮书（2024）》指出，2024 年全国检察机关共办理行政诉讼监督案件、行刑反向衔接案件 19.47 万件，办理行政违法行为监督案件提出检察建议 1.7 万件。

在监督机制创新方面，浙江检察机关首创的"数字检察"平台具有典型示范意义。该平台通过抓取法院裁判文书、行政处罚数据、环保监测信息等数据源，运用大数据碰撞分析技术，成功发现某县非法倾倒危险废物线索，最终督促相关部门清理污染物。这种"个案办理—类案监督—系统治理"的监督路径，既彰显了检察权的能动性，又通过与监察机关的线索双向移送机制，实现了政治监督与法律监督的有机统一。这种制度设计打破了传统权力监督中的信息壁垒，通过"制度+科技"的双重赋能，构建起具有中国特色的权力监督体系，为全球治理提供了全新的制度样本。从比较法视野审视，我国检察权的宪法定位既遵循权力配置的普遍规律，又彰显鲜明的中国特色。与西方检察权多依附于行政或司法体系不同，我国检察权作为独立的国家权力形态，直接由人民代表大会产生并对其负责，这种制度设计打破了传统的思维定式，构建起具有本土特色的权力监督体系。其作为法律监督机关的宪法属性，不仅是对列宁法律监督理论的继承发展，更契合我国"议行合一"体制下权力运行的内在逻辑，为推进全面依法治国提供了独特的制度方案。

检察机关作为国家法律监督体系的核心支柱，其独立性与专业性不仅是衡量法律体系完备程度的关键标尺，更是法治国家治理能力现代化的重要标志。在我国"一府一委两院"的权力架构中，检察机关与行政机关、监察机关、审判机关既分工明确又相互制衡：行政机关负责政策执行，监察机关专司公职人员监督，审判机关行使司法裁判权，而检察机关则通过审查起诉、公益诉讼、诉讼监督等法定职权，对法律实施进行全流程监督。这种权力间的协同与制约机制，犹如精密运转的法治齿轮，确保国家治理体系在法治轨道上稳健运行。

回溯历史长河，1954年《宪法》首次以根本大法的形式确立了检察机关的宪法地位，将"人民检察院"写入国家权力架构。在计划经济向市场经济转型的关键时期，检察机关通过设立经济检察部门，重点打击经济犯罪，为改革开放保驾护航[1]；1979年《人民检察院组织法》修改后，恢复设立各级检察院，构建起覆盖全国的法律监督网络；2018年监察体制改革后，检察机关及时调整职能，将职务犯罪侦查权划转监察委员会，转而聚焦刑事诉讼监督、民事行政检察监督等核心职能，实现监督重心的战略性转移。

现行《宪法》不仅明确规定检察机关由各级人民代表大会产生、对产生它的国家权力机关负责并报告工作，更通过具体条款保障检察机关独立行使检察权。例如，《宪法》第136条确立的"检察权独立"原则，配合《刑事诉讼法》中关于审查逮捕、审查起诉的程序规范，从实体和程序双重维度确保检察机

---

〔1〕 张志坚：《数字法学真的来了》，载《华东政法大学学报》2024年第4期。

关排除外部干扰，依法独立履职。在司法实践中，检察机关通过设立案件质量评查机制、推行检察官办案责任制、建立跨行政区划检察院等制度创新，持续提升专业化水平。以最高人民检察院发布的指导性案例制度为例，其通过典型案例的示范效应，统一法律适用标准，有效破解司法实践中的疑难问题，切实维护法律权威。

在组织架构层面，检察机关构建起覆盖全国、层级清晰、职能明确的立体化检察体系。最高人民检察院作为中枢机构，统筹指导全国检察工作；省级、市级、基层三级检察院依托行政区划，在各地设立分支机构，承担案件办理、法律监督等核心职能。同时，针对金融安全、铁路运输、军事国防等特定领域，设立专门检察院，如铁路运输检察院负责办理涉铁路运输案件、中国人民解放军军事检察院维护国防军事领域法治秩序，这种"纵向到底、横向到边"的架构设计，既保障了检察工作的统一性，又实现了专业领域的精准覆盖。建立上下贯通的案件指导机制、人员培训体系和资源调配制度，不仅强化了检察机关内部管理的规范化与专业化，更确保了在应对复杂社会矛盾时，各级检察院能够依托信息化指挥平台实现快速响应、精准施策，为法律监督职能的全面履行提供坚实的组织保障。

从权力属性看，检察权作为中央事权的定位具有深刻法治内涵。《宪法》第 136 条明确规定"人民检察院依照法律规定独立行使检察权，不受行政机关、社会团体和个人的干涉"，这一刚性条款为检察权运行划定了清晰的边界。在司法实践中，检察机关通过垂直管理的人事任免机制、中央与地方分级保障的经费管理模式，有效剥离了地方行政干预。以某省检察机关办理跨区域环境污染公益诉讼案件为例，上级检察院通过指定异地管辖、统一调配办案力量，突破地方保护主义阻碍，依法追究污染企业责任，是检察权独立性的生动体现。同时，检察权的行使必须严格遵循法定程序：从案件受理、审查逮捕到提起公诉，每个环节都有明确的法律时限和证据标准[1]；在开展法律监督时，可通过抗诉、检察建议等法定手段，对侦查机关、审判机关形成有效制约。这种既独立又受制约的权力运行机制，确保检察机关既能以国家法治维护者的身份履行职责，又能通过内部监督、外部制约机制防范权力滥用，让每一项检察活动都经得起法律与历史的检验。

二、检察权与审判权

在刑事诉讼程序的具体运行中，检察权与审判权的交互作用贯穿始终。从立案侦查环节起，检察机关依据《刑事诉讼法》行使侦查监督、审查起诉权，通过对证据合法性的严格把关，为后续审判筑牢事实根基。例如在某起经济犯罪案件中，检察机关经退回补充侦查两次，最终将证据链完整度提升至符合起诉标准，这种主动纠错机制体现了检察权对司法质量的前置把控。

进入审判阶段后，审判权以中立姿态对指控事实进行实质性审查。法官通过法庭调查、辩论等环节，对检察机关移送的卷宗材料和庭审出示的证据进行综合评判。在某涉黑案中，法院依据证据规则排除了三份非法取得的证人证言，这正是审判权对检察权的有效制约。这种权力运行模式形成了"检察指控—审判裁判"的双向监督机制：检察机关通过行使抗诉权对确有错误的判决进行法律监督，法院则通过行使证据审查权对不当指控予以纠正，二者共同构筑起刑事诉讼的双重防线。

---

〔1〕 郑智航：《数字法学的理论品格与学科定位》，载《华东政法大学学报》2024 年第 4 期。

　　这种动态平衡在认罪认罚从宽制度中尤为显著。检察机关在量刑建议环节发挥主导作用，通过精准提出量刑幅度引导犯罪嫌疑人认罪悔罪；法院则对认罪认罚自愿性、具结书合法性进行实质审查，当出现量刑建议明显不当的情形时，可依法调整或要求检察机关重新提出，这种既协同又制衡的关系，确保了认罪认罚从宽制度在法治轨道内运行。两种权力通过职能分工与程序衔接，既保障了刑事诉讼的高效推进，又维护了司法裁判的终局权威，共同构建起公正高效的刑事司法体系。

　　（一）检察权与审判权的异质性

　　从权力性质与功能定位维度剖析，检察权的法律监督属性通过立体化的职能体系彰显。在刑事诉讼领域，检察机关以国家公诉人的身份，构建起"三级审查过滤"机制：首先对侦查机关移送的案卷材料进行全面形式审查，核查证据收集程序是否合法、法律文书是否完备；其次开展实质证据审查，运用印证规则比对言词证据与实物证据，对存在矛盾的证据链进行补正或排除；最后进行法律适用研判，结合司法解释和指导性案例，准确界定犯罪构成要件。以某网络诈骗案为例，检察机关在审查中发现侦查机关对电子数据提取未严格遵循《刑事诉讼法》第52条，遂退回补充侦查并附详细补查提纲，最终引导侦查机关通过专业技术手段固定关键电子证据[1]。这种公诉权的行使不仅实现了对犯罪行为的法律追责，更通过建立"证据审查指引"等规范性文件，从制度层面倒逼侦查机关规范取证行为。

　　在民事与行政诉讼监督方面，检察建议制度已形成"调查—建议—反馈"闭环监督体系。当发现审判程序存在违法送达、

―――――――
　　〔1〕　石龙潭：《数字政府建设如何插上法治翅膀——日本的对策与启示》，载《行政法学研究》2024年第5期。

回避制度未落实等程序性瑕疵，或裁判结果出现法律适用错误、事实认定不清等实体性问题时，检察机关会组建由民事行政检察专家、高校学者组成的专项审查组，运用类案检索系统比对相似判例，制作包含法律依据、证据清单、整改建议的检察建议书。在某建筑工程合同纠纷案件中，检察机关通过调阅庭审录像发现法官未对关键证人证言进行交叉询问，导致事实认定错误，遂向法院发出检察建议，推动该案再审改判。

在公益诉讼领域，检察机关构建起"线索发现—立案调查—提起诉讼"的全链条监督模式。依托"公益损害与诉讼违法举报中心"平台，结合卫星遥感监测、无人机巡查等技术手段，建立生态环境、食品药品安全等领域的风险预警模型[1]。例如在长江流域生态保护专项监督中，检察机关通过分析卫星影像数据，锁定非法采砂点位，联合环保部门开展实地勘查，运用环境损害司法鉴定技术量化生态修复成本，最终向法院提起民事公益诉讼并获得支持。这种监督模式突破传统诉讼"不告不理"原则，直接将损害公共利益的行为纳入司法审查范畴。最高人民检察院发布的《公益诉讼检察工作白皮书（2024）》数据显示，自2017年7月检察公益诉讼制度全面推行以来，全国检察机关共立案办理公益诉讼案件超过110万件，为完善公益诉讼制度积累了丰富的实践样本。

审判权的运行逻辑以事实认定与法律适用为双轨，在不同诉讼领域呈现差异化实践。在刑事审判中，法官处于控辩双方对抗的庭审核心场域，需通过严格的交叉询问程序，对证人证言的真实性、关联性进行细致甄别；在证据质证环节，不仅要审查物证来源的合法性，还要运用经验法则与逻辑推理，构建

---

〔1〕 黄旭：《数字行政法治化：向度、困境与路径优化》，载《理论月刊》2024年第7期。

起环环相扣的证据链条。以某故意杀人案为例，法官通过反复比对现场血迹喷溅形态、凶器上的生物检材与被告人供述，最终形成完整证据闭环，确保案件事实认定达到"排除合理怀疑"的刑事证明标准[1]。

民事案件审理遵循"谁主张、谁举证"原则，法官需对当事人提交的书证、电子数据等证据进行多层次审查。在合同纠纷案件中，既要审查合同文本的形式要件，又要结合履行过程中的往来函件、资金流水等间接证据，判断合同订立与履行的真实情况。针对举证责任分配争议，法官需依据《最高人民法院关于民事诉讼证据的若干规定》，明确举证责任倒置的适用情形，将抽象的法律条文精准映射到具体案件事实中。

在行政诉讼领域，审判权聚焦在行政行为合法性审查上。在某环保部门行政处罚争议案件中，法官需对行政机关调查取证程序的规范性、事实认定的准确性、法律适用的正确性进行全面审查。若发现行政机关在作出处罚决定前未依法告知当事人陈述申辩权，即便事实认定无误，该行政行为也将因程序违法被撤销。这种司法审查机制对行政权力形成了有效制约。

权力运行的动态机制进一步凸显了检察权与审判权的本质差异。检察权的主动性贯穿诉讼全流程：在案件侦查阶段，检察机关会提前介入现场勘查，通过引导侦查机关围绕犯罪构成四要件固定证据，避免因取证不规范导致证据链断裂。在审判监督环节，对于原审判决存在事实认定错误或法律适用不当的情形，检察机关会依据《刑事诉讼法》，通过抗诉启动二审或再审程序。如某涉黑案件二审判决后，检察机关经审查发现部分被告人漏罪未处理，遂依法提出抗诉，推动案件进入再审程序。

---

〔1〕 孟融：《效益到权利：数字经济构建的非均衡性及法治矫正》，载《华中科技大学学报（社会科学版）》2024 年第 4 期。

审判权则严格遵循"不告不理"原则，将被动性贯穿始终。在民事案件中，法院仅对当事人明确提出的诉讼请求进行审理，不得超出诉请范围裁判；在庭审过程中，法官恪守中立立场，仅在涉及国家利益、公共利益或当事人诉讼能力严重失衡等法定情形下，才依职权调查取证〔1〕。这种权力运行机制的差异，既保障了司法权的分工制衡，又共同维护着司法体系的整体效能。

（二）检察权与审判权的互补性

尽管检察权与审判权在权力属性与核心功能上存在显著差异，但二者在现代司法体系中犹如齿轮般精密咬合，形成高度互补的协同关系。

从职能衔接维度来看，检察机关作为国家法律监督机关，在刑事诉讼流程中扮演着"前端引擎"的关键角色。以办理电信网络诈骗案件为例，检察机关需牵头整合公安机关侦查获取的通话记录、电子转账凭证等原始证据。在电子数据恢复环节，检察官会借助专业的数据恢复工具，深入分析手机存储芯片、云端服务器日志，甚至针对经过加密处理的聊天记录，会联合网络安全公司破解算法，将碎片化的数字痕迹还原为完整的犯罪证据链。同时，检察机关还会组织电子数据鉴定专家，围绕取证程序合法性、数据完整性出具权威鉴定意见，并通过严格的证据开示程序，向辩护方全面公开证据材料。在完成证据筛选、合法性审查等前置工作后，检察机关会将包含案件事实认定、法律适用分析的起诉书，以及经过质证的证据目录、证人证言等材料移送法院，为审判程序启动搭建坚实的诉讼框架。这种职能衔接不仅体现在刑事领域，在公益诉讼案件办理中，

---

〔1〕 王由海：《行政审批数字化改革：运行机理与法治保障》，载《中国行政管理》2024 年第 6 期。

检察机关同样需要完成从线索摸排、调查取证，到与行政机关沟通磋商、提起诉讼的全流程工作。以某河流污染公益诉讼案为例，检察机关工作人员携带水质检测设备，沿着河流上下游进行多点采样，利用便携式光谱仪现场检测重金属含量。同时，通过无人机航拍技术获取排污口分布情况，运用地理信息系统（GIS）分析污染扩散范围[1]。在与环保部门沟通时，检察机关以翔实的检测报告和影像资料为依据，推动行政机关开展专项整治。若行政机关履职不到位，检察机关会进一步启动诉讼程序，聘请环境工程专家出庭作证，为法院裁判提供充分的事实依据和法律支撑。

　　检察权的法律监督功能通过三种具体机制维护审判公正。在庭审监督方面，检察官作为法律监督者，不仅需要运用庭审记录系统详细记载当事人辩论焦点、证据质证过程，还要依据《人民检察院刑事诉讼规则》等规范性文件，对审判长归纳争议焦点是否准确、证据采信是否符合法定程序进行实时监督。例如在某合同纠纷案件庭审中，当审判长忽视被告提交的原始合同文本，可能影响案件事实认定时，检察官立即援引《民事诉讼法》关于证据审查的规定，当庭申请补充质证，并要求书记员将争议过程完整记录在案，切实保障当事人的诉讼权利。

　　在抗诉监督机制上，检察机关通过建立类案检索系统，对已生效裁判进行大数据分析。系统会自动比对裁判文书中的事实认定、法律适用、量刑情节等要素，一旦发现同案不同判、法律适用错误等情形，就会触发预警机制。以某地检察机关开展的民间借贷纠纷案件专项评查为例，通过设定"虚构债权债务关系""异常资金流向"等关键词，系统筛查出 12 件存在虚

---

〔1〕　张强：《数字监察背景下公职人员隐私权保障的法治逻辑》，载《广州大学学报（社会科学版）》2024 年第 4 期。

假诉讼嫌疑的案件。随后，检察官调取原审卷宗，结合银行流水、证人证言等新证据，依法向法院提出抗诉，有效维护了司法权威。

针对审判人员违法违纪行为，检察机关依托派驻纪检监察组与内部监督部门的联动机制，对群众举报、案件评查中发现的线索进行调查核实。在某法官违规会见当事人案件中，检察机关首先通过法院监控系统调取关键时段的视频资料，锁定会见时间、地点和参与人员。同时，走访案件当事人和相关工作人员，获取书面证人证言，并委托专业机构对通信记录进行技术分析。在充分掌握证据后，检察机关形成完整的调查报告，移送司法行政机关启动问责程序，最终对涉事法官作出严肃处理。

审判权的独立运行犹如精密的司法校准仪，为检察工作提供了客观量化的评价标尺。法院作出的裁判文书不仅是案件处理结果的载体，更像一面多棱镜，从事实认定、证据采信、法律适用等多个维度，清晰折射出公诉案件指控的精准度。以某市中级人民法院审理的跨省倾倒危险废物公益诉讼案为例，检察机关提交的生态损害评估报告因未参照生态环境部发布的《生态环境损害鉴定评估技术指南》规范采样，导致部分损害赔偿金额计算缺乏科学依据，法院经质证后未支持该部分诉求。这一裁判结果促使检察机关开展专项整改。

这种司法实践中的良性互动逐渐形成了制度化机制。在办理某 P2P 网络借贷平台非法集资等重大涉众型经济犯罪案件时，检察机关改变传统"坐堂办案"模式，提前介入侦查阶段，通过建立"一案一专班"机制，联合公安机关召开案件研讨会，制发涵盖电子数据提取规范、资金流向追踪等内容的证据收集指引清单，确保关键证据链条完整。进入审判环节后，法院通过季度性联席会议制度，向检察机关反馈类案裁判要点多项，针对虚拟货币犯罪等新型案件的法律适用难点，共同研讨制定了涉互联网金融犯罪案件证据审查指引。从个案证据瑕疵整改，到类案办理流程再造，这种递进式的司法协同机制，让检察权与审判权在信息共享、规则共建中实现动态平衡。

（三）检察权与审判权的制衡关系

在诉讼程序层面，检察机关的抗诉权犹如一道严密的司法纠错防线。以 2020 年某省高级人民法院对一起涉黑案件的终审判决为例，最高人民检察院通过专业的案件审查机制，对该案证据链进行逐页比对和逻辑推演，发现关键证人证言存在时间线矛盾、物证检验报告存在程序瑕疵等问题。依据《刑事诉讼法》第 254 条关于抗诉的规定，最高人民检察院迅速启动抗诉程序，组建由刑事检察专家、证据分析专员组成的专项小组，历时三个月梳理出 23 项证据瑕疵清单。最终，该案经过再审，被告人刑期由原判决的 15 年调整为符合事实认定的 20 年，既维护了法律尊严，也实现了罪责刑相适应。

对于生效裁判的监督，再审检察建议则以柔性监督方式发挥作用。2022 年，某市检察院民事检察部门在开展虚假诉讼专项监督中，通过大数据筛查锁定 3 起涉及虚构债权债务的民事案件。检察官深入调查发现，当事人通过伪造银行流水、虚构借款合同等手段骗取法院调解书。在不直接启动审判监督程序的前提下，检察机关依据《人民检察院民事诉讼监督规则》第99 条，向同级法院发出再审检察建议。法院收悉后，立即成立由审判委员会委员牵头的复查专班，经重新开庭审理，依法撤销原调解书，并对参与虚假诉讼的当事人处以罚款、拘留等处罚，有效净化了民事诉讼环境。

在司法权运行的内部监督方面，检察机关对司法人员职务犯罪的侦查权构筑起坚实的防腐屏障。以某基层法院法官张某受贿案为例，检察机关接到群众实名举报后，立即启动初查程序，通过调取该法官承办的案件卷宗，运用司法大数据分析系统筛查异常案件流向，锁定多起商事案件中存在违规变更保全措施、拖延判决等异常行为。通过秘密侦查，检察机关成功固定张某在一审阶段收受当事人贿赂的关键证据。该案侦查终结后，检察机关不仅依法提起公诉，还联合纪委监委召开司法系统警示教育大会，以张某手写忏悔书、庭审全程录像等开展廉政教育，同时推动建立"类案廉政风险防控清单"，将监督触角延伸至司法权运行的全过程。

从制度设计层面看，检察权与审判权的制衡呈现立体化特征。在刑事诉讼中，检察机关量刑建议制度已形成完整的规范体系。以某涉毒案件为例，检察官在审查起诉阶段通过梳理被告人前科记录、毒品纯度鉴定报告等12类量刑情节，结合《刑法》及其司法解释，向法院提出包含主刑、附加刑及执行方式的精准量刑建议。法院经开庭审理，在充分听取控辩双方意见后，最终采纳检察机关量刑建议，实现了公诉权与审判权的良性互动。在执行监督领域，检察机关建立"派驻+巡回"双轨监督模式，对暂予监外执行、减刑假释等环节实施全流程监控。2023年，某省检察院通过对全省监狱减刑案件交叉评查，发现案件存在计分考核不规范的问题，随即向监狱管理部门发出纠正违法通知书，同步监督法院启动重新审理程序，确保审判结果得到正确实施。这些制衡机制均通过《刑事诉讼法》第228条、第254条等具体法律条文予以固化，形成涵盖立案、侦查、审判、执行的严密权力监督闭环。

综上所述，检察权与审判权在刑事诉讼中形成了动态平衡机制，通过"权力分立"与"双向监督"实现司法系统的稳定运行。在权力分立层面，检察机关依法履行审查起诉、法律监督职能，通过证据审查、提起公诉等具体程序，将案件事实与法律适用问题提交审判机关；审判机关则凭借独立的裁判权，对案件进行实质审查并作出最终裁决，这种职能划分有效避免了单一机关权力集中可能导致的司法擅断。而在相互监督环节，检察机关通过抗诉、检察建议等方式，对审判活动中的程序违法、法律适用错误等问题进行监督；审判机关则通过证据采信标准、判决说理要求等司法实践，反向推动检察权规范行使。

这种权力互动机制恰似精密的机械：检察权如同动力输入装置，以法律监督为齿牙推动案件进入司法程序；审判权则是核心传动齿轮，通过公正裁判校准法律适用的精准度。两者咬合产生的协同效应，既保障了司法裁判的独立性，又通过制度性约束防止权力滥用。以类案强制检索制度为例，检察机关在审查起诉阶段运用该机制统一法律适用标准，为审判机关提供参考；审判机关在审理过程中通过专业法官会议对疑难案件进行研讨，其形成的裁判规则又反向指导检察机关的监督工作。

在司法改革持续深化的背景下，构建更加科学的司法权运行体系需从制度创新着手。一方面，应完善检察机关法律监督体系，建立案件质量评查的量化标准，细化抗诉启动的证据规则，明确检察建议的效力层级与反馈机制，确保法律监督工作可量化、可追溯。另一方面，需优化审判权运行机制，通过推广类案强制检索系统，建立"指导性案例—参考性案例—典型案例"三级检索体系，实现类案同判；依托专业法官会议，构建"个案研讨—类案总结—规则提炼"的递进式研讨机制，提升裁判的精准性与权威性。这些制度设计可以推动司法权在规范化、透明化轨道上，实现公正与效率的双重价值目标。

三、检察权与监察权

2016 年 11 月，随着中共中央办公厅印发《关于在北京市、山西省、浙江省开展国家监察体制改革试点方案》，一场事关党和国家监督体系的重大制度变革正式启动。北京作为首都，率先构建"一府一委两院"权力架构，在市纪委机关基础上组建市监察委员会[1]；山西则立足煤炭资源大省特点，重点整治能源领域腐败，通过整合 18 个部门监督力量，构建起全省联动的监督体系；浙江依托数字化改革优势，同步开发"智慧监察"平台，实现监督线索在线流转。

经过不到两年的试点探索，2018 年 3 月 20 日，第十三届全国人民代表大会第一次会议表决通过《监察法》，以立法形式将改革成果固定下来。四级监察委员会的组建并非简单的机构合并，而是通过人员转隶、职能重构，实现监督力量的深度融合。以北京市为例，市检察院原反贪、反渎等部门 160 余名人员与行政监察人员共同组建监督检查室、审查调查室，形成"监督—调查—处置"的完整闭环。

改革带来的监督效能提升尤为显著。以国有企业监督为例，某中央企业在改革前，纪检机关仅能监督党员，而改革后，企业内从事管理、采购、财务等岗位的非党员全部被纳入监察范围。数据显示，改革后监察对象从行政机关公务员扩大到包括国有企业管理人员、公办教科文卫单位管理人员、基层群众性自治组织中从事管理的人员等六大类群体，监督覆盖面进一步扩大，有效填补了对"八小时外"、非党员公职人员的监督空白。在职能重构方面，此次改革对职务犯罪侦查权进行了系统

---

〔1〕 刘永林、鲍田莉、颜雅芳：《数字化转型赋能法治教育的价值、境遇和路径》，载《教育学术月刊》2024 年第 6 期。

性调整。检察机关原来承担的反贪污贿赂、反渎职侵权等 14 个罪名的侦查职能，依据《监察法》第 11 条规定，统一划转至监察机关。北京市监察委员会成立初期，仅 2018 年上半年就接收检察机关移交的职务犯罪案件 300 余件，涉及金融、工程建设等多个重点领域。这一调整并非简单的权力转移，而是通过制度设计实现监督效能的质的飞跃。监察机关依托调查权优势，建立起"线索受理—初核研判—立案调查—处置建议"的全流程工作机制。在实际工作中，监察机关运用谈话、询问、查询等 12 项调查措施，通过大数据比对、资金流向追踪等技术手段，提升案件查办效率。

与此同时，检察机关深度回归宪法定位，以专业法律监督者的角色深度嵌入刑事诉讼流程。在监察机关移送案件的证据审查环节，检察机关依据《刑事诉讼法》第 175 条规定，通过三重审查机制确保证据链完整闭合：首先运用电子卷宗系统开展形式审查，核查证据收集程序的规范性；其次借助退回补充调查权，对存疑证据启动实质审查；最后检察机关对监察机关移送的部分案件依法决定退回补充调查程序，并附具包含证据瑕疵清单、补证方向指引的补充调查提纲。以某市监察委员会移送的职务犯罪案件为例，检察机关针对涉案资金流向存在断点，通过补充调查，最终形成完整的资金转移证据链条。

在审查逮捕环节，检察机关创新构建"双轨协作机制"：一方面建立重大案件提前介入制度，针对涉案金额超亿元、涉及多个犯罪主体的复杂案件，由刑事检察部门负责人带队提前阅卷，与监察机关联合召开案件研判会，就受贿罪与贪污罪的法律适用分歧展开专题研讨；另一方面依托统一业务应用系统，搭建证据标准共享平台，将非法证据排除规则、言词证据补强标准等八类法律指引嵌入办案流程，实现监察调查与刑事侦查的证据标准无缝衔接。

在提起公诉阶段，检察机关设置"三级质量管控体系"：主诉检察官进行案件初核，部门负责人开展交叉复核，分管副检察长或检察长主持检委会讨论。检察机关对监察机关移送案件依法作出不起诉决定的，针对不起诉案件并非简单作无罪处理，而是通过公开听证、释法说理等程序，证据不足案件作出不起诉决定。如某省检察院对一起涉嫌挪用公款的案件，在审查中发现关键书证缺失，经两次退回补充调查仍无法补正，最终依据存疑不起诉原则终结诉讼程序，既保障了人权，又维护了司法权威。通过《监察法》第 54 条、《刑事诉讼法》第 170 条等衔接条款，监察机关与检察机关建立起"双轨并行、相互配合"的工作机制。具体包括：案件移送衔接机制，要求监察机关在移送案件时同步移送全部案卷材料和证据；证据标准统一机制，通过联合出台办案指引，明确职务犯罪案件证据收集标准[1]；程序配合制约机制，规定检察机关对监察机关移送案件的审查期限和退回补充调查次数。在审查起诉环节，逐步形成"监察调查—检察把关—法院裁判"的闭环监督体系。例如，在某省交通运输厅原厅长受贿案办理过程中，监察机关通过调查锁定犯罪事实，检察机关对证据链进行补强，最终法院作出有罪判决，整个过程体现了监督体系的高效运转和权力制约，实现了"1+1>2"的制度效应。

（一）检察权与监察权的异质性

检察权是国家法律监督权的核心体现，其本质是对法律实施全过程、全领域的监督。在刑事诉讼领域，检察机关承担着审查逮捕、审查起诉、提起公诉等核心职能，通过对侦查机关

---

〔1〕 蒋银华：《论数字法治政府建设的安全之维》，载《法律科学（西北政法大学学报）》2024 年第 4 期。

移送案件的证据合法性进行审查，筛查非法证据、瑕疵证据，对案件事实认定严格把关[1]。例如，在命案办理中，检察官需对物证检验报告、证人证言的形成过程等进行全面审查，必要时要通过复勘现场、侦查实验等手段，确保案件证据链形成完整闭环。在审判环节，检察官以公诉人身份出庭支持公诉，通过精准的法律适用指控犯罪，同时运用抗诉权纠正确有错误的裁判。某省检察机关曾针对一起"纸面服刑"案件启动审判监督程序，成功将脱管十年的罪犯重新收监执行刑罚，维护了司法权威。

在民事诉讼与行政诉讼监督方面，检察权以抗诉、检察建议等方式发挥监督效能。对于虚假诉讼案件，检察机关通过调取银行流水、走访关联企业等方式，识破当事人恶意串通转移资产的违法行为；针对行政机关违法行政导致国有资产流失的情况，发出行政公益诉讼诉前检察建议，督促行政机关依法履职。

监察权作为深化国家监察体制改革的制度创新，以《监察法》为依据构建起独立的监督体系。其监督对象覆盖中共党员、公务员、国有企业管理人员等六类行使公权力的人员，实现对公职人员监督的全范围覆盖。监察机关运用谈话、讯问、查询等 12 项调查措施，针对职务违法和职务犯罪行为开展调查。在某央企腐败窝案查处中，监察机关通过大数据比对分析财务异常数据，锁定关键涉案人员，运用留置措施突破案件，最终追缴违法所得超 3 亿元[2]。这种监督模式不仅实现了党内监督与

〔1〕 沈伟：《数字规制的场景、困境与进路：作为法治场域的元宇宙》，载《政法论丛》2024 年第 3 期。
〔2〕 樊崇义、胡志风：《指定居所监视居住制度：反思和完善》，载《学术界》2025 年第 4 期。

国家监督的有效衔接，还通过建立线索移送、案件管辖等工作机制，与检察权形成监督合力。例如在职务犯罪案件办理中，监察机关完成调查后将案件移送检察机关审查起诉，检察机关对证据标准、法律适用进行二次把关，实现纪法贯通、法法衔接。

检察权与监察权在职能定位上形成鲜明互补：检察权以《刑事诉讼法》《民事诉讼法》等为依据，构建起覆盖三大诉讼领域的法律监督网络；监察权则以《监察法》为核心，聚焦公职人员"关键少数"的权力运行监督。两者通过建立案件线索双向移送、提前介入调查等协作机制，在惩治腐败犯罪、维护司法公正等方面形成监督闭环。在某涉黑案件办理中，监察机关对充当"保护伞"的公职人员开展调查，检察机关同步介入引导取证，最终实现对黑恶势力及其"保护伞"的全链条打击，彰显了我国特色监督体系的制度优势。

（二）检察权与监察权的监督对象与范围

检察权与监察权在监督对象与范围上存在显著差异。检察权作为国家法律监督体系的重要支柱，其监督对象呈现横向多元覆盖的特征。在刑事诉讼领域，公安机关的侦查活动需接受检察机关的立案监督与侦查监督，如对证据收集合法性的审查、强制措施适用的监督；在审判环节，检察机关通过抗诉权对法院判决的事实认定、法律适用进行监督，确保司法裁判的公正性；同时，对证人作伪证、辩护人妨碍诉讼等诉讼参与人的违法行为，检察机关也可依法启动追诉程序。在行政执法监督层面，检察机关通过行政公益诉讼，对生态环境、食品药品安全等领域的行政机关不作为、乱作为行为进行监督，例如某市检察机关针对某企业违规排污问题，督促环保部门依法履职，推动污染治理。

相较之下，监察权的监督对象更强调纵向深度穿透，聚焦"关键少数"与"公权力"核心要素。根据《监察法》，监察机关的监督范围不仅覆盖党委、政府、司法机关等传统行政序列中的公务员，还将国有企业中掌握采购审批、资产处置权的管理人员，高校中负责科研经费管理、基建项目的领导，公立医院掌握药品采购、设备招标权的负责人等纳入监督范围。以某省属国企原董事长违规干预招投标案件为例，监察机关通过调查发现其利用职务便利为特定企业谋取利益，最终依法追究其法律责任。这种对所有行使公权力的人员的全覆盖监督，既填补了以往监督体系中对国企、事业单位管理人员的监督空白，又通过对权力运行的全流程监控，形成了对腐败行为的强力震慑。

从公职人员的范围来看，监察权的监督对象几乎覆盖了所有公权力运行的领域和层面。无论是直接参与国家事务管理的政府机关公务员，还是在国有企业中掌握经济命脉的管理层，抑或负责教育、科研、文化等社会事业发展的公职人员，只要他们行使了公权力，就被纳入监察权的监督视野。这种全面的监督模式，有效防止了公权力的滥用与腐败，确保了公权力始终在法治的轨道上运行。

监察权的监督范围不仅限于公职人员的职务行为，还深入他们的廉洁自律、道德操守等方面[1]。这意味着，公职人员不仅要遵守法律法规和规章制度，还要在思想道德上保持高标准、严要求。监察机关通过日常监督、调查处置等多种方式，对公职人员的行为进行全面审查，对发现的违法违纪问题严肃处理，以儆效尤。

---

〔1〕 王玲、柳嘉惠：《数字法治政府的理论意蕴、现实挑战及应对策略》，载《东岳论丛》2024 年第 12 期。

尤为重要的是，监察权的行使还体现了党内监督与国家监督的有机统一。在全面从严治党的背景下，监察机关与党的纪律检查机关合署办公，实现了对公职人员的双重监督。这种监督模式不仅强化了党内监督的力量，还提升了国家监督的效能，形成了对公职人员监督的强大合力。

综上所述，监察机关的监督对象与范围具有高度的特定性与广泛性。它通过对所有行使公权力的公职人员的全面监督，确保了公权力的合法、规范运行；同时，它通过党内监督与国家监督的有机结合，实现了对公职人员监督的无缝对接与有效衔接。这种监督模式的建立与完善，为我国政治生态的净化、法治秩序的维护以及社会公平正义的促进提供了有力保障。

（三）检察权与监察权的互补性与制约性

在职务犯罪查处的复杂战场上，检察权与监察权形成精密协同的"双引擎"工作机制。监察机关依托其广泛的调查权限，通过谈话、讯问、查询、冻结等 12 项法定措施，能够快速锁定线索、固定证据，在初核阶段对涉案人员和资金流向形成有效控制。

检察机关则在审查起诉环节发挥专业司法优势，通过证据合法性审查、退回补充调查、自行补充调查等手段，对监察机关移送的案件进行"二次加工"。在某市医保局窝案办理中，检察机关针对监察机关移送的 200 余份书证，提出 12 项补充调查意见，补充调取涉案药品采购合同、专家论证记录等关键证据，最终将案件有罪判决率进一步提升。

这种"前端调查—后端审查"的互补模式，通过《监察法》与《刑事诉讼法》的衔接条款实现了制度保障。监察机关调查终结后，检察机关退回补充调查不得超过两次、每次不超过一个月，既保证了案件质量，又压缩了办案周期，使平均办案时长较改革前缩短。这种权力的动态平衡，不仅织密了反腐败的制度网络，更通过个案办理达成"查处一案、警示一片、治理一域"的治理效能，成为推进国家治理现代化的重要法治实践。

1. 互补性：强化职务犯罪查处的力度与深度

检察权与监察权在职务犯罪查处中的互补性，集中体现在职责分工的专业化与流程衔接的规范化上。监察机关作为国家反腐败工作的专责机构，依据《监察法》赋予的权限，对公职人员涉嫌贪污贿赂、滥用职权、玩忽职守等88类职务违法和职务犯罪行为展开调查。在调查过程中，监察机关可综合运用谈话、讯问、查询、冻结、搜查等12项调查措施，通过技术调查、通缉、限制出境等特殊手段突破案件难点。

以某省交通运输厅原厅长受贿案为例，监察机关接到群众实名举报后，立即启动调查程序。办案人员首先运用"查询"措施，调取该厅长近十年的银行流水，发现其名下多个账户存在异常大额资金往来；同时，通过"电子数据恢复"技术，成功还原其已删除的手机聊天记录和电子邮件，从中获取行贿人关于权钱交易的明确沟通证据。在调查取证过程中，针对部分行贿人试图外逃的情况，监察机关及时启动限制出境程序，并联合公安机关开展技术侦查，锁定其藏匿地点。通过三个月的连续攻坚，监察机关最终固定涉及工程招投标、项目审批的权钱交易记录，形成包含书证、电子证据、证人证言在内的完整证据锁链，为后续检察机关审查起诉奠定了坚实基础。这一过程充分体现了监察机关在案件初查和证据收集阶段的高效专业，而检察机关则将在此基础上，通过法律监督、审查起诉等方式，确保案件依法依规进入司法程序，实现监察调查与刑事诉讼的无缝衔接。

检察机关则在案件进入刑事诉讼环节后发挥核心作用。依据《刑事诉讼法》第 175 条及相关司法解释，检察官受理监察机关移送案件时，应严格落实"三审三核"审查机制：

一审聚焦证据来源的合法性核查。通过逐帧审查监察调查过程中讯问笔录的同步录音录像，重点关注审讯时长、是否存在疲劳审讯、讯问人员是否具备法定资质等细节；对搜查扣押程序的核查，要求办案人员必须提供完整的搜查证、扣押清单等法律文书，确保物证、书证的提取过程符合法定形式。一旦发现程序瑕疵，立即启动补充调查或排除非法证据程序。

二审强化证据链完整性的构建。检察官运用时间轴分析法，将涉案资金流向细化到每笔交易的时间、金额、账户信息，结合银行流水、第三方支付记录等电子数据，还原资金转移路径[1]；针对电子证据，通过专业技术部门进行数据恢复、哈希值校验等操作，确保电子数据的真实性与完整性。通过多维度证据的交叉验证，构建严密的犯罪行为时空关联网络。

三审注重法律适用的精准性把握。面对新型网络犯罪、金融犯罪等复杂案件，检察官依托"中国裁判文书网""类案智能推送系统"进行类案检索，重点比对《刑法》分则具体条款与司法解释的适用条件。例如，在办理虚拟货币洗钱案件时，既要参考传统洗钱罪的构成要件，又要结合数字货币交易的特殊性，准确界定犯罪行为的法律性质，确保法律适用的统一性与准确性。此外，检察机关创新构建"监察—检察"双向协作机制。在某跨境腐败案件监察调查初期，检察人员即派驻办案组，针对国际司法协助程序中证据转递的法律风险、境外证人证言的固定方式等提出 12 条专业建议。通过建立证据标准指引手

---

〔1〕 谢登科：《人工智能证据的类型分析与规则建构》，载《学习与探索》2025 年第 3 期。

册，可以明确监察调查阶段需同步收集的客观性证据清单，有效避免因证据形式瑕疵导致的非法证据排除问题，确保案件在移送审查起诉时，所有证据均符合《刑事诉讼法》关于证据合法性、真实性、关联性的法定要求。两者在程序衔接层面形成了严密的闭环机制。在证据转化方面，监察机关收集的物证、书证等客观性证据，经检察机关审查符合法定程序后，可直接作为刑事诉讼证据使用；言词证据则需通过重新询问、讯问等方式进行转化。在强制措施衔接上，监察机关采取留置措施后，检察机关需在法定期限内完成审查逮捕、取保候审等程序转换。在线索移送机制中，检察机关在审查起诉时发现新的职务违法犯罪线索，会以线索移送函的形式移交监察机关，后者须在 30 日内反馈办理情况。这种"调查取证—审查把关—线索反哺"的协同模式，在某市医保系统腐败窝案中得到充分体现：检察机关在审查主犯案件时发现新线索，监察机关据此扩大调查范围，最终查处涉案人员多人，实现了对腐败网络的全链条打击。

2. 制约性：确保权力运行的规范与公正

在相互配合的制度框架下，检察权与监察权通过构建精密且动态的制约机制，形成了权力运行的双重保险。这一机制依托《监察法》第 37 条与《刑事诉讼法》第 171 条，将权力制约细化为可操作的法律程序：当检察机关受理监察机关移送的职务犯罪案件后，需启动"三审三核"实体性审查机制。

在证据合法性审查环节，检察人员会运用"逐项比对法"：针对谈话笔录，重点核查是否由两名以上调查人员签名、是否注明具体谈话起止时间与地点；对于讯问过程的同步录音录像，采用逐帧回放技术，确保不存在刑讯逼供、指供诱供等非法取证情形。在事实认定方面，通过建立"证据图谱"，运用可视化分析软件梳理证人证言的时间线，结合物证鉴定机构出具的光谱分析、DNA 比对等技术报告，验证犯罪行为的时空要素与因果关系。面对新型职务犯罪，如利用区块链技术实施的跨境洗钱犯罪，检察机关会组建由法学专家、技术顾问构成的研判小组，参照最高人民检察院发布的指导性案例，从犯罪构成要件、法律溯及力等维度进行法律适用论证[1]。

这一审查机制并非单纯的形式化流程，而是通过双向反馈实现有效监督。当发现关键证据存在瑕疵时，检察机关可依据《刑事诉讼法》相关规定，出具补充调查决定书，明确要求监察机关补充调取电子数据原始载体、补充询问关联证人；对于证据链存在逻辑漏洞的案件，检察机关可通过制发要求说明情况通知书，要求监察机关对证据矛盾点作出合理解释。2023 年某省检察机关在办理一起国企高管受贿案时，正是通过退回补充调查，发现了涉案人员利用虚拟货币洗钱的完整资金流向，最终成功追加起诉关键犯罪事实。这种监督机制既保障了案件办理的实体公正，也倒逼监察调查工作在程序规范与证据标准上持续优化。在案件处理环节，检察机关对起诉决定权的独立行使构成权力制约的核心环节。以某市国企高管受贿案为例，检察机关在审查时发现监察机关移送的 12 份关键证据存在提取程序瑕疵，遂依法作出退回补充调查决定，要求监察机关重新完善证据链。此外，监察机关对检察机关不起诉决定的复议权同样发挥着制衡作用。

监察机关同样通过复议复核机制形成有效反制。例如某省监察委员会对检察机关作出的存疑不起诉决定提出复核后，通过补充收集行贿人电子转账记录、监控视频等新证据，成功推动案件重新起诉并获有罪判决。这种双向纠错机制有效破解了

---

[1] 郭海霞：《数字时代阅读权的法治保障研究》，载《出版发行研究》2025年第 4 期。

传统监督模式中"单向监督易流于形式"的困局。

数据背后，是精密的制度设计：检察机关在案件受理阶段即启动证据审查程序，对事实不清、证据不足的案件，既可以退回监察机关补充调查，也可自行开展补充侦查；监察机关则通过复议复核、提请抗诉等程序，对检察机关的法律适用、证据认定进行反向监督。推动形成"查得准、诉得出、判得了"的职务犯罪办理闭环。

该机制不仅通过个案纠错提升了办案质效，更在制度层面实现了创新突破。其将刑事诉讼中的证据裁判原则引入监察调查程序，推动调查取证规范化；通过权力间的相互制约，有效防止因权力集中导致的司法不公。在某央企高管受贿案中，检察机关通过补充调查发现监察机关遗漏的境外资产转移线索，监察机关则在复核阶段补充关键证据，最终该案被最高人民检察院评为指导性案例。这种良性互动机制，为反腐败斗争提供了坚实的法治保障，成为推进国家治理现代化进程中的重要制度创新。

四、检察权与行政权

深入剖析检察权与行政权之间的复杂而微妙的关联，需从权力运行的组织架构、职能边界与监督机制等具体维度切入，并结合改革开放以来的司法体制改革实践进行考察。在国家治理体系的现代化进程中，行政权作为社会管理与公共服务的执行主体，通过政策制定、行政审批等方式直接作用于社会运行；检察权则以法律监督为核心，通过提起公益诉讼、侦查职务犯罪等手段，确保行政行为在法治轨道上运行。

这种关系在历史实践中呈现出动态调适的特征。1978年检察机关恢复重建后，在百废待兴的法治建设背景下，国家通过设立专门的行政检察部门，对行政诉讼活动实施全流程法律监督[1]。彼时，行政机关在计划经济向市场经济转型过程中承担着大量改革试点任务，检察权以"保障合规"为核心定位，形成"行政权主导执行、检察权保障合规"的基本格局。例如在早期国企改制、土地流转等领域，检察机关通过抗诉、检察建议等方式，既维护了行政决定的权威性，又及时纠正了程序瑕疵。

随着国家治理体系现代化推进，2018年国家监察体制改革成为重要转折点。职务犯罪侦查权转隶监察委员会后，检察权职能重心发生战略性转移，聚焦于对行政行为的合法性审查。以某市原规划局违规审批商业用地案件为例，检察机关通过行政公益诉讼，不仅纠正了违法行政决定，还推动建立了跨部门规划联审机制。这种权力结构调整进一步明确了行政权与检察权的边界，使两者在法治轨道上实现精准衔接。

行政权作为国家治理体系中的执行中枢，其职能覆盖呈现"横向到边、纵向到底"的显著特征。从中央部委制定产业发展规划，到基层街道办落实民生政策，行政机关通过政策制定、行政审批、行政处罚等多元手段，将国家意志转化为具体实践。在生态环境治理领域，生态环境部门通过构建"排污许可—执法检查—信用惩戒"全链条管理体系，将"绿水青山就是金山银山"理念转化为可操作的制度。

但权力的集中性也带来了潜在风险。在地方治理实践中，部分地区曾出现"运动式执法""一刀切关停"等简单化行政操作，本质上折射出行政自由裁量权边界模糊的深层次矛盾。以2021年某省化工园区专项整治为例，由于省级层面未制定统

---

[1] 林轲亮、李兴确：《数字政府背景下行政备案监管的法治化调适》，载《重庆社会科学》2025年第3期。

一的环保达标量化标准，基层执法人员在执行过程中只能参照模糊的指导性文件，导致多家持有完整环评手续、污染物排放长期达标的企业被误关停。

从全国数据来看，行政权力运行失范问题具有普遍性。其中，涉及市场监管、生态环境、安全生产等领域的案件占比较高，暴露出重点领域执法标准不统一、监督机制缺位等问题。

这些现实案例印证了建立常态化监督机制的紧迫性。在制度设计层面，行政公益诉讼、行政复议与检察监督的协同机制，正成为防范权力失范的重要制度屏障。作为法律监督的"国之重器"，检察机关通过构建立体化行政监督网络，实现对行政权力运行的全链条监督。

在诉讼监督领域，检察机关充分发挥行政公益诉讼制度优势。例如 2023 年某省检察院在开展耕地保护专项监督时发现，某县级人民政府自然资源部门对辖区内 13 处违法占用耕地行为长期未依法履职。检察机关果断提起行政公益诉讼，通过庭审举证、专家证人出庭等方式，系统论证行政机关的履职懈怠，最终推动 200 余亩基本农田恢复耕种条件，并促使当地政府出台耕地保护网格化管理制度。

在非诉监督方面，检察建议已形成"个案建议+类案监督+社会治理"的三级监督体系。以安全生产领域为例，某市检察机关在办理某企业重大责任事故案件时，通过回溯调查发现行业主管部门存在审批流程漏洞，随即向应急管理部门发出社会治理类检察建议。该部门不仅针对个案问题进行了整改，更在全市范围内开展为期三个月的安全生产专项整治，排查整改隐患点多处，推动建立企业安全风险分级管控机制。这种"穿透式监督"模式，既纠正了具体违法行为，又推动了行业主管部门完善制度漏洞，实现"办理一案、治理一片"的监督效能。

这种监督与被监督的关系，在实践中形成了独特的互动模式。检察机关通过行政违法行为监督，倒逼行政机关规范执法程序、提升执法能力；行政机关则通过落实检察建议，完善内部监督机制，两者共同推动法治政府建设纵深发展。这种动态平衡机制，既保障了行政效率，又守住了法治底线，为推进国家治理体系和治理能力现代化提供了坚实的制度支撑。

值得注意的是，检察权与行政权之间的关系并非简单的单向监督，而是在共同法治理念下形成的"监督制约—协作配合"双轨运行机制。在刑事司法领域，两者通过制度性衔接构建起严密的犯罪防控网络。例如在环境污染类案件办理中，生态环境部门运用行政调查权收集排污数据、固定现场证据，检察机关同步介入引导侦查，确保证据链符合刑事诉讼标准；案件移送后，检察机关既对证据合法性进行实质审查，又通过公益诉讼程序督促行政机关依法履职，形成"行政执法+刑事追诉+公益保护"的立体化治理模式。

以职务犯罪查处体系为例，国家监察体制改革后形成的"监检衔接"机制极具代表性。监察机关运用留置、搜查等调查措施突破案件关键环节时，检察机关提前介入进行证据标准指导，针对涉案财物处置、讯问程序合法性等问题提出建议；案件移送审查起诉后，检察机关建立"证据补查双向反馈"机制，既要求监察机关补充客观性证据，也及时将退回补充调查的理由、方向书面告知，确保调查与审查程序无缝对接。

在法治建设实践中，行政权与检察权的协同效应体现在多个维度。司法行政部门主导的"行政执法三项制度"改革，通过执法公示、全过程记录、法制审核制度，为检察机关开展行政违法行为监督提供可视化线索；检察机关则运用检察建议督促行政机关纠正违法行政行为。推动解决了一批群众反映强烈的食品药品安全、安全生产领域的突出问题。这种"行政自查自纠—检察外部监督"的良性互动，使法治政府建设指标与检察监督质效实现双向提升，共同构成国家治理现代化的重要支撑[1]。

从制度设计层面来看，行政权与检察权在宪法框架下具有明确的职能分工：行政权负责公共事务的日常管理与政策执行，涵盖经济调控、市场监管等广泛领域；检察权则通过法律监督、提起公益诉讼等方式，确保行政行为的合法性与规范性。这种职能分离不仅体现在《宪法》对权力架构的顶层设计中，也在《行政诉讼法》《人民检察院组织法》等具体法律条文中得到细化落实。

在实践运行过程中，两者形成了动态平衡的制约关系。检察机关通过行政公益诉讼制度，对生态环境破坏、食品药品安全等领域的行政不作为、乱作为现象提起诉讼。例如，某地检察机关针对自然资源部门未依法履职导致耕地流失的案件提起诉讼后，促使相关部门建立起动态巡查机制，实现了个案监督向系统治理的转化。同时，行政机关在执法过程中收集的证据材料、行业标准，也为检察监督提供了专业支撑，形成"以监督促履职，以履职助监督"的良性循环。

着眼未来发展，应当在现有协作机制的基础上进一步创新。例如，建立行政机关与检察机关的信息共享平台，将行政执法数据与检察监督系统对接，实现违法线索的自动预警与协同处置；完善行政检察专家咨询制度，引入行业领域专业人才参与案件研判，提升监督的精准性。这些具体举措可将制度优势持续转化为治理效能，为推进国家治理体系现代化注入法治动能。

---

〔1〕 秦前红、刘平华：《数字时代背景下行政检察监督范式的转型及规范路径》，载《河北法学》2025年第5期。

五、监督体系中的检察权

在构建我国社会主义法治监督体系的宏大框架中，检察监督占据着举足轻重的独立位置，它与其他多元化的监督形式——如党的监督、人民代表大会的监督、监察监督、司法系统内部的监督、行政执法监督、民主党派的监督、广泛的社会监督等——共同编织成一张紧密而有序的监督网络，确保法治的公正与权威。这些监督形式虽各有侧重，却相互衔接，共同促进国家治理的法治化进程。

检察权因其作为专门法律监督机关的独特身份，在体系中尤为鲜明。它不仅与其他监督系统保持着既相互协作又相互制约的密切关系，更因其专业的法律视角和严格的监督职能，区别于其他监督形式。检察权的核心在于对法律实施的全面监督，通过诉讼程序和非诉讼手段，确保法律的正确适用和司法公正的实现，这一特性是其最为显著且不可替代的标志。

（一）检察权是专事法律监督的权力

检察权作为专事法律监督的国家权力，其独特性与重要性在国家治理体系中占据着不可替代的核心地位。从宪法层面看，我国《宪法》第134条明确规定"中华人民共和国人民检察院是国家的法律监督机关"，这一根本法层面的赋权，为检察权运行划定了清晰的权力边界与职能定位。在实践层面，检察机关通过履行刑事检察、民事检察、行政检察和公益诉讼四大检察职能，构建起立体化的法律监督网络——在刑事领域，通过审查逮捕、提起公诉等程序，既打击犯罪又防范冤假错案；在民事、行政领域，以抗诉和检察建议纠正裁判不公与行政违法行为；在公益诉讼领域，针对生态环境、食品药品安全等公共利益受损情形主动履职。这种全方位、多层次的监督机制，不仅是维护法律统一正确实施的"防火墙",更是推进国家治理体系和治理能力现代化的重要法治保障。检察权的法律监督性质是其最本质的特征。在复杂多变的社会环境中,法律是维护社会秩序、保障公民权益的基石。而检察权作为专门负责监督法律实施情况的权力,其存在本身就意味着对法律尊严的捍卫和对法治精神的坚守。检察机关通过行使侦查、起诉、抗诉等权力,不仅直接参与刑事司法活动,还通过提出检察建议、纠正违法等方式,对行政机关、审判机关等其他国家机关的执法、司法活动进行间接监督,确保法律在各个环节都能得到正确、有效的执行。

检察权的专事法律监督性质决定了其高度的专业性和独立性。法律监督工作犹如精密的仪器校准,不仅需要检察官具备系统的法律知识体系,更要求其能够在错综复杂的案件线索中抽丝剥茧。以刑事诉讼监督为例,检察官需依据《刑事诉讼法》的具体条款,对公安机关的立案侦查活动进行合法性审查,从证据收集程序的合规性到强制措施适用的必要性,每个环节都需以毫米级的精度进行判断。这种专业性不仅体现在对法律条文的适用,更要求检察官能够结合司法解释、指导案例以及司法实践中的惯常做法,形成符合个案实际的监督结论。

检察机关专业化建设通过双重机制得以保障:一方面,通过员额检察官制度进行严格筛选,要求入额检察官需通过国家统一法律职业资格考试,具备三年以上司法实务经验,并经专业委员会综合考评;另一方面,建立常态化案例研讨、同堂培训机制,定期组织检察人员对新型网络犯罪、知识产权保护等前沿领域进行专项学习。这种机制下培养出的检察队伍,既能在传统犯罪领域精准适用法律,又能在新兴领域迅速构建专业判断能力。

检察权的独立性则通过制度性屏障得以巩固。依据《宪法》第136条，检察机关依法独立行使检察权，不受行政机关、社会团体和个人的干涉。在实际办案中，这种独立性体现在多个维度：案件办理实行检察官办案责任制，承办检察官对案件事实认定和法律适用独立负责；案件线索的受理、初查、立案等环节均通过统一业务应用系统进行流程管控，确保办案过程留痕可溯；上级检察机关对下级的监督仅限于法律适用指导，不得干预具体案件的事实认定。这些制度设计共同构建起"防火墙"，保障检察权在法律框架内独立运行，使监督结论不受外界因素干扰，切实维护司法公正的底线。此外，检察权的专事法律监督性质还体现在其广泛的监督范围和深远的监督效果上。检察机关的法律监督不仅限于刑事诉讼领域，还涵盖了民事诉讼、行政诉讼以及公益诉讼等多个方面。在刑事诉讼中，检察机关通过审查起诉、支持公诉等方式，对侦查机关的侦查活动、审判机关的审判活动进行监督，确保案件得到公正处理；在民事诉讼和行政诉讼中，检察机关通过提出抗诉、检察建议等方式，对生效裁判和审判活动进行监督，维护司法公正和当事人的合法权益；在公益诉讼中，检察机关更是作为公共利益的代表，对损害国家利益和社会公共利益的行为进行监督和追诉，彰显了检察权在维护社会公共利益方面的独特作用。

最后，检察权的专门法律监督性质还体现在其对社会公正和法治建设的深远影响上。在打击违法犯罪层面，检察机关通过提前介入重大刑事案件侦查、审查逮捕和起诉等环节，精准把握证据标准。例如在电信网络诈骗案件办理中，不仅要审查犯罪嫌疑人的行为是否构成诈骗罪，还需通过穿透式审查资金流向、电子数据取证合法性等，确保法律适用准确，形成有效震慑。

在促进依法行政领域，检察机关通过行政公益诉讼和行政违法行为监督，构建起"个案监督—类案治理—系统规范"的监督链条。某地检察机关发现多部门对非法占用耕地监管不力后，不仅发出检察建议督促整改，还联合自然资源部门制定耕地保护协同监督办法，将个案监督成果转化为制度成果。

此外，检察机关还通过典型案例发布、检察开放日等形式，将专业法律知识转化为公众易于理解的普法内容。如最高人民检察院发布的"昆山反杀案"指导性案例，明确正当防卫界限标准，不仅统一了司法裁判尺度，更通过媒体传播让公众直观感受到法律的公平正义，引导全社会形成尊法学法守法用法的良好氛围，为法治社会建设注入持续动力。综上所述，检察权作为专事法律监督的权力，在国家治理体系中具有举足轻重的地位。我们应当充分认识检察权的重要性，加强检察机关建设，提高检察队伍素质，为全面依法治国、建设社会主义法治国家提供有力保障。

（二）检察权是法定范围内的法律监督

在深入剖析检察权所蕴含的专门法律监督属性时，将其置于马克思主义原理与习近平法治思想所构筑的理论框架之下，乃是探究其本质、功能及运行逻辑的关键路径。马克思主义理论以辩证唯物主义和历史唯物主义为基石，揭示了社会发展的客观规律以及法律在维护社会秩序、调节社会关系中的重要作用，为检察权作为法律监督手段提供了坚实的哲学根基。而习近平法治思想则立足中国特色社会主义法治建设的伟大实践，系统阐述了全面依法治国的新理念新思想新战略，对检察权的定位、职能履行以及在法治体系中的价值贡献作出了高瞻远瞩的论述。

在这一理论体系中，检察权作为法定范围内法律监督的存在，具备必然性。从维护法律统一正确实施的角度出发，社会经济活动的复杂性与多样性，使得法律在执行过程中极易出现偏差与疏漏。检察权凭借其独立的监督职能，能够对法律实施的各个环节，如执法机关的执法行为、司法机关的审判活动等，进行全方位的审视与监督，确保法律的权威性与公正性得以彰显，保障法律体系的协调运转。

同时，这一理论框架也为洞察检察权的限度与边界提供了明晰的视角。在马克思主义权力制约理论的指引下，检察权并非一种能够肆意扩张的权力形态。在国家权力架构的宏观布局中，检察权与立法权、行政权、司法权等其他权力共同构成了一个有机的权力体系。立法权负责制定法律，构建起整个法治大厦的基石；行政权负责执行法律，将法律条文转化为实际的社会治理行动；司法权负责裁决纠纷，保障法律的公正实施。而检察权则承担着法律监督的重任，其存在的意义在于确保其他权力在运行过程中严格遵循法律的轨道。例如，在行政权的行使过程中，可能会出现个别行政机关为追求政绩而突破法律边界的情况，此时检察权便可以通过行政公益诉讼等手段进行监督纠正，督促行政机关依法行政。习近平法治思想着重强调依法规范权力运行，这对检察权的行使提出了明确要求。检察权必须在法定权限内精准发力，既不能因自身履职不到位而导致监督出现空白地带，使违法违规行为不能得到及时纠正，进而破坏法治秩序，也不可逾越自身权限，对其他权力主体的正常职能行使横加干涉，造成权力体系的混乱。只有各权力主体各司其职、相互制约，才能实现权力运行的平衡与有序，推动法治建设沿着科学、规范的轨道稳步前行。

在马克思主义基本原理的深邃视野下，检察权作为法定范围内的法律监督，其本质与功能得到了更为全面而深刻的揭示。

从上层建筑的角度来看，检察权是上层建筑的重要组成部分，如同大厦的支柱，支撑着法治社会的稳定运行。它连接着经济基础与法律秩序，是二者之间不可或缺的桥梁与纽带。经济基础决定上层建筑，在社会主义社会中，经济的发展和变革必然会对法律秩序产生新的需求。检察权正是为了适应这种需求而不断发展完善的。例如，在市场经济快速发展的过程中，经济领域的犯罪形式日益多样化，这就需要检察权不断强化对经济犯罪的打击力度，保障市场经济的健康有序发展。同时，检察权也是国家机器为维护社会稳定、促进公平正义而设置的专门机关。社会稳定是经济发展和人民安居乐业的前提，当出现危害社会秩序的违法犯罪行为时，检察权通过提起公诉等方式，将犯罪分子绳之以法，维护社会的安定。而在追求公平正义方面，检察权体现在对每一个案件的公正审查上，不放过任何一个违法犯罪行为，也不冤枉任何一个无辜之人。它更是人民意志在法律领域的直接体现和践行，因为社会主义国家的一切权力属于人民，检察权的行使最终是为了保障人民的利益，让人民在每一个司法案件中都能感受到公平正义。

马克思主义关于经济基础与上层建筑相互作用的原理，为理解检察权的法律监督性质提供了坚实的理论基础。在社会主义社会，经济基础的状况决定了上层建筑的具体形态和功能。以工业经济向数字经济转型为例，随着经济基础中数字产业的比重不断增加，新的经济关系和经济活动不断涌现，这就要求法律制度进行相应的调整和完善，而检察权作为法律监督的力量，也要与时俱进，调整监督的重点和方式，以适应数字经济发展的需要。检察权作为上层建筑的法律监督力量，正是为了适应和满足经济基础的发展需要而逐步确立和完善的。这种法律监督权的设立，有着多重重要意义。一方面，它能够保障法律的正确实施。法律制定出来后，如果没有有效的监督执行，就会沦为一纸空文。检察权通过对执法、司法活动的监督，确保法律在实践中得到准确无误的运用。另一方面，它能够防止权力的滥用和腐败的滋生[1]。权力一旦失去监督，就容易被滥用，从而滋生腐败。检察权对其他权力主体进行监督，能够及时发现和纠正权力运行过程中的不当行为，确保国家权力始终在法治的轨道上运行，维护社会的公平正义。

从马克思主义的权力制约与监督思想出发，检察权的法定性和有限性显得尤为重要。法定性意味着检察权的行使必须严格依照法律的规定，每一项检察职能的履行都要有明确的法律依据，不得超越法律的界限。例如，在刑事诉讼中，检察机关的立案、侦查、起诉等活动，都必须遵循刑事诉讼法规定的程序和条件。而有限性则要求检察权的监督范围必须明确且适度，避免过度干预和侵犯其他国家机关或个人的合法权益。在对行政机关进行监督时，检察权主要针对行政机关的行政行为是否合法进行监督，而不会干涉行政机关正常的行政决策和管理活动。这种法定范围内的法律监督，既体现了对国家权力的有效制约和监督，又保障了社会的稳定和人民的福祉。例如，在一些冤假错案的纠正过程中，检察权发挥了关键作用，通过对司法活动的监督，使得错误得到纠正，当事人的合法权益得到维护，同时也维护了司法的公信力和社会的稳定。

因此，在马克思主义基本原理的指导下，我们可以更加清晰地认识到检察权在法定范围内进行法律监督的重要性。它不仅是维护社会主义法治、保障人民权益的坚强后盾，更是推动社会进步、实现公平正义的重要力量。在未来的法治建设中，

---

〔1〕 郭柚坊、陈咏梅：《论"数字丝绸之路"数字合作规则的构建》，载《湖北大学学报（哲学社会科学版）》2025年第2期。

我们应当继续坚持和完善检察制度，充分发挥检察权的法律监督职能，为构建社会主义法治国家贡献更大的力量。比如，进一步加强检察队伍建设，提高检察人员的专业素养和法治意识，使其能够更好地履行法律监督职责；积极推进检察技术创新，利用大数据、人工智能等技术手段，提升法律监督的效能和精准度；不断完善检察权的运行机制，加强内部监督和外部制约，确保检察权依法正确行使。

习近平法治思想作为中国特色社会主义法治建设的璀璨灯塔，不仅是对马克思主义法治理论的深刻继承与创新发展，更是对当前中国法治建设实践经验的科学总结与前瞻引领。在这一宏伟思想体系中，全面依法治国被赋予了前所未有的战略高度，成为治国理政的关键一环，彰显了法治在国家治理现代化进程中的核心地位。习近平法治思想深刻阐释了法律监督在保障法律正确实施、维护社会和谐稳定中的不可替代的作用。要构建一个完备、高效、权威的法律监督体系，以确保国家机关及其工作人员在行使权力和履行职责时，始终遵循法定权限和程序，不越雷池一步。这一思想不仅为法律监督工作指明了方向，也为检察权作为法律监督体系重要组成部分的地位和作用提供了坚实的理论基础。检察权以其独特的专门性、独立性和程序性特征，在习近平法治思想的指引下，焕发出新的生机与活力。其专门性体现在聚焦于法律监督这一核心职能，通过对刑事诉讼、民事诉讼、行政诉讼等法律程序的监督，确保法律的统一正确实施；独立性保证了检察权在行使过程中不受非法干预，能够客观公正地履行职责；而程序性则强调了检察权在启动和推动法律程序方面的关键作用，确保了监督行为的合法性和正当性。因此，检察权作为法定范围内的法律监督，是习近平法治思想在司法实践中的生动体现。它不仅是维护国家法治统一、尊严、权威的重要力量，也是保障人民权益、实现社会公平正义的坚实后盾。在习近平法治思想的引领下，检察权将继续在法定范围内发挥其独特的法律监督作用，为推进全面依法治国、建设社会主义法治国家作出新的更大的贡献。

检察权作为法定框架内的法律监督力量，其监督范围与行使界限的精准设定，既深刻体现了对马克思主义权力制约与监督基本原理的尊崇，也是习近平法治思想中核心要义的实践转化。这种界定，不是对检察权能的束缚或削减，而是基于对监督职能的精细化考量，旨在明确其监督的专属领域、方式方法及程序流程，以保障监督活动的合法性、正当性和实效性。

具体而言，检察权的监督范畴被明确界定于有限且具体的范围内，这彰显出其高度的专业性和针对性。此等界限的划定，并非任意为之，而是根植于对国家权力架构的精准理解、对法治精神的深刻把握以及对社会需求的敏锐洞察。检察机关聚焦于那些直接威胁国家利益、妨害法律统一正确实施的重大事项，既是对国家安全的忠诚守护，也是对司法公正的坚定捍卫。同时，这种有限性还促进了监督资源的优化配置，有效遏制了监督权力的过度扩张与滥用风险。

此外，检察权作为一种典型的程序性权力，其核心效能体现在对法律程序的启动、引导与推进上。这一程序性特质确保了监督行为的合法性与正当性。检察机关在行使监督职能时，必须严格遵循法定程序，通过提出法律诉求、触发或推进法律程序等手段，对被监督对象实施有效监督与督促。这一过程不仅维护了被监督对象的合法权益，也极大地提升了监督活动的公信力与权威性。

诚然，检察权的程序性特征在一定程度上导致其具有滞后性，但这并不等同于被动或低效。相反，这种滞后性是基于检察机构独立运作特性及违法发现机制独特性的必然结果。检察机关在履行职责过程中，需展现出高度敏锐的洞察力，通过搜集线索等方式，确保监督工作的前瞻性与时效性。同时，依法履职的核心理念亦要求检察机关在监督实践中保持适度的谦抑与理性，以避免监督权力的不当扩张与滥用，从而确保法律监督工作的健康有序发展。

综上所述，检察权的专门法律监督属性在马克思主义原理与习近平法治思想的指导下，展现了其独特的价值与魅力。其限度与边界的设定既是对权力制约与监督原则的遵循，也是对法治精神的体现。在未来的法治建设中我们应继续坚持和完善检察制度，充分发挥检察权在维护法律统一、保障司法公正、推动法治建设等方面的积极作用。

第二章

我国检察权制度的形成与发展

第一节　我国人民检察制度中"检察权"概念的发端

在近代中国历史的进程中，革命根据地及后续解放区的法律体系作为中国特色社会主义法治体系的重要本土渊源，孕育了人民检察制度的雏形，其深远影响贯穿于中国检察制度构建与发展的全过程。

具体而言，1931 年 11 月通过的《工农检察部的组织条例》作为根据地时期首部专门性人民检察立法，不仅明确了各级工农检察机关的职责范围，还详细列举了其对国家企业、公私合营企业、合作社企业以及苏维埃机关的监督权限。此时，工农检察部虽主要承担监察职能，但其工作内容已初步涵盖了职务犯罪侦查与一般监督，并赋予了其建议与向法院报告的权力。此立法从职权分配的角度，确认了"检察权"作为法律监督力量的本质属性，尽管其中仍掺杂着部分非纯粹法律性的职责，但这是特定历史条件与立法技术限制下的必然产物。

紧随其后，1932 年 6 月 9 日出台的《中华苏维埃共和国裁判部的暂行组织及裁判条例》，则在审检合一的框架下，进一步细化了检察职权的范围。该条例规定，检察机关在审判过程中担任国家公诉人角色，参与预审程序，负责提起公诉及起诉决定，并享有对违法行为的检查权、对犯罪嫌疑人的先行逮捕权以及对案件相关人员的传讯审问权。这些规定深刻揭示了"检察权"在诉讼程序中的多重功能，强化了其在维护法律秩序、保障诉讼公正方面的作用。

综观上述两部立法，它们虽在不同层面揭示了"检察权"概念的丰富内涵，但均未直接明确其概念术语的统一定义。然而，正是这些立法实践，为后来检察制度的形成与发展奠定了坚实的理论与实践基础。

在人民检察制度的发展历程中，"检察权"这一概念术语的正式亮相，可追溯至1937年2月22日《中央司法部训令第二号》的颁布，该训令明确指出："最高法院则由司法部设立国家检察长代表国家行使检察权"。这标志着"检察权"首次以法律文件的形式被赋予国家权力的属性，尽管此时其尚未在宪法层面被加以确认，也未明确将其纳入国家权力结构的整体框架内，表述更多地聚焦于检察职权的范畴。此后，一系列立法相继出台，进一步丰富和明确了"检察权"的内涵。

1939年4月4日公布的《陕甘宁边区高等法院组织条例》明确规定："高等法院检察处，设检察长及检察员，独立行使其检察职权。"此条例强化了检察权的独立性及其作为检察职权的具体体现。随后，1941年10月15日公布的《晋冀鲁豫边区高等法院组织条例》亦重申了检察处的独立职权，强调其由边区政府任命并独立行使检察职权，进一步巩固了检察权在职权层面的构建。

值得注意的是，1944年10月发布的《苏中区处理诉讼案件暂行办法》中提及："区级以上政府及公安机关为维持社会秩序、群众利益，得代表国家执行检察权，对刑事被告提起公诉。"这里的"检察权"实质上更倾向于指"公诉权",显示了检察权在诉讼活动中的具体应用。

1946年10月19日,《陕甘宁边区暂行检察条例》出台,其作为首部检察单行法规,不仅引入了一般监督和民事公益诉讼制度,还于同年11月12日通过《陕甘宁边区政府命令》确认了高等法院检察处在边区政府领导下独立行使检察权的地位,实现了审检分立的制度性突破。然而,检察机关与公安机关的职权划分依旧存在模糊地带,检察人员亦常由公安人员兼任,如《东北行政委员会关于司法行政工作及组织问题指示》所示,这种安排虽出于实际需要,但从法理角度看,无疑削弱了检察权对公安机关的监督功能。

1947年6月颁布的《关东各级司法机关暂行组织条例(草案)》则赋予了检察官对所有机关、社团及公民的法律遵守情况行使"最高检察权"的权力,实际上是一般监督职权的体现,这一表述强调了检察权的法律监督属性。

综上所述,初期立法中的"检察权"概念,虽主要表现为检察机关的职权范围,并已具备检察权的主要内容,但其定义尚显宽泛,多从职权维度进行建构和拓展,尚未完全确立为国家权力体系中的独立类型。这一过程既是对外来法律制度的吸收与适应,也是结合中国实际进行的本土化创新,为后续检察制度的成熟与完善奠定了重要基础。

在中国近代社会的历史长河中,"检察权"概念术语的萌生与演进,深刻反映了国家对法律制度与检察职权认知的深化过程,这一过程呈现出一种不自觉却持续深化的新概念掌握趋势。其发展历程可清晰地划分为两大脉络:一是源自清末法制改革,历经民国变迁,在继承与变革中逐步成形;二是在新中国成立前夕,在人民检察制度探索与实践中独立发展。两者虽时空背景迥异，却共同构成了"检察权"概念史中不可或缺的篇章。

第一条脉络自清末变法始，致力于引进西方检察制度，通过一系列立法活动，如《大清刑事民事诉讼法草案》等，初步构建了检察职权的框架。其后《中华民国刑事诉讼法》等法律文件的颁布，进一步细化了侦查、提起公诉、审判监督、执行监督等检察职权，这些职权不仅在实践中得以运用，更在理论上奠定了"检察权"概念的基本内容。这一过程不仅体现了对西方检察制度的吸收与融合，也反映了中国本土法律文化的适应与创新。

第二条脉络则聚焦于新中国成立前人民检察制度的探索。在这一时期，《中央司法部训令第二号》等法律文件首次明确提出了"检察权"的概念，并将其置于国家权力的范畴之内。尽管此时尚未形成完整的宪法性规定，但已显示出对检察权独立性与重要性的深刻认识。随后的《陕甘宁边区暂行检察条例》等，不仅继承了第一条脉络中检察职权的基本内容，如侦查、公诉、监督等，还结合革命根据地的实际情况，创新性地引入了民事公益诉讼等制度，进一步丰富了"检察权"的内涵。这些立法实践不仅为新中国成立后检察制度的建立提供了宝贵的经验，也深刻影响了"检察权"概念在新时代的发展方向。

中国近代社会中"检察权"概念术语的产生与发展，是两条脉络交织并进的结果。它们在不同历史时期、不同政治制度下展现出各自独有的特征，但又在内容上相互借鉴、相互融合，共同构成了"检察权"概念史中丰富多彩的图景。这些历史文件与立法实践，不仅见证了"检察权"概念从萌芽到成熟的历程，更为新中国成立后检察制度的完善与发展奠定了坚实的基础。

第二节　新中国"检察权"概念社会主义内涵的形成

在新中国法制建设的历史进程中，"旧法统"的废除成为检察权概念演进的重要转折点。随着新中国法制建设的逐步推进，"检察权"概念开始注入社会主义内涵，逐步形成具有中国特色的人民检察制度及其理论体系，并在社会主义法制话语体系中获得全新的意义。

新中国立法首次对"检察权"作出明确规定，是在1949年12月20日批准的《中央人民政府最高人民检察署试行组织条例》中。该条例第11条明确规定："最高人民检察署行使检察权时，如认为只应予行政处分者，移送人民监察委员会处理之。"结合条例第3条列举的六项具体职权可以看出，此处的"检察权"实际上是"检察职权"的简称。这些职权涵盖了对政府机关、公务人员及全体国民遵守法律情况的监督权，对司法机关违法判决的抗议权，对刑事案件的侦查与公诉权，对司法和监管场所的监督权，以及代表国家参与民事和行政诉讼等重要权力，充分体现了检察职权的法律监督属性。

1951年9月，在总结实践经验的基础上，《中央人民政府最高人民检察署暂行组织条例》应运而生。该条例在检察权的表述上基本延续了《中央人民政府最高人民检察署试行组织条例》的框架，强调"最高人民检察署行使检察权时，凡认为应予刑事制裁者，应向最高人民法院提起公诉"[1]。同时通过的《各级地方人民检察署组织通则》也作了类似规定，明确地方检察署在认为需要刑事制裁时，应向同级法院提起诉讼。这两部立

---

[1]　张梁：《数字检察建构的信息权力基础及其法治风险防控》，载《上海交通大学学报（哲学社会科学版）》2025年第2期。

法中的"检察权"概念内涵保持一致，均指检察职权。时任最高人民检察署副检察长的李六如曾解释："最高人民检察署不仅直接行使检察权，更重要的是领导下级人民检察署行使检察权。"这一表述既明确了检察职权的行使方式，也体现了上下级检察机关之间的领导关系。

　　从当时的官方表述中，也能清晰看到检察权与法律监督权的紧密联系。例如《人民日报》社论指出，人民检察机关既要严格监督法律执行，又要坚决打击一切违法犯罪行为，强调检察机关法律监督范围的广泛性。在实际工作中，"检察权"与"法律监督权"经常交替使用。这一现象的出现，与当时的政治经济环境密切相关。新中国成立初期，国家权力体系尚在构建之中，各机关的权力划分更多通过具体职权来体现，而未对权力属性进行明确界定。因此，"检察权"更多以检察职权的形式存在于立法和实践中，"检察"与"监督"的概念尚未严格区分，这种表述方式既反映了当时的客观条件，也体现了检察职权与生俱来的法律监督本质。

第三节　改革开放后检察制度的发展

　　自1978年12月党的十一届三中全会作出改革开放的历史性决策，中国社会开启了全方位的深刻转型。在这场波澜壮阔的变革浪潮中，司法领域的改革成为推动国家治理现代化的关键环节，而检察制度的重建与发展，正是其中极具标志性的篇章。

　　1979年7月，第五届全国人民代表大会第二次会议审议通过《人民检察院组织法》，这部共计3章28条的法律，系统构建了检察机构的组织架构与职能体系。法律明确规定，最高人民检察院、地方各级人民检察院和专门人民检察院构成完整的检察系统，并对各级检察机关的设置、职权范围、办案程序作出详细规范。例如，将审查批捕、提起公诉等核心职能以法律条文形式固定下来，同时建立起上下级检察院之间的领导关系，为检察工作的规范化运作提供了制度框架。

随着1982年《宪法》的修订，检察制度迎来根本性突破。其第131条确立"人民检察院依照法律规定独立行使检察权"，这一规定不仅明确划分了检察权与行政权、立法权的边界，更通过禁止任何组织和个人非法干涉检察工作的条款，赋予检察权独立运行的宪法保障。值得注意的是，这一时期的立法实践同步推进了检察监督体系的完善，例如增设对公安机关侦查活动、法院审判活动的法律监督条款，使检察权的独立性与权威性在具体司法实践中得以落实，为构建公正高效的司法体系奠定基础。自1982年《宪法》实施以来，历经数载风雨，直至2018年《宪法》的顺利通过，关于检察权独立行使的宪法条款始终如一，坚定不移地巩固了"检察权"作为宪法概念的独立地位，使其成为宪法框架内一项界定清晰、不容置疑的国家权力，持续受到法律的严格保障与社会的广泛尊重。特别是2018年的监察体制改革及《宪法》修正，作为国家治理体系和治理能力现代化的重要里程碑，不仅标志着国家权力结构的深刻调整与优化，更构建了"一府一委两院"这一符合时代要求的新型国家权力架构，其中检察权与行政权、监察权、审判权各司其职、相互制约、协调并进，共同维系着国家权力的平衡、稳定与高效运行。监察权的设立，旨在构建更为完善、高效的国家监督体系，而非削弱检察权的独立性与权威性，反而进一步凸显了检察权作为国家公权力的独立价值与完整体系。

在探讨检察权独立行使的议题时，必须深刻认识到其独立性的相对性。这种独立性并非绝对的权力豁免，而是通过制度设计构建的动态平衡机制。从司法实践层面看，检察机关在办理重大职务犯罪案件时，既要排除地方保护主义、人情干扰等不当影响，确保案件事实认定和法律适用的客观性，又需严格执行重大案件请示报告制度，在法律框架内接受党委政法委的统筹协调[1]。以某地厅级干部受贿案为例，检察机关在案件侦查阶段及时向同级党委汇报关键进展，同时顶住外部压力，独立完成了证据收集和审查起诉工作，最终实现法律效果与社会效果的统一。

作为监督性、非实体性、非终局性的权力，检察权的正当性需要经过严格的程序检验。在刑事诉讼中，检察机关作出批准逮捕决定时，需依据《刑事诉讼法》第 55 条关于证据标准的规定，接受公安机关的复议复核以及法院的司法审查；在民事抗诉案件中，检察机关必须通过提请上级检察院抗诉、提交检察建议等法定途径，接受法院再审程序的实体审查。此外，监察委员会对检察人员职务违法犯罪的调查权、人民代表大会常务委员会对检察专项工作报告的质询权，共同构成了立体化的权力监督网络。

在中国宪法语境下，检察权不仅是一项独立的国家公权力，更是国家权力体系中不可或缺的重要组成部分。其职权体系呈现出"金字塔"式结构：塔基是覆盖刑事、民事、行政三大诉讼领域的全面监督，塔身是对侦查活动、审判活动、执行活动的过程性监督，塔顶则是维护国家利益和社会公共利益的公益诉讼职能。以最高人民检察院发布的典型案例为例，在 2022 年办理的某央企违规处置国有资产民事公益诉讼案中，检察机关通过调查取证、支持起诉、督促执行等多环节监督，最终为国

---

〔1〕　段正洁、谢鹏程：《论检察公益诉讼的抗诉程序》，载《行政法学研究》2025 年第 3 期。

家挽回经济损失 4.2 亿元，充分展现了检察权在维护国有资产安全方面的功能。

随着时代的发展，检察权在不同法律领域的监督功能呈现差异化演进特征。在刑事检察领域，"捕诉一体"改革通过优化办案组织架构，将批捕与起诉环节的平均办案周期缩短，降低退回补充侦查率；在民事检察领域，加大对虚假诉讼案件、民间借贷纠纷民事执行等诉讼活动和执行阶段的监督力度；在行政检察领域，针对征地拆迁、社会保障等民生领域的行政违法行为，检察机关依法制发检察建议，推动建立行政争议实质性化解机制的地方试点；在公益诉讼方面，生态环境损害惩罚性赔偿制度的试点应用，使污染企业违法成本得到提升，形成有效震慑。这些具体数据和创新实践，充分彰显了检察权在推进国家治理现代化进程中的独特价值。

综上所述，"检察权"与"法律监督"在中国特色社会主义法治体系中形成了深度耦合的关系。这种关系既体现在《人民检察院组织法》对法律监督职能的明确界定，也反映在最高人民检察院年度工作报告中"监督"关键词出现频率的变化。当前深化检察改革的实践中，通过建立案件质量评查"红黄绿"三色预警机制、推行检察官业绩"雷达图"考核体系等创新举措，正在将法律监督的制度优势转化为实实在在的治理效能。未来研究需进一步聚焦数字检察战略，探索利用区块链存证、大数据分析等技术手段，构建"全流程、可视化、可追溯"的智慧监督体系，为检察权独立行使注入新的时代内涵。

第三章

全面依法治国与检察机关依法履职

第一节　全面依法治国的战略意义

　　作为实现国家治理能力现代化的坚实保障，全面依法治国不仅是一项重大战略抉择，更是深刻影响国家治理体系和治理能力变革的核心理念。这种转变体现在多个维度：从治理观念上，摒弃传统治理中"领导拍板""会议纪要代替法规"等惯性思维，建立"法无授权不可为，法定职责必须为"的权力边界意识；在治理方式上，通过行政规范性文件合法性审查、重大决策终身责任追究等制度，将政府行为全面纳入法治轨道[1]。例如，在城市治理中，某地通过制定市容环境管理条例，明确商贩经营区域与执法程序，改变以往"运动式执法"乱象，实现城市管理与民生保障的平衡。

　　这种转变本质上是治理体系的系统性革新。在立法环节，国家建立基层立法联系点制度，通过联系点广泛收集民意，确保《民法典》等重要法律充分反映社会需求；执法领域推行行政执法"三项制度"，要求执法全程记录、重大执法决定法制审

---

〔1〕　张富利：《数字法治政府的治理效能悖论与破解之道》，载《河北法学》2025 年第 6 期。

核，有效降低行政争议；司法系统深化司法责任制改革，通过员额制改革将法官、检察官从"单位人"转变为"职业人"，实现"让审理者裁判，由裁判者负责"。

全面依法治国要求构建全链条法治体系。在法律监督方面，监察体制改革后，设立监察委员会，实现对所有行使公权力的公职人员的监察全覆盖；在守法环节，"七五"普法期间开展法治讲座，培育"法律明白人"，推动形成办事依法、遇事找法的社会氛围。以生态治理为例，《长江保护法》实施后，沿江省市建立跨区域环境司法协作机制，开展联合执法，查处环境违法案件，用法治力量守护母亲河。

从治理理论层面看，法治思维体现为"三个优先"原则：优先运用法律手段调节经济关系，依据新修正的《反垄断法》查处平台经济垄断，维护市场公平竞争；优先运用法律途径化解矛盾纠纷，全国法院"一站式"多元解纷机制成效显著；优先运用法律框架维护社会稳定，《反有组织犯罪法》实施后成功打击涉黑组织，切实增强群众安全感。这些实践印证了，唯有将法治作为治国理政的基本方式，才能实现国家治理的规范化、科学化、长效化。

全面依法治国作为建设现代法治国家的基石与内在要求，其核心要义体现在对法律体系、司法实践、权力运行的全方位规范上。在立法层面，我国已构建起以宪法为核心的中国特色社会主义法律体系，从《民法典》对公民财产权、人格权的细致界定，到《反不正当竞争法》对市场经济秩序的维护，每一部法律都在为社会运行划定清晰边界。司法实践中，国家通过推进以审判为中心的诉讼制度改革，建立类案强制检索机制，确保"同案同判"；借助智慧法院建设，实现网上立案、在线庭审，让"数据多跑路，群众少跑腿"，使公平正义不仅得到实现，更以看得见的方式实现。

公民权利保障体系的完善，体现在经济、文化、社会等多个维度的制度设计。在经济领域，国家通过《劳动法》《劳动合同法》构建劳动者权益保护网，针对平台经济、新业态用工特点出台专项法规，明确企业主体责任；设立中小企业发展基金、优化营商环境，为市场主体提供公平竞争空间。在文化领域，国家依托《著作权法》保护创作者合法权益，推动公共文化服务保障法落地，在全国建设基层综合性文化服务中心，实现农家书屋、社区图书馆全覆盖，保障公民文化参与权。在社会权利保障方面，基本医疗保险覆盖超 13 亿人口，低保标准动态调整机制持续完善；针对残疾人、老年人等特殊群体，建立无障碍环境建设法规体系，从住房适老化改造到公共交通助残设施，将人文关怀融入法治实践。

对公权力的约束通过立体化监督网络实现，形成行政、司法、党内与国家监督的协同发力格局。在行政领域，行政执法"三项制度"已形成完整的制度闭环：执法记录仪、电子政务系统等硬件设备的全覆盖，确保现场执法过程完整可回溯；各级政府门户网站开辟"行政执法公示专栏"，将行政处罚决定书、行政许可流程图等文书实时公开；重大行政决策需经法律顾问团队、法制审核机构双重把关。政务信息公开平台实现行政许可、行政处罚事项线上公示，群众通过手机端即可实时查询办理进度与结果。

司法监督层面，人民陪审员制度改革实现实质性突破，通过"随机抽选+专业匹配"机制，实现人民陪审员参审。检察机关公益诉讼制度构建起"线索发现—立案调查—诉前磋商—提起诉讼"的全链条监督体系，在生态环境领域，通过跨区域检察协作机制，成功办理长江流域非法采砂、黄河湿地破坏等重大案件；在食品药品安全领域，建立食品药品安全"惩罚性赔偿"制度。

通过监察体制改革，党内监督与国家监督实现深度融合，成立了整合多方力量的监察委员会，从而实现了对全体公职人员的监督全覆盖。巡视巡察工作形成"常规巡+专项巡+机动巡"的立体化模式，审计监督创新建立"大数据比对分析平台"，通过财政、税务、金融等多部门数据交叉核验，精准识别虚报冒领、违规采购等问题，追回财政资金。这些监督手段共同构成"发现问题—督促整改—完善制度"的闭环管理体系。

在推动人民民主发展进程中，全面依法治国构建起多维保障体系。反腐败斗争建立"不敢腐、不能腐、不想腐"的体制机制，通过大数据监督平台筛查异常资金流动，查处违反中央八项规定精神问题。在"关键少数"推行领导干部"权力清单+责任清单"制度，将重点权力运行流程纳入在线监管，对"一把手"实行离任经济责任审计全覆盖。政务公开标准化规范化建设进一步升级，县级以上政府建立新闻发布制度，政府网站互动回应办理时限压缩至3个工作日内，大幅提高群众满意度。

在法治框架下，公民参与民主治理的渠道不断拓宽：全国建立基层立法联系点，收集群众立法建议；重大行政决策听证制度实现市、县两级全覆盖，"互联网+监督"平台整合纪检监察、信访、审计等多部门举报渠道，受理群众监督线索，同时，人权保障体系持续完善，刑事辩护全覆盖试点扩展至全国；教育、医疗、就业等领域的公平保障制度不断健全。

在服务经济社会发展方面，法治建设精准对接改革需求。在立法层面，国家围绕数字经济、人工智能等新领域出台地方性法规，为新业态发展划定法律边界；在执法层面，国家建立涉企执法"白名单"制度，对轻微违法行为实行"首违不罚"，在知识产权保护领域，建成知识产权保护中心，专利侵权纠纷行政裁决平均周期缩短；在营商环境优化方面，国家推行"证照分离"改革全覆盖，压缩企业开办时间。

第二节　检察机关依法履职的基本原则

一、坚持党对检察工作的绝对领导

检察机关在依法履职过程中，应始终坚定不移地将坚持党对检察工作的绝对领导作为最高政治原则。这一原则由宪法和法律确立，不仅是对中国共产党领导人民检察事业近百年实践探索的深刻总结，更是新时代全面推进依法治国、实现国家治理体系和治理能力现代化的必然要求。

这一根本原则深深根植于习近平法治思想、习近平新时代中国特色社会主义思想等党的最新理论成果之中。党的二十大报告明确提出"加强检察机关法律监督工作""完善公益诉讼制度"，为新时代检察工作指明了方向。检察机关将党的领导贯穿于刑事、民事、行政、公益诉讼检察的全过程，例如在办理重大疑难案件时，严格执行重大事项请示报告制度，确保每一项司法决策都与党中央决策部署同频共振。在服务保障乡村振兴、优化营商环境、推进生态文明建设等国家战略实施中，检察机关更是主动对标党中央要求，将党的政策转化为司法实践，以"高质效办好每一个案件"的实际行动践行党的全面领导。在新时代背景下，面对复杂多变的国际国内形势，坚持党对检察工作的绝对领导，既是防范化解重大风险、维护国家安全的政治保障，也是践行司法为民宗旨、守护社会公平正义的根本遵循，其必要性与重大意义正随着时代发展愈发凸显。

（一）政治方向的坚定守护

检察机关作为国家法律监督机关，承担着维护宪法法律权威、保障社会公平正义的重大使命。宪法明确规定检察机关的法律监督职能，使其成为法治体系中不可或缺的一环[1]。在实际工作中，检察机关通过对刑事、民事、行政等各类法律实施情况的监督，纠正执法司法偏差，确保法律在全社会统一、正确实施，守护着公平正义的最后一道防线，其重要性不言而喻。

在新时代的征程上，国际形势风云变幻，贸易摩擦、地缘政治冲突等因素使得全球局势充满不确定性；国内改革发展进入深水区，社会结构深刻变动、利益格局深刻调整，新矛盾新问题不断涌现。面对如此复杂多变的国内外环境，坚持党对检察工作的绝对领导，成为确保检察工作始终沿着社会主义法治道路稳健前行的定海神针。从政治层面看，只有坚持党的领导，才能保证检察工作的正确政治方向，使检察权牢牢掌握在党和人民手中；从法治建设角度而言，党的领导为检察工作提供了坚实的政治保障和组织保障，确保各项检察改革举措能够顺利推进，构建更加科学完善的中国特色社会主义检察制度体系。

党的最新理论成果，特别是习近平法治思想，为检察工作照亮了前行的道路。习近平法治思想从历史和现实相贯通、国际和国内相关联、理论和实际相结合的角度深刻回答了新时代为什么实行全面依法治国、怎样实行全面依法治国等一系列重大问题，是马克思主义法治理论中国化的最新成果，是全面依法治国的根本遵循和行动指南[2]。在这一思想指引下，检察机关深刻认识到要坚定不移走中国特色社会主义法治道路，这条

---

〔1〕 刘文琦、邵梦：《大数据侦查的检察监督困境及其破解路径》，载《四川警察学院学报》2025年第1期。

〔2〕 万毅：《论法律监督效能》，载《国家检察官学院学报》2025年第1期。

道路是历史的选择、人民的选择，既汲取了中华优秀传统法律文化精华，又借鉴了人类法治文明有益成果，是符合中国国情、具有强大生命力的法治道路。

为实现检察工作与党的理论创新成果同频共振，与党的决策部署紧密相连，检察机关在具体实践中采取了一系列有力举措[1]。在理念层面，树立正确司法理念，将国法、人情融为一体，追求政治效果、社会效果、法律效果的有机统一，让司法既有力度又有温度；在工作机制上，严格执行重大事项请示报告制度，对于重大敏感案件、重要改革措施等及时向党委请示汇报，确保检察工作始终在党的领导下开展；在服务大局方面，主动对标党和国家重大战略部署，在服务保障经济高质量发展、推进乡村振兴、助力生态文明建设等工作中，充分发挥检察职能，提供精准司法服务，以"高质效办好每一个案件"的实际行动，为党和国家事业发展筑牢法治根基，推动法治中国建设行稳致远。

（二）法治建设的核心引领

全面依法治国作为中国特色社会主义的本质要求与重要保障，承载着保障国家长治久安、人民幸福安康的深远意义。在法治建设的宏大版图中，检察机关扮演着关键角色。作为法治建设的重要参与者与推动者，其工作成效如同一面镜子，清晰映照出全面依法治国的推进进程[2]。从刑事案件的公正办理，守护社会秩序的稳定，到民事纠纷的妥善调处，平衡各方权益，再到行政诉讼的监督，确保公权力依法运行，以及公益诉讼对

---

〔1〕　黄宝跃：《大数据：检委会案件类议题决策科学化路径》，载《数字法治》2024年第6期。

〔2〕　原美林、王雪晴：《论数字时代的协作互动侦查监督模式》，载《浙江工商大学学报》2024年第6期。

国家利益和社会公共利益的捍卫，检察机关的每一项履职行为都与法治建设的脉络紧密相连。其在维护法律尊严、保障司法公正、促进社会法治观念提升等方面的作为，直接影响着全面依法治国战略目标的实现进度。

坚持党对检察工作的绝对领导，是检察机关在法治建设征程中的核心准则。这意味着检察机关在推进法治建设时，需以更高的政治站位，更加自觉、主动地服从和服务于党的中心任务。在国家致力于经济高质量发展时，检察机关围绕优化营商环境的决策部署，严厉打击破坏市场经济秩序的犯罪，加强对企业合法权益的司法保护，为经济发展注入法治动能；在推动社会治理现代化进程中，检察机关依据党的相关要求，积极参与社会治安综合治理，通过检察建议等方式，促进社会治理体系的完善[1]。检察机关将党的决策部署精准转化为具体检察实践，从案件办理的各个环节发力，让法治建设在实践中稳步前行。这不仅是检察机关基于宪法定位与职责使命的必然选择，更是新时代赋予检察机关的光荣使命。

通过党的领导，检察机关得以在法治建设中更好地发挥法律监督职能。在科学立法环节，检察机关凭借丰富的司法实践经验，积极为立法机关提供参考意见，使法律条文更贴合实际司法需求，增强法律的科学性与可操作性；在严格执法层面，检察机关对行政机关执法活动进行监督，纠正有法不依、执法不严等问题，推动依法行政，保障法律的正确实施；在公正司法方面，检察机关强化对诉讼活动的监督，防止冤假错案发生，守护司法公正的最后一道防线；在全民守法培育上，检察机关通过开展法治宣传教育活动，以案释法，增强民众法治意识，

---

[1] 王燕鹏：《以数字之力提升监督之质以检察之智助力社会之治》，载《人民检察》2024 年第 17 期。

营造全社会尊法学法守法用法的良好氛围。在党的引领下，检察机关全方位推动形成科学立法、严格执法、公正司法、全民守法的良好局面，为全面建设社会主义现代化国家提供坚实有力的法治支撑，助力国家在法治轨道上稳步迈向繁荣富强。

（三）司法公正的坚强后盾

司法公正作为衡量社会公平正义的核心标尺，深刻映照出法治社会的文明高度与治理效能。它不仅是法律尊严的具象化呈现，更是人民群众获得感、安全感的重要来源，直接关系到社会秩序的稳定与国家的长治久安。检察机关作为司法体系中的监督枢纽，肩负着维护司法公正的神圣使命，从刑事领域打击犯罪、保障人权，到民事领域监督虚假诉讼、守护契约精神，再到行政领域纠正违法行政、平衡公权与私权，其履职成效如同晴雨表，精准反映着司法公正的实现程度，也直接影响着人民群众对法治的信任与期待。

坚持党对检察工作的绝对领导，为检察机关依法独立公正行使检察权铸就了坚不可摧的制度保障。在司法实践中，检察机关常面临人情关系、利益纠葛、地方保护主义等多重干扰，稍有不慎便可能偏离公正的轨道。而党的领导犹如定海神针，以强大的政治定力和制度优势，为检察机关排除外部不当干预提供坚实支撑。通过强化政治引领，确保检察工作始终与党中央决策部署同频共振，使检察机关能够以"刀刃向内"的勇气，坚决抵制权力寻租、利益输送等诱惑，以"求极致"的态度对待每一起案件，从证据审查、法律适用到程序规范，都严格遵循法治原则，真正实现"让人民群众在每一个司法案件中感受到公平正义"。

党的领导更是推动检察机关内部监督体系迭代升级的核心引擎。在党的统筹部署下，检察机关持续深化司法责任制改革，通过建立健全案件质量评查、检察官业绩考核、廉政风险预警等机制，构建起全流程、立体化的监督网络。一方面，依托数字化手段对案件办理进行动态跟踪，及时发现和纠正程序瑕疵、法律适用错误等问题；另一方面，完善检察官权力清单，明确权责边界，防止权力过度集中。强化廉政教育与监督问责，将"严管就是厚爱"理念贯穿了检察队伍建设全过程，从源头上遏制司法腐败滋生，确保检察权始终在法治轨道上规范运行。这种内外协同的监督体系，有效提升了司法公信力，使检察机关成为守护社会公平正义的可靠防线，为全面依法治国注入了强劲动力。

（四）检察队伍建设的政治保障

检察队伍建设作为检察事业发展的基石，其成效不仅直接决定着法律监督职能的履行质效，更在深层次上深刻影响着全面依法治国的整体推进。这支队伍不仅是法律的坚定执行者，更是社会公平正义的坚强捍卫者。从具体案件的细致办理到法律监督的严格履行，从服务国家大局的战略高度到司法为民的务实举措，检察人员的政治素养、专业能力和职业操守，都如同精密运转的齿轮，环环相扣，推动着检察事业稳健而有力地前行，直接关乎着广大人民群众对法治的坚定信任与殷切期待。

坚持党对检察工作的绝对领导，为检察队伍建设构筑起坚如磐石的政治保障。在党的引领下，检察机关始终将党的建设与检察业务深度融合，通过构建全方位、多层次、立体化的思想政治工作格局，为检察队伍铸魂赋能、强基固本。一方面，依托主题教育、专题培训、理论宣讲等多种载体，系统深入地学习党的创新理论成果，从习近平新时代中国特色社会主义思想到习近平法治思想，引导检察人员深刻领悟"两个确立"的决定性意义，坚定理想信念之基，补足精神之钙，确保检察队伍在政治立场、政治方向、政治原则、政治道路上始终同党中央保持高度一致；另一方面，聚焦检察实践中的政治属性，强化"从政治上看、从法治上办"的意识和能力，将政治判断力、政治领悟力、政治执行力切实转化为服务大局、司法为民的实际行动，确保检察工作始终沿着正确的政治方向前进。

党的领导为检察队伍注入了强劲的人才发展动能。围绕新时代检察工作的实际需求，检察机关不断深化干部人事制度改革，坚持党管干部原则，完善选拔任用机制，建立科学、合理、公正的考核评价体系。通过公开选拔、竞争上岗、基层历练等多种方式，将政治过硬、业务精湛、作风优良的干部选拔到关键岗位，形成能者上、优者奖、庸者下、劣者汰的良性竞争机制。检察机关还注重人才梯队建设，既着力培养善于办案、精通业务的"工匠型"人才，也积极锻造懂政治、谋大局的"复合型"干部，让忠诚干净担当成为检察队伍最鲜明、最突出的底色。通过优化人才结构、激发队伍内在活力，为检察事业的持续健康发展打造一支高素质、专业化的强大人才方阵，筑牢法治中国建设的坚实人才根基。

（五）党的领导是新时代检察事业发展的强大动力

党的领导是新时代检察事业破浪前行的核心引擎与根本保障。在时代浪潮的奔涌向前中，检察机关唯有紧密围绕在党的旗帜下，方能精准锚定发展航向，以与时俱进的魄力革新工作理念与实践路径，持续激活检察事业高质量发展的内生动力，推动检察事业在新时代的广阔天地中不断开拓新局、勇攀高峰。

面对新时代赋予的全新使命与复杂挑战，检察机关始终将"以人民为中心"镌刻在司法实践的旗帜上，把人民群众对公平正义的向往作为行动指南。从守护碧水蓝天的公益诉讼，到未成年人司法保护，再到护航创新发展的知识产权检察保护，每一个工作领域的创新突破，都是检察机关积极回应民生关切的生动实践。通过延伸监督触角、拓展职能边界，检察机关不仅让法律监督的力度与温度融入社会生活的方方面面，更在不断探索中丰富检察服务的内涵，为人民群众提供更优质、更高效、更贴心的法治产品。新时代检察事业的发展绝非"单打独斗"。在党的统筹协调下，检察机关与公安机关、审判机关以及纪检监察机关构建起既协同配合又相互制约的良性工作格局。在打击犯罪的战场上，与公安机关紧密衔接，提升案件侦查与审查效率；在司法审判环节，与审判机关共同维护法律适用的统一性与权威性；在反腐倡廉工作中，与纪检监察机关形成监督合力，织密权力运行的监督网络。这种多元协同的工作模式，凝聚起全面依法治国的磅礴力量，推动法治建设向更深层次、更高水平迈进。

站在新的历史起点上，在党的领导下，检察机关正以昂扬的姿态奋进新时代。凭借着对法治信仰的坚守、对人民需求的回应、对协同创新的探索，检察队伍必将在时代征程中不断书写新的辉煌篇章，以更坚实的检察担当、更卓越的履职成效，为全面建设社会主义现代化国家筑牢法治基石，贡献磅礴的检察力量。

二、依法独立行使检察权

依法独立行使检察权是我国司法制度的核心支柱，是法治文明建设的重要标志。这一原则深深镌刻在宪法与法律的基石之上，是保障法律监督职能精准、高效运行的根本所在。作为维护社会公平正义的关键防线，检察权独立行使原则要求检察机关在履行宪法赋予的法律监督职责时，必须保持自身独立地位，坚决抵御行政权力的不当干预、社会团体的非正当影响以及个人的非法干扰，确保每一项检察权的行使都以法律为准绳、以事实为依据，实现司法裁判的公正与纯粹。

　　检察机关的独立性是全方位、多层次的制度设计。在组织架构层面，检察机关依法独立设置，其机构运行遵循法定程序，确保不受外部力量的操控与干涉；在人事管理方面，检察官的选拔、任命与职务保障严格独立于行政体系之外，以专业素养、职业操守和法治信仰为核心标准，着力打造一支政治坚定、业务精湛、作风过硬的检察队伍；在物质保障领域，稳定且充足的经费来源是检察权独立行使的坚实后盾，使检察机关能够摆脱经济利益的束缚，全身心投入法律监督工作。这种制度性保障，为检察官在案件审查、证据收集、犯罪追诉等司法实践中，提供了充分的法定自主权和独立判断空间，确保司法裁决不受外界因素干扰，始终保持客观公正。

　　然而，检察权的独立性不代表其是不受约束的"绝对权力"。法律在规定检察机关独立行使职权时也构建了一套严密且行之有效的监督制约体系。立法机关通过制定和完善法律法规，为检察权的行使划定边界；审判机关在司法审判过程中，对检察机关的指控进行严格审查与裁决；社会公众借助媒体、网络等渠道，对检察工作进行广泛监督；检察机关内部则通过设立专门监督机构、开展案件质量评查、强化廉政风险防控等方式，实现自我净化与自我提升。这些监督机制相互配合、协同发力，既保障了检察权的独立行使，又有效防止了权力滥用和司法腐败，确保检察工作始终在法治轨道上有序运行。

　　在新时代法治建设的进程中，检察机关坚持依法独立行使检察权，既要坚守法治原则，严格遵循法定程序，恪守职业道德规范，自觉接受各方监督，又要积极推进司法公开透明建设，主动回应社会关切，以开放包容的姿态履行法律监督职责。通过在独立行使职权与接受监督制约之间寻求动态平衡，检察机关不仅彰显了对法治精神的忠诚坚守，更在维护社会公平正义、推进国家治理体系和治理能力现代化进程中，发挥着不可替代的重要作用，为建设社会主义法治国家提供坚实的司法保障。

三、坚持适用法律人人平等

在全面依法治国战略全面推进、法治中国建设如火如荼的时代背景下，一幅波澜壮阔、气势恢宏的法治画卷正徐徐展开。在这幅宏伟画卷中，检察机关作为法律监督体系的核心主体，以其坚定的法律信仰和专业的履职能力，毅然挺立于法治建设的潮头浪尖。检察机关将"坚持适用法律人人平等"这一具有深远历史意义和重大现实价值的法治原则，深度融入其履职尽责的全过程与各方面，成为推动法治社会稳步前行、行稳致远的关键力量和核心保障[1]。

坚持适用法律人人平等，绝非空洞的口号或抽象的概念，而是构筑现代法治社会的坚实基础与根本保障。它承载着法治文明的精髓，彰显着社会公平正义的核心价值，是法治国家区别于人治国家的显著标志。对于检察机关而言，这一原则更是其在行使检察权过程中须臾不可偏离的价值航标和行动指南。它宛如一柄永不褪色、熠熠生辉的正义之尺，时刻丈量着每一次司法实践的公平刻度，确保法律的公正与尊严在每一个案件中得到切实维护。

检察机关作为宪法明确赋予法律监督职责的专门国家机关，始终将捍卫"法律面前人人平等"奉为圭臬，视为其一切工作

---

〔1〕 张富利：《数字法治政府的治理效能悖论与破解之道》，载《河北法学》2025 年第 6 期。

的出发点和落脚点。这一原则不仅是全面依法治国战略的核心支柱和关键支撑，更是社会公平正义最直观、最生动的具象化表达〔1〕。它贯穿于检察机关履职的各个环节和领域，从刑事检察的犯罪指控、诉讼监督，到民事检察的权益救济、纠纷调处，再到行政检察的监督执法、促进法治政府建设，每一个检察环节都如同精密的齿轮，紧密咬合、协同运转，共同坚守着这一原则。

在刑事检察领域，检察机关肩负着指控犯罪、维护社会秩序和保障公民权利的重要使命。在办理各类刑事案件时，检察机关始终秉持客观公正的立场，严格依照法律规定和证据标准，对犯罪嫌疑人进行审查起诉。无论是面对位高权重、掌握丰富公共资源的高级官员，还是处于社会基层、缺乏话语权和影响力的普通民众，检察机关都一视同仁，坚决摒弃一切身份标签和主观偏见。对于涉及高级官员的职务犯罪案件，检察机关依法严肃查处，绝不姑息迁就，彰显了法律对权力的刚性约束和有效监督，让权力在法治的轨道上运行。对于普通民众涉及的刑事案件，检察机关同样严格依法办事，确保每一个犯罪嫌疑人都能得到公正的审判和合法的权益保障，让人民群众切实感受到法律的公平与正义。

在民事检察领域，检察机关致力于维护民事主体的合法权益，促进民事纠纷的公正解决。面对涉及各类民事权益的案件，检察机关积极履行监督职责，对法院的民事审判活动和执行活动进行全面监督。无论是处理涉案金额巨大、关系错综复杂的大型企业经济纠纷案件，还是关乎个体切身利益的邻里纠纷、劳动维权等微小案件，检察机关都以同一把法律标尺进行精准

---

〔1〕　武东方、赵康博：《数字检察战略的实践反思、逻辑基础及实践设计》，载《中国检察官》2024 年第 17 期。

衡量。在办理弱势群体维权案件时,检察机关主动作为、积极履职,充分发挥法律监督职能,为弱势群体提供坚实的法律保障,让弱势群体在法治的阳光下感受到温暖和希望。

在行政检察领域,检察机关通过监督行政执法活动,促进法治政府建设,推动行政机关依法行政。检察机关对行政机关的行政行为进行合法性审查,确保行政机关在行使职权过程中严格遵守法律规定,不越权、不滥用权力。对于行政机关的违法行政行为,检察机关及时提出检察建议或提起行政公益诉讼,督促行政机关纠正错误,维护国家利益和社会公共利益。[1]通过行政检察工作,检察机关促进了行政机关与行政相对人之间的平等对话和良性互动,推动了法治政府建设的不断深入。

在检察工作的日常实践中,"坚持适用法律人人平等"原则被赋予了丰富而深刻的时代内涵。检察机关在办理每一个案件时,都坚决摒弃一切可能影响公正司法的身份标签与主观偏见,以事实为依据,以法律为准绳,确保法律的公正适用。无论面对何种身份,检察机关都秉持公正无私的态度,不偏不倚地履行法律监督职责。对于涉案金额巨大、关系复杂的大型企业经济犯罪案件,检察机关组织精干力量,深入调查取证,严格依法审查,确保案件得到公正处理,维护市场经济秩序的稳定和公平竞争的环境。[2]对于关乎个体切身利益的邻里纠纷、劳动维权等微小案件,检察机关同样高度重视,认真倾听当事人的诉求,积极协调解决矛盾纠纷,让人民群众在每一个司法案件中都能感受到公平正义的存在。

---

〔1〕 张强:《数字监察背景下公职人员隐私权保障的法治逻辑》,载《广州大学学报(社会科学版)》2024年第4期。

〔2〕 陈海嵩、张新:《环境行政公益诉讼履行判决的再审视与完善》,载《河海大学学报(哲学社会科学版)》2025年第1期。

　　在办理职务犯罪案件时，检察机关以零容忍的态度，依法严肃查处违法违纪官员。它们不畏权势，敢于碰硬，坚决打击腐败行为，彰显法律对权力的刚性约束和有效监督。通过查办职务犯罪案件，检察机关不仅维护了法律的尊严和权威，也增强了人民群众对法治的信心和信任。在办理弱势群体维权案件时，检察机关主动作为，积极依法履职，深入了解弱势群体的实际困难和需求，为他们提供法律咨询、法律援助等全方位的服务，用法律为他们撑起权益的保护伞。通过加强对弱势群体维权案件的监督和指导，检察机关确保弱势群体的合法权益得到及时有效的维护，让弱势群体在法治的保障下能够安居乐业。

　　检察机关通过严格遵循法律规定与程序，确保每一起案件都能在事实认定、证据审查、法律适用等环节做到公平、公正、公开。在事实认定方面，检察机关全面、客观地收集和审查证据，确保案件事实清楚、证据确实充分。在证据审查方面，检察机关严格遵循证据规则，对证据的合法性、关联性和真实性进行严格审查，杜绝非法证据和虚假证据进入诉讼程序。在法律适用方面，检察机关准确理解和把握法律条文的含义和精神，确保法律的正确适用。通过这些措施，检察机关让人民群众在司法案件中真切感受到"法律面前无特权，人人平等受保护"的法治真谛，为法治社会的建设奠定了坚实的基础。

　　（一）牢固树立以事实为依据、以法律为准绳的办案理念

　　在推进全面依法治国、追求法治理想的道路上，实现法律面前人人平等的崇高理念，是构筑法治社会的核心目标。检察机关作为法律监督的重要力量，始终将"以事实为依据、以法律为准绳"作为办案的根本遵循，让这一原则如同法治长河中的灯塔，指引着每一起案件的办理方向，成为维护社会公平正义的关键支撑。

　　从案件受理的起点始，检察机关便以高度的责任感与使命感，开启严谨的事实探寻之旅。侦查监督部门的检察人员深入案发现场，穿梭于大街小巷，不放过任何蛛丝马迹。他们既要收集能够证明犯罪嫌疑人有罪或罪重的证据，也要关注无罪或罪轻的线索，确保证据收集的全面性；运用专业的技术手段和缜密的逻辑思维，对各类物证、书证、证人证言进行客观分析，避免主观臆断；严格遵守证据收集程序，确保证据来源合法真实。无论是简单的民事纠纷，还是复杂的刑事案件，检察机关都以还原案件真相为最终目标，为后续的司法程序奠定坚实基础。

　　进入审查起诉环节，检察官们化身严谨的"法律卫士"，对案卷材料进行审阅。面对堆积如山的卷宗，他们逐字逐句研读，从犯罪嫌疑人的供述与辩解，到现场勘查笔录，再到鉴定意见，对每一份证据的合法性、关联性、真实性都进行严格把关。他们还通过建立证据清单，反复比对不同证据之间的逻辑关系，运用证据规则排除非法证据，对存在矛盾或疑点的地方，及时与侦查机关沟通，必要时开展自行补充侦查。在这个过程中，检察官们以"如我在诉"的态度，力求将每一个案件的证据链条打磨得完整且确凿，确保呈现在法庭上的每一个事实都经得起检验。

　　在整个办案过程中，检察机关都将程序正义视为实体正义的前提和保障，严格遵循法定程序，让司法权力在法治轨道上运行。在证据收集阶段，检察机关严格执行非法证据排除规则，杜绝刑讯逼供、威胁利诱等违法行为；在审查起诉环节，检察机关充分保障犯罪嫌疑人、被害人等诉讼参与人的权利，依法告知其享有的诉讼权利；出庭公诉时，检察机关以事实为依据、以法律为准绳，通过规范的举证质证、严谨的法庭辩论，维护法律的尊严。检察机关还通过案件信息公开平台，主动向社会公开案件程序性信息、法律文书，邀请人民监督员参与案件监督，让权力在阳光下运行，让人民群众看得见、感受得到司法公正。

为了更好地践行"以事实为依据、以法律为准绳"的原则，检察机关将队伍建设作为重要抓手。一方面，检察机关通过定期开展业务培训，邀请专家学者、资深法官检察官授课，组织模拟法庭、案例研讨等活动，提升检察人员的法律专业知识和实务能力；另一方面，检察机关完善内部监督机制，建立案件质量评查制度，对案件办理的各个环节进行质量打分和问题反馈，将评查结果与绩效考核挂钩。[1]此外，检察机关还加强职业道德教育，开展廉政警示教育活动，引导检察人员坚守法治信仰，恪守司法良知，抵御外界干扰和诱惑，做到公正司法、廉洁司法。

检察机关始终坚守"以事实为依据、以法律为准绳"的原则，让每一个案件都成为法治精神的生动诠释。通过深入调查、细致审查、严格遵循法定程序，以及不断强化自身建设，检察机关打破了身份、地位、财富等因素的壁垒，让法律的天平永不倾斜，真正实现法律面前人人平等。这种坚守不仅让法治的阳光驱散了社会的阴霾，照亮每一个角落，更为社会的和谐稳定、国家的长治久安筑牢了坚不可摧的法治屏障。[2]

（二）持续强化诉讼权利保障，促进程序公正

检察机关对司法公正的认知已形成系统性、立体化的理论

---

〔1〕　陈海嵩、张新：《环境行政公益诉讼履行判决的再审视与完善》，载《河海大学学报（哲学社会科学版）》2025 年第 1 期。

〔2〕　肖健康、冉富强：《推进数字政府建设在法治轨道上行稳致远》，载《人民论坛·学术前沿》2025 年第 4 期。

架构，将司法公正定位为涵盖诉讼全流程、全要素的动态价值体系，突破了传统仅以裁判结果论公正的单一理念。这种理念革新深刻反映在检察履职实践中，检察机关将强化诉讼权利保障作为实现程序公正的核心战略支点，着力构建公正透明、高效权威的现代司法生态，确保公民在司法场域中享有平等参与权与人格尊严，切实维护司法过程的实质正义。

在诉讼实践维度，检察机关秉持全流程监督理念，将司法公正的价值追求细化到侦查、起诉、审判等各个环节。在刑事诉讼中，既严格审查侦查机关移送的案件证据，确保指控犯罪的事实清楚、证据确实充分，又高度关注诉讼参与人的权利保障状况。对犯罪嫌疑人，从采取强制措施伊始，即严格依照《刑事诉讼法》规定，通过书面告知、口头释明等多种方式，完整、准确地告知其享有的知情权、辩护权、申请回避权等法定权利，并保障其获得法律援助的机会；对被害人，则及时通报案件进展，保障其陈述意见、提起附带民事诉讼等权利。在民事诉讼与行政诉讼监督中，检察机关同样注重保障当事人的诉讼权利，对侵害当事人合法权益的程序违法行为，依法通过检察建议、抗诉等方式予以纠正。

在制度构建层面，检察机关构建了严密的诉讼权利保障机制，依托信息化手段搭建权利告知平台，通过电子文书送达、短信提醒、门户网站公示等多元化方式，确保诉讼权利告知全覆盖、无死角；建立权利保障跟踪机制，对当事人提出的权利救济申请，实行台账化管理、限时办结制度，确保诉求得到及时回应；将诉讼权利保障纳入案件质量评查核心指标，对未依法保障当事人权利的案件实行"一票否决"，倒逼检察人员提升权利保障意识。

在队伍建设方面，检察机关通过"三位一体"培养体系锻造专业化司法队伍。在专业能力培养上，定期组织刑事诉讼法修订解读、证据规则适用等专题培训，提升检察人员对权利保障条款的理解与适用能力；在职业操守培育上，开展廉政警示教育、司法良知教育，强化检察人员的程序正义理念；在考核评价机制上，将诉讼权利保障成效纳入检察官业绩考评，对存在程序违法、漠视当事人权利的行为严肃追责，形成"严管+厚爱"的队伍管理格局。

在宏观制度完善领域，检察机关充分发挥法律监督机关的职能优势，积极参与法治建设顶层设计。在立法层面，围绕刑事被害人救助、未成年人特别程序等薄弱环节，通过提交立法建议稿、参与立法调研等方式，推动《刑事诉讼法》《未成年人保护法》等法律的修订完善；在司法解释层面，针对律师阅卷权、会见权保障等实务难题，联合最高人民法院、公安部等部门出台规范性文件，细化权利保障标准；在政策制定层面，牵头建立刑事被害人多元救助机制，整合司法救助、社会救助等资源，为被害人提供物质帮扶与心理疏导。检察机关通过检察建议、专项监督等方式，对公安机关侦查活动、审判机关审判活动中的程序违法行为进行监督纠正，形成诉讼权利保障的闭环体系。

检察机关对诉讼权利保障的全方位实践，既是对"法律面前人人平等"宪法原则的程序延伸，也是司法公正价值的具象化表达。通过构建"理念引领、制度支撑、队伍保障、监督推动"的立体化保障体系，检察机关不仅有效维护了当事人的合法权益，更通过个案公正的累积效应，推动全社会法治信仰的培育，切实担负起维护司法公正、促进社会和谐的法治使命。

四、常态化推动司法公开与透明化，接受社会监督

在全面推进依法治国的战略进程中，检察机关以提升司法公信力与透明度为核心目标，系统构建司法公开与透明化机制，这一实践既是对司法民主与法治精神的深度践行，更是顺应新时代人民群众对公正司法新期待的必然要求。检察机关通过体系化制度设计与精细化实践探索，构建起覆盖案件全流程、信息全要素、渠道全方位的司法公开体系，形成具有中国特色的司法公开范式。

在案件信息公开维度，检察机关依托信息化技术，打造动态化、全链条的信息披露机制，依据《人民检察院案件信息公开工作规定》，从案件受理登记、立案侦查、审查起诉到审判执行的全流程节点，均实现关键信息的实时更新与主动推送。除案件程序性信息外，检察机关更进一步深化实体信息公开，对涉案证据目录、法律适用依据、量刑建议等核心内容进行结构化公开。通过12309中国检察网、政务新媒体矩阵、新闻发布平台等多元化渠道，构建起"线上+线下""主动推送+依申请公开"相结合的信息传播体系，有效破解司法信息不对称难题，让公众能够直观、全面地了解司法进程。

司法文书公开是司法公开的重要环节，检察机关严格遵循法律有关规定，建立"制作—审核—发布—归档"全流程管控机制。对起诉书、不起诉决定书、抗诉书等法律文书，在法定期限内通过中国裁判文书网、检察官网等平台进行权威发布，并配套文书说理与法律解读，确保文书公开兼具规范性与可读性。这种制度化、常态化的文书公开模式，既强化了司法裁决的透明度，又为公众提供了具象化的法治教育素材，有效提升

了司法公信力。[1]

新闻发布机制的创新实践进一步拓宽了司法公开的深度与广度。检察机关定期召开专题新闻发布会，围绕司法改革重点任务、重大案件办理、典型案例发布等主题，主动设置议题，回应社会关切。通过发布白皮书、召开专家论证会、组织媒体通气会等形式，检察机关对司法政策进行深度解读，对热点案件进行法律剖析。并借助新媒体平台开展"云发布""直播访谈"等互动活动，搭建起检察机关与公众的直接对话桥梁，实现司法信息传播从单向输出向双向互动的转变，推动形成司法与民意良性互动的新格局。

在强化外部监督层面，检察机关构建起"多元协同、全程覆盖"的监督体系。在国家监督体系中，主动接受人民代表大会的法律监督、政协的民主监督、监察机关的专责监督，定期报告工作、落实监督意见；在社会监督领域，充分发挥人民监督员制度效能，邀请代表委员、媒体记者、专家学者参与案件听证、公开审查等活动，广泛听取社会各界意见。通过建立健全监督意见受理、转办、反馈机制，将外部监督转化为推动司法公开的内生动力，形成"监督—整改—提升"的良性循环。

内部监督机制的同步完善为司法公开提供了坚实保障。检察机关深化司法责任制改革，通过完善检察官权力清单、建立案件质量评查制度、强化廉政风险防控等举措，构建起权责明晰、监督有力的内部治理体系。加强信息化监督平台建设，运用大数据分析、智能预警等技术手段，对案件办理流程进行动态监控，确保司法公开要求在每一个办案环节得到严格落实。

这些相互衔接、协同发力的司法公开举措，不仅重塑了检

---

[1]　胡铭、陈高鸣：《数字技术赋能附条件不起诉：机遇、挑战与程序改良》，载《上海交通大学学报（哲学社会科学版）》2025年第2期。

察机关的司法形象，更推动形成了全社会尊崇法治的良好氛围。公众通过深度参与司法监督，增进了对司法规律的认知，强化了法治信仰；检察机关在监督压力下持续优化组织架构、完善工作流程、提升队伍素质，实现司法能力与司法公信力的同步提升。展望未来，检察机关将继续深化司法公开实践，以更高水平透明化建设推动司法公正从理念转化为现实，为推进国家治理体系和治理能力现代化贡献检察智慧与力量。

五、坚持严格落实司法责任制

在全面推进依法治国的时代背景下，检察机关肩负着维护法律权威、保障社会公平正义的神圣使命。在依法履职的进程中，严格落实司法责任制是检察机关坚守法治底线、确保检察权公正透明行使的核心所在，也是提升司法品质、增强司法公信力、维护社会公平正义的坚实支撑。通过精准明确各级检察机关及检察官的职责范围，构建严密的权力运行监督制约机制，以及打造完备的问责体系，检察机关能够让每一项司法决策和行动都紧密契合法律的规定与精神，有力杜绝权力的不当行使，切实保障司法公正的实现。以下将从多个维度深入阐述检察机关严格落实司法责任制的具体举措。

（一）明确检察权行使的主体责任

检察机关以高度的责任感和使命感，着力构建严密且有效的司法责任体系，通过明确每位检察官在履行职责时的主体责任，为检察权的规范运行筑牢根基，对司法公正的实现产生了深远影响。[1] 在检察权的行使过程中，每位检察官都被赋予独立的主体地位，同时也必须对自身的职务行为承担法律责任。

----

〔1〕 盛勇强：《上海范式：数字检察的定位与展开》，载《国家检察官学院学报》2025 年第 2 期。

这种主体责任意识，促使检察官在办理每一起案件、开展每一项法律监督工作时，都保持审慎严谨的态度，确保每一个法律决定都经得起法律和事实的双重检验。主体责任制度的明确，使检察官在案件审查环节，对案件事实进行深度剖析，不放过任何细节，确保对证据的审查全面、客观、准确。在证据收集过程中，要严格遵循法定程序，保证证据的合法性、真实性和关联性。在作出起诉决定时，要对案件的定性、法律适用进行反复考量，确保起诉决定的公正合理。他们清楚地认识到自己的决策对案件结果具有决定性作用，因此会投入更多的精力和时间，深入研究案件的各个方面，避免因疏忽大意导致的错误判断。这种高度的责任感有效避免了随意裁量的情况发生，大大提升了案件办理的质量和效率，为司法公正奠定了坚实基础。主体责任制度有力强化了检察官的公正意识。在行使检察权的过程中，检察官不仅要确保案件的实体结果公正，还要保证诉讼程序的正当性。从立案侦查到审查起诉，再到出庭支持公诉，每一个环节都要严格遵循法律法规的规定，充分尊重当事人的合法权益，包括犯罪嫌疑人、被害人以及其他诉讼参与人的权利。在处理案件时，检察官要做到不偏不倚，不受外界因素的干扰，确保诉讼活动在公平、公开、公正的环境下进行。[1]这种公正意识的树立，不仅维护了司法的权威性和公信力，让人民群众在每一个司法案件中感受到公平正义，还增强了公众对检察工作的信任和支持，提升了检察机关的社会形象。

此外，主体责任制度为检察机关内部监督制约机制的完善提供了动力。通过建立科学合理的考核评价体系，对检察官的工作进行全面、客观的评估，能够及时发现并纠正检察官在履

---

〔1〕　张杰：《检察大数据法律监督的法理逻辑与视域诊定》，载《上海师范大学学报（哲学社会科学版）》2024 年第 6 期。

行职责过程中存在的问题。[1]对于因故意或重大过失导致案件办理质量不高、司法不公等严重后果的检察官，应依法依规追究其法律责任。这种严格的监督制约机制，不仅能够有效遏制司法腐败和司法不公现象的滋生，还能激励检察官不断提升自身专业素质和业务能力，以更高的标准要求自己，为人民群众提供更加优质高效的法律服务，切实维护法律的尊严和社会的公平正义。

检察机关通过明确每位检察官在履行职责时的主体责任，切实将司法责任落到实处。这一责任制度不仅提升了检察官的责任意识和公正意识，还推动了检察机关内部监督制约机制的不断完善。在未来的检察工作中，应持续坚持和优化这一制度，使其在实现司法公正、维护社会稳定和保障人民群众利益方面发挥更大的作用，为全面依法治国贡献检察力量。

（二）建立健全的上下级领导关系

在检察机关权力运行体系中，构建科学完备的上下级领导关系，是维护检察权统一正确行使的制度基石，更是保障司法公正与效能的核心支撑。这一机制深刻体现了检察系统"上下一体、令行禁止"的组织特性，通过严密的层级管理架构与责任传导链条，推动检察工作迈向规范化、标准化、专业化的发展轨道。上级检察机关对下级检察机关的领导职能，既体现在战略规划、政策制定等宏观层面的统筹引领，又深度融入案件办理、法律适用、政策执行等微观环节的精准把控，形成覆盖检察工作全领域、贯穿执法办案全过程的监督管理闭环。

上级检察机关作为检察工作全局的统筹者，通过制定统一的工作方针、政策指引和业务标准，为全国检察系统确立行动

---

〔1〕 梁鸿飞：《数字检察赋能行政公益诉讼：从技术嵌入到制度融合》，载《兰州大学学报（社会科学版）》2024 年第 2 期。

纲领与规范准则。在刑事检察领域，围绕证据审查标准、量刑建议规范等核心环节制定统一指引，确保法律适用尺度的全国统一；在民事、行政检察及公益诉讼领域，通过出台指导性案例、办案指南等，明确监督重点与办案流程，推动监督工作规范化开展。依托常态化的检查、考核与评估机制，上级检察机关定期对下级检察机关的工作进行全面"体检"。从案件事实认定的准确性、证据链条的完整性，到程序运行的合法性、法律适用的精准性，均纳入严格审查范畴。针对发现的问题，及时通过业务通报、专项督导等方式督促整改，确保下级检察机关的执法办案活动始终与法律规定、上级部署同频共振。

在重大复杂疑难案件的办理中，上级检察机关的统筹协调与专业指导发挥着不可替代的关键作用。面对新型犯罪形态、复杂法律关系交织的案件，上级检察机关迅速组建由业务专家、资深检察官构成的专业团队，综合运用案例研讨、专家论证、类案检索等方式，为下级检察机关提供权威的法律意见与精准的办案指引。对于跨区域、跨部门的复杂案件，上级检察机关充分发挥组织协调优势，打破地域壁垒与部门藩篱，通过建立联合办案机制、调配优势资源等举措，帮助下级检察机关攻克证据收集、法律适用等办案难点，确保案件处理经得起法律和历史的检验。这种自上而下的专业支持与业务指导，不仅有效提升了基层检察机关的办案质效，更在全国范围内维护了司法裁判尺度的统一性与权威性。[1]

在检察权运行机制中，检察官依法独立行使职权与接受上级领导监督呈现辩证统一关系。尽管检察官遵循"检察一体"框架下的相对独立性原则，在办案中秉持客观公正立场，独立

---

〔1〕　顾青、王洁、吕游：《数字检察：精准打造大数据法律监督模型》，载《检察风云》2024 年第 16 期。

作出事实认定与法律判断，但这并不意味着其会脱离上级检察机关的领导体系。实践中，当检察官遭遇法律适用疑难、新型法律问题或重大办案分歧时，会主动通过案件请示、提请检察委员会讨论等法定程序，向上级机关或检察长寻求专业支持。[1]这种制度化的互动机制，既保障了检察官独立履职的专业性与自主性，又通过上级机关的经验优势与专业智慧，弥补了个体认知局限，促进了上下级之间的良性沟通与业务协同。这种机制不仅提升了检察官的专业素养与办案能力，更确保了案件处理结果的公正性与准确性，维护了司法裁判的权威性和检察权运行的规范性。

健全的上下级领导关系作为检察机关组织体系的核心支柱，通过明确权力边界、强化业务指导、完善监督机制、促进协同联动，推动检察工作在规范化、专业化道路上稳步前行。这一机制不仅提升了检察队伍的整体素质与办案质效，更确保检察权在统一领导下公正高效行使，为推进全面依法治国、建设社会主义法治国家构筑起坚实的司法保障体系，在新时代法治建设进程中发挥着不可替代的重要作用。

（三）加强内部监督制约机制，准确落实司法责任制

在全面推进依法治国、追求司法公正与效率有机统一的时代进程中，检察机关作为宪法定位的法律监督机关，深刻认识到内部监督制约机制是保障司法责任制有效落实、维护检察权正确行使的核心制度支撑。为此，检察机关以系统性思维推进监督体系建设，通过制度创新与技术赋能相结合的方式，构建起权责清晰、运行规范、监督有力的内部监督格局，为司法实践构筑起抵御权力滥用的坚固防线。

---

[1] 翁跃强：《大数据分析在法律监督中的应用》，载《国家检察官学院学报》2024年第1期。

在监督组织体系建设方面，检察机关严格遵循《人民检察院组织法》相关规定，科学优化内部监督机构设置。[1]通过选拔政治素质过硬、法学理论功底深厚、司法实践经验丰富的资深检察官，组建专业化的案件质量评查队伍。采用"线上+线下""日常+专项"相结合的监督模式，对检察权运行实施全流程、穿透式监督。线上，依托统一业务应用系统，对案件受理、分案、办理、审批等环节进行实时动态监控，对超期未结、程序异常等情况及时预警；线下，则通过调阅卷宗、询问当事人、回访证人等方式，对证据合法性、事实认定准确性、法律适用正确性进行实体审查。检察机关还将检察官遵守"三个规定"情况、司法作风表现等纳入监督范畴，对违规接触当事人、干预案件办理等苗头性问题及时纠偏，对违反检察官职业道德的行为严肃查处，实现从个案监督到行为监督、从结果监督到过程监督的全覆盖。

案件质量评查制度作为内部监督的核心抓手，有助于检察机关构建起多层次、立体化的评查体系。根据性质、复杂程度和社会影响，可将案件划分为常规案件日常评查、新型疑难案件专项评查、重大敏感案件重点评查三类。评查过程严格遵循证据裁判原则，运用类案检索、专家论证等手段，对案件事实认定、法律适用、文书制作等指标进行量化评分。评查结果不仅作为检察官业绩考核、职务晋升的重要依据，还通过制发案件质量评查意见书，明确整改要求和期限，并建立整改台账进行跟踪问效。例如，某省检察院在专项评查中发现一起涉黑案件证据链存在瑕疵，及时启动补充侦查程序，最终使案件在二审中得以维持原判，有效提升了办案质效。

---

〔1〕 王钰涵、柯阳友：《反电信网络诈骗检察公益诉讼制度的现实困境与完善路径》，载《河北法学》2025 年第 7 期。

业绩考核机制的科学化重构，是推动司法责任制落实的重要保障。检察机关建立"质量+效率+效果"三维考核指标体系，既设置办案数量、办案周期等量化指标，又引入错案率、息诉服判率等质量指标，同时将社会治理效果、法治宣传成效等纳入综合评价，借助大数据分析技术，对检察官办案数据进行横向对比和纵向分析，生成可视化评估报告。对考核优秀的检察官给予表彰奖励，并作为业务骨干重点培养；对考核不达标的检察官进行诫勉谈话、离岗培训。这种差异化激励机制，有效激发了检察队伍的工作积极性和创造力，某直辖市检察院通过考核机制改革，推动检察官主动办理疑难复杂案件数量同比增长 35%。

办案质量终身负责制的实施，是司法责任制改革的关键突破。检察机关依据《检察官法》《检察官惩戒工作程序规定（试行）》等法律法规，明确案件质量终身负责的责任范围、认定标准和追究程序。同时建立案件质量回溯倒查机制，对已办结案件发现存在认定事实错误、适用法律不当、违反法定程序等情形的，无论时间跨度多长、检察官岗位如何变动，均依法启动责任倒查程序。某基层检察院对十年前办理的一起故意伤害案启动复查，发现原承办检察官存在证据审查不严问题，依法依规给予其纪律处分，彰显了"终身负责"的制度刚性。这一制度促使检察官以"如我在诉"的态度对待每一起案件，从源头上防范冤假错案发生。

司法责任追究制度的完善，则为检察权规范运行提供了有力保障。检察机关构建"线索受理—调查核实—责任认定—惩戒处分"的全流程追责机制，对检察官在办案中存在的贪污受贿、徇私枉法等违法行为，由纪检监察机关与检务督察部门联合调查，严格区分故意违法与过失违规，精准适用纪律处分与法律责任。同时建立典型案例通报制度，对重大责任追究案件通过内部文件、警示教育大会等形式公开曝光，发挥"查处一案、警示一片"的震慑效应。此外，检察机关还畅通申诉救济渠道，保障被追责检察官的陈述权、申辩权，确保责任追究程序合法公正。

　　检察机关通过一系列制度创新和实践探索，构建起全方位、多层次的内部监督制约体系，将司法责任制从制度设计转化为生动实践。这些举措既体现了对司法规律的深刻把握，又彰显了刀刃向内的改革勇气，为推进司法体系和司法能力现代化提供了坚实保障。在全面依法治国的新征程中，检察机关将持续深化内部监督机制改革，以更高标准、更严要求、更实举措守护司法公正，为法治中国建设贡献更强的检察力量。

第三节　检察机关依法履职与全面依法治国的关系

　　检察机关依法履职与全面依法治国紧密联系、相互影响，这种关系恰似法治大厦的承重梁柱，既是法律实施的"刚性支点"，也是公平正义的"守护堤坝"。从制度设计层面看，检察机关通过法律监督职能，对刑事、民事、行政诉讼活动开展全流程监督，形成对执法司法权的刚性制约，例如通过抗诉纠正错误裁判、对侦查活动违法情形提出纠正意见，确保法律适用的统一性和准确性。在社会治理维度，检察机关以公益诉讼为抓手，针对生态环境破坏、食品药品安全隐患等依法履职，用司法力量填补社会治理空白。而在法治文化培育方面，检察机关通过公开听证、典型案例发布等形式，将抽象法律条文转化为可感知的司法实践。最高人民检察院发布的"昆山反杀案"等指导性案例，既确立了正当防卫适用标准，更向社会传递

"法不能向不法让步"的法治理念。这些实践共同构建起法律实施的闭环体系，成为推进全面依法治国的核心动能。

一、法律监督职能是全面依法治国的检察实践

检察机关作为宪法明确规定的法律监督机关，始终以维护司法公正为核心使命，将法治理念贯穿于每一个履职环节。在刑事诉讼领域，其法律监督职能体现为对刑事诉讼全流程的严格把控：在案件受理阶段，检察官依托统一业务应用系统，通过智能化辅助审查工具对公安机关移送的案件卷宗进行初步筛查，重点核查证据链完整性、犯罪构成要件符合性；在实质审查环节，检察机关通过退回补充侦查、自行补充侦查等方式完善证据体系，从源头上防止冤假错案产生。

在职务犯罪侦查领域，检察机关构建起"智慧侦查"新范式，运用大数据分析、区块链存证等技术手段，对贪污贿赂、渎职侵权等案件进行穿透式侦查。例如在某省级国企系列腐败案中，办案团队通过调取企业近十年的财务数据，运用资金流向追踪模型锁定异常交易，配合电子取证设备对涉案人员手机、电脑进行数据恢复，成功挖掘出横跨多个业务板块的利益输送链条。数据显示，2024年检察机关查处的司法工作人员相关职务犯罪案件数量有所上升，其中通过大数据法律监督模型发现违法线索占比较大，背后是对"法律监督没有禁区"的生动诠释。

上述工作依托标准化办案流程实现。从线索初核的《人民检察院刑事诉讼规则》指引，到审查起诉阶段的证据开示制度，再到案件质量评查的三级复核机制，都确保了《刑法》《刑事诉讼法》等核心法律在司法实践中精准落地。通过建立类案强制检索机制，检察官在办理每起案件时需比对最高人民检察院指导性案例及典型案例，使抽象的法律条文转化为具有可操作性

的司法实践，真正推动国家法律体系从文本规范向现实治理转化。

二、双向赋能构建检察运行体系

全面依法治国与检察履职之间呈现出显著的双向互动特征，这种互动在制度保障和实践创新两个维度上尤为突出。在制度保障的维度上，我国通过系统的立法和深入的司法改革，构建起一个立体化且高效的检察权运行体系。具体而言，2018 年修订的《人民检察院组织法》明确将调查核实权确立为法律监督的核心手段之一，赋予了检察机关对诉讼活动中各类违法行为的调查权限，从而强化了法律监督的力度和实效性[1]。与此同时，《检察官法》的同步修订，确立了全面的职业保障制度，从任职资格的严格把关、考核晋升的公平公正到履职豁免的明确界定，全方位地为检察权的独立行使提供了坚实的制度保障。值得一提的是，在司法责任制改革中，检察机关建立了"谁办案谁负责、谁决定谁负责"的责任机制，通过详细制定权力清单和建立案件质量终身负责制，有效实现了检察权运行的规范化和透明化，确保每一个案件都能经得起法律和历史的检验。

在实践创新的层面，检察机关始终积极扮演着法治建设的"推动者"和"完善者"的双重角色，不断通过具体实践推动法治体系的完善和发展。以 2021 年最高人民检察院发布的"七号检察建议"为例，检察机关通过对近三年全国范围内办理的寄递渠道涉毒、涉枪、涉爆等刑事案件进行深入的数据梳理和分析，发现大部分案件在收寄验视环节存在明显的漏洞和隐患。针对这一系统性风险，最高人民检察院联合国家邮政局开展了

---

〔1〕 郭金良：《数字金融包容审慎监管法治论》，载《北方法学》2025 年第 2 期。

为期半年的专项治理行动，不仅有力推动了《邮件快件实名收寄管理办法》的发布和实施，还成功构建了"实名收寄+开箱验视+过机安检"三位一体的严密监管体系[1]。该检察建议发布后，全国寄递渠道刑事案件的发案率同比下降，形成了"问题发现—检察建议—制度完善—效果评估"的完整闭环机制。这种制度供给与实践反馈相互赋能的双向机制，不仅有效保障了检察履职的刚性约束力，还推动了法治体系在解决具体问题中不断实现动态优化，生动而具体地诠释了新时代全面依法治国的实践逻辑和深远意义[2]。

三、公平正义的具象化实现路径之一

检察机关通过具体办案将抽象的公平正义理念转化为可感知的司法实践。在民事检察领域，检察机关构建"三级联动审查+类案监督"机制，对认为确有错误的民事生效裁判提出抗诉。例如在某建设工程合同纠纷抗诉案中，检察官通过调取工程监理日志、比对施工图纸，成功推翻虚假工程量证据，帮助民营企业追回工程款超千万元。同时，依托大数据筛查模型，检察机关依法对虚假诉讼等案件开展监督，重点打击"套路贷"、虚构债务等新型违法行为，有效维护了当事人合法权益。

在行政检察方面，检察机关聚焦"裁执分离"难点，针对行政机关违法行使职权或不作为问题，依法制发检察建议。以浙江检察机关办理的某企业环保处罚争议案为例，办案组通过穿透式审查发现，行政机关在未取得完整监测数据情况下作出

---

[1] 秦前红、刘平华：《数字时代背景下行政检察监督范式的转型及规范路径》，载《河北法学》2025年第5期。

[2] 袁航、李娜薇：《社会共治视阈下食品安全行政公益诉讼审前程序优化分析》，载《食品与机械》2025年第3期。

顶格处罚。检察机关启动"检察听证+公开审查"程序，邀请环保专家、人民代表大会代表参与评议，在督促企业投入资金完成污染治理设施升级的同时依法纠正了行政机关程序违法问题。最终该案入选最高人民检察院行政争议实质性化解典型案例，实现法律效果与社会效果的统一。这种将公平正义落实到每一个具体案件的工作方式，与全面依法治国"努力让人民群众在每一个司法案件中感受到公平正义"的目标高度契合。

四、国家治理现代化的法治保障体系之一

检察机关通过专业化的法律监督手段，积极参与国家治理体系的构建。在社会治理创新这一重要领域，检察机关积极探索并建立了针对涉罪未成年人的"一站式"办案救助机制，这一机制取得了显著成效，成功帮助了涉罪未成年人重新融入社会，为他们提供了改过自新的机会。在生态环境保护方面，检察机关不断创新工作模式，探索实施了"检察+河长制"和"检察+林长制"的协作模式，通过这种跨部门、跨领域的合作，办理了大量的生态环境公益诉讼案件，有效保护了生态环境，维护了公众利益。

与此同时，检察机关还积极推进检察智能化的建设，充分利用大数据分析技术，发现类案监督线索。2022年，全国各级检察机关通过数据模型监督，成功发现犯罪线索，这一举措不仅提升了检察工作的效率和精准度，更重要的是，推动了社会治理模式从被动应对向主动预防转变，为社会的和谐稳定奠定了坚实基础。这些创新实践不仅显著提升了检察工作的质量和效率，更为推进国家治理体系和治理能力现代化提供了可借鉴、可复制的法治样本，具有重要的示范意义。

检察机关依法履职与全面依法治国之间存在着紧密而不可

分割的联系。这种联系不仅体现在检察机关作为法律监督机关所承担的重要职责上，更体现在其在全面依法治国战略的深入实施、社会公平正义的维护以及国家治理体系和治理能力现代化推动等多个层面的积极作用上。检察机关通过严格依法履职，确保法律的正确实施，维护社会的公平正义，为全面依法治国提供了坚实的法治保障。因此，我们必须高度重视检察机关依法履职的重要性，不断完善检察制度，加强检察工作，提升检察队伍的专业素质和能力，确保检察机关在全面依法治国中发挥更大的作用，为建设法治中国提供强有力的支撑和保障[1]。

五、检察机关是全面依法治国的重要力量

检察机关作为国家司法体系的中坚力量，在全面依法治国战略布局中发挥着不可替代的作用。从职能定位来看，作为宪法明确规定的法律监督机关，检察机关通过四大检察职能（刑事检察、民事检察、行政检察、公益诉讼检察）的协同发力，构建起立体化的法律监督体系。在刑事检察领域，检察机关通过提前介入重大刑事案件侦查、完善认罪认罚从宽制度适用，既确保案件质量，又提升司法效率；在民事检察方面，针对虚假诉讼、执行难等问题，检察机关通过提出抗诉和检察建议，有效维护当事人合法权益；在行政检察方面则聚焦行政争议实质性化解，推动解决土地征收、劳动保障等领域的"程序空转"难题。

在维护法律权威方面，检察机关通过精准监督实现"办理一案、治理一片"的社会效果。例如，在生态环境公益诉讼领域，检察机关针对非法采矿、跨区域倾倒固体废物等违法行为，

---

〔1〕 胡铭、陈高鸣：《数字技术赋能附条件不起诉：机遇、挑战与程序改良》，载《上海交通大学学报（哲学社会科学版）》2025 年第 2 期。

不仅追究违法者刑事责任，还通过提起民事公益诉讼追偿生态修复费用，推动建立生态环境损害赔偿磋商机制。在未成年人保护领域，检察机关创新推行"督促监护令"制度，对失职监护人发出监护令，联合教育、民政等部门开展家庭教育指导，形成未成年人保护合力[1]。

在司法改革进程中，检察机关主动适应以审判为中心的诉讼制度改革要求，建立健全案件质量评查、检察官业绩考核等机制，同时通过智慧检务建设，运用大数据分析实现类案监督，如浙江检察机关开发的"虚假诉讼监督模型"，已成功发现并纠正虚假诉讼线索，切实维护司法公信力。

在国家治理现代化层面，检察机关以检察建议为抓手深度参与社会治理。检察机关依法制发社会治理类检察建议，针对校园欺凌、金融诈骗等社会热点问题，推动教育、金融监管等部门完善制度漏洞。在服务保障民营经济发展方面，检察机关建立涉企"绿色通道"，对企业经营中的轻微犯罪依法从宽处理，实现司法办案政治效果、法律效果、社会效果的有机统一。

六、检察机关依法履职促进法治建设

在推进法治建设的征途中，检察机关通过强化法律监督，扮演着至关重要的角色。以"治罪与治理并重"为理念，检察机关通过构建"个案办理—类案监督—系统治理"的闭环机制，将法律监督深度嵌入社会治理链条。在校园安全领域，最高人民检察院连续多年发布"一号检察建议"，联合教育部门开展专项整治行动。检察机关针对校园欺凌案件建立"一站式"办案机制，通过心理疏导、家庭教育指导等方式，对涉案未成年人

---

〔1〕　李晓明、刘舒婷：《数字赋能检察侦查：场景、逻辑、困境及发展》，载《犯罪研究》2024年第6期。

进行观护帮教；针对校园食品安全问题，检察机关联合市场监管部门开展"明厨亮灶"专项检查，督促整改隐患食堂。

在金融监管领域，检察机关建立"行刑衔接"信息共享平台，与中国证券监督管理委员会、中国银行保险监督管理委员会等部门定期开展线索会商。面对新型网络借贷诈骗，检察机关通过大数据分析锁定犯罪模式，向金融机构发出规范客户身份识别、加强资金流向监测等检察建议。在某起涉超大金额的非法集资案中，检察机关不仅依法追究被告人刑事责任，还推动地方政府建立风险预警系统，从源头上预防同类案件发生。

在民生关切的重点领域，检察机关持续发力。针对窨井盖安全隐患，检察机关联合住建部门开展"检察蓝守护脚下安全"专项行动，推动更换问题井盖；在虚假诉讼治理方面，检察机关建立虚假诉讼线索智能筛查系统，通过民事抗诉、检察建议等方式纠正虚假诉讼案件；针对网络空间治理，检察机关与中央网络安全和信息化委员会办公室、公安部门联合开展"清朗行动"，督促平台清理违法信息，关停违规账号[1]。

这种监督作用的范围之广、力度之强，体现在检察机关构建的"四大检察"法律监督格局中。在刑事检察领域，检察机关通过提前介入重大疑难案件、建立证据合法性审查机制，监督纠正侦查活动违法；在民事检察方面，检察机关重点监督虚假诉讼、违法执行等问题；在行政检察方面，聚焦土地征收、社会保障等领域，发出社会治理类检察建议；在公益诉讼检察方面，则紧盯生态环境、安全生产等领域，提起公益诉讼，督促修复被污染损毁的耕地、林地。

在维护司法公正方面，检察机关建立全流程监督体系。在

---

〔1〕 余圣琪：《公共大模型决策的法治化约束》，载《国家检察官学院学报》2025 年第 1 期。

刑事诉讼中，检察机关对公安机关提请逮捕案件进行证据合法性审查；通过庭审实质化改革，对重大案件实行"捕诉一体"办案机制，确保案件质量。在民事、行政诉讼监督中，检察机关运用类案监督机制，针对同一类型法律适用错误问题，向法院发出系列检察建议。例如，在某起群体性劳动争议案件中，检察机关通过抗诉推动法院统一裁判尺度，维护了劳动者的合法权益。

公益诉讼领域的实践更凸显检察机关的为民本色。针对群众反映强烈的生态环境问题，检察机关探索"专业化法律监督+恢复性司法实践+社会化综合治理"模式。在长江流域生态保护中，检察机关推动建立跨省际生态损害赔偿协作机制，督促赔偿生态修复费用；在食品药品安全领域，检察机关建立"惩罚性赔偿+公益诉讼"制度，针对某知名企业生产不合格食品案，除追究刑事责任外，还支持提起民事公益诉讼，要求企业支付惩罚性赔偿金。这些实践既维护了社会公共利益，也彰显了检察机关作为法治建设主力军的责任担当。检察机关依法履职对法治建设的促进作用，离不开全面依法治国战略的支撑。全面依法治国从制度、资源、社会环境等多方面为检察机关履职提供保障，二者相辅相成，共同推动法治中国建设迈向新高度。

七、全面依法治国为检察机关依法履职提供保障

全面依法治国作为国家治理的基石与灵魂，通过制度构建、理念传播和实践创新，为检察机关依法履职构筑了立体化保障体系。这一体系既包含《宪法》《人民检察院组织法》等核心法律确立的制度框架，也涵盖司法责任制改革、员额检察官制度等配套机制，从法律依据、组织架构到人员管理，全方位保障检察机关依法履行法律监督职能。在具体实践中，最高人民

检察院发布的指导性案例、典型案例库，以及与公安部门、法院、司法行政机关建立的案件衔接机制，共同构成了检察机关依法履职的实务操作指南，确保其在维护法律尊严、促进社会公正中的核心作用得以充分发挥。

全面依法治国的深入实施，通过"立改废释"多维并举的立法策略，为检察机关依法独立行使检察权开辟了制度新局。以《刑法修正案（十一）》对未成年人刑事责任年龄的调整为例，立法机关在充分调研校园暴力、低龄恶性犯罪等社会现象后，将部分严重犯罪的刑事责任年龄降至 12 周岁，这一修订不仅为检察机关办理未成年人犯罪案件提供了精准法律标尺，更倒逼未成年人检察工作机制改革。在法律实施层面，国务院推行的"放管服"改革与检察机关行政公益诉讼制度形成联动，当市场监管领域出现行政不作为时，检察机关可依据《行政诉讼法》相关条款，通过制发检察建议、提起公益诉讼等方式，督促行政机关依法履职。同时，"谁执法谁普法"责任制的落实，使法治宣传教育从单向灌输转向互动参与，公民法律素养的提升直接转化为对检察工作的理解与支持。

在制度保障层面，检察建议制度的迭代升级形成了"发现问题—制发建议—跟踪问效"的闭环管理模式。最高人民检察院发布的《人民检察院检察建议工作规定》明确要求，针对环境污染、安全生产等重点领域的检察建议，必须附具调查证据清单、整改法律依据和可行性方案。某省检察机关通过建立检察建议公开宣告制度，将建议送达过程同步直播，使监督效果从个案整改延伸至行业治理。公益诉讼制度则构建起"刑事检察+公益诉讼"双轨保护机制，在办理污染环境刑事案件时，检察机关同步启动公益诉讼程序，要求侵权主体承担生态修复费用。不仅拓展了检察监督的广度和深度，更通过建立案件质量评查、错案责任倒查等配套机制，实现了履职全流程的规范化管理。

在社会认同维度，"检察开放日""检察长接待日"等常态化互动机制，搭建起检民沟通的直接桥梁。某直辖市检察机关开通的"掌上检察"小程序，包含案件进度查询、控告申诉、法律咨询等功能，网络时代的公众监督更呈现出即时性、专业性特征，法律从业者、媒体记者等群体通过社交平台对重大案件展开专业探讨，形成社会监督的"智力支持"。典型如某企业污染环境案，网民通过地理信息系统比对卫星图片，为检察机关锁定污染证据提供关键线索。这种"检察主导+公众参与"的协同治理模式，使检察工作从封闭走向开放，充分彰显了社会认同转化为履职动能的显著成效。

检察机关依法履职的基本原则，通过"职权法定、程序公正、证据裁判"三大支柱，构建起法律监督的核心框架。在《刑事诉讼法》修改过程中，非法证据排除规则的完善、认罪认罚从宽制度的确立，都体现了职权法定原则的具体要求。[1] 某地检察机关在办理涉黑案件时，严格依据《反有组织犯罪法》关于"打财断血"的规定，依法查封涉案资产，确保法律适用的精准性。程序公正原则则贯穿检察工作全流程，以案件信息公开系统为例，该系统实时更新案件程序性信息、法律文书等内容，证据裁判原则在司法实践中主要体现为科技赋能，全国检察机关推广应用的"智能辅助办案系统"，通过大数据分析实现证据链自动校验，检察机关运用该系统后，有效提升了办案质效。

在职责使命层面，检察机关通过"四大检察"职能协同发

---

[1] 陈海锋：《检察机关"提前"介入侦查再检视》，载《政治与法律》2025年第3期。

力，构建起立体化法律监督网络。刑事检察对"案-件比"指标的优化管理，推动了案件办理从"程序合规"向"实质公正"转型；民事检察通过虚假诉讼监督专项行动；行政检察聚焦"土地征收""社保缴纳"等民生领域，制发行政争议化解检察建议，实质性化解争议案件；公益诉讼检察则探索"等外"领域监督，在个人信息保护、文物和文化遗产保护等新领域立案。这些实践成果印证了检察机关通过依法履职，既能当好犯罪行为的追诉者，又能成为公共利益的守护者和法治建设的推动者。

在价值取向维度，检察机关将"以人民为中心"理念融入司法实践，构建起"司法为民"的评价体系。在未成年人检察工作中，"一站式"办案救助机制将询问、取证、心理疏导等程序整合实施，最大限度减少未成年被害人二次伤害的可能；在国家司法救助领域，检察机关建立"主动发现、主动救助"机制，向因案致贫返贫当事人发放救助金。为提升司法效率，多地检察机关推行"刑事案件智能辅助办案系统"，实现法律文书自动生成、证据链自动审查，缩短平均办案周期。同时，律师"一码通"接待平台的建议使会见阅卷实现"零等待"，保障了当事人的诉讼权利。这些创新举措既体现了对公正价值的坚守，也彰显了对效率与人权价值的追求，切实将法治精神转化为群众可感可触的司法温度。[1]

依法履职的基本原则科学界定了检察机关的职责与使命。作为国家法律监督体系的重要组成部分，检察机关的职能范畴具有鲜明的多维特征：其核心职能不仅体现在对刑事犯罪的精准追诉这一传统领域，更深刻蕴含于对行政执法、司法审判等法律实施全过程的法律监督之中，同时延伸至通过公益诉讼等

---

〔1〕 谢登科：《人工智能证据的类型分析与规则建构》，载《学习与探索》2025年第3期。

创新机制对社会公共利益的系统性维护，以及对公民人身权、财产权等合法权益的立体化保障。[1]这些基本原则从法理层面构建了检察机关履职的规范体系，要求其在司法实践中必须恪守"客观公正"这一生命线，以辩证统一的思维方法统筹惩治犯罪与人权保障的双重目标，既要通过严格执法形成对违法犯罪行为的有力震慑，又要通过规范司法切实保障当事人合法权益，最终实现维护社会秩序与促进司法公正的有机统一。

在全面依法治国的时代背景下，这些原则集中体现了检察机关对"公平正义"这一法治核心价值的坚守。依法履职的基本原则深刻诠释了检察机关的价值追求。具体而言，其价值内涵呈现三个维度：在实体正义层面，要求坚持罪刑法定、证据裁判等基本原则；在程序正义层面，强调严格遵守诉讼程序，保障当事人诉讼权利；在效率价值层面，注重优化司法资源配置，推行繁简分流机制，切实减轻群众诉累。这种价值体系的确立，使检察机关能够在惩治犯罪的过程中始终将人权保障作为不可逾越的底线，通过规范司法行为，防范权力滥用，确保每一起案件都经得起法律和历史的检验。

依法履职的基本原则为检察机关应对复杂司法环境提供了制度保障。当前司法实践中，检察机关既面临着案多人少的现实压力，又需要妥善处理各种利益纠葛和社会矛盾。这些原则通过构建"依法独立行使检察权"的制度屏障，确保检察机关能够排除不当干扰；通过建立案件质量终身负责等配套机制，倒逼办案质效提升；通过深化司法公开等改革举措，增强司法公信力。从更深层次看，这些原则推动了检察机关组织体系、运行机制的现代化转型，促进了法律监督模式的创新发展，使

---

〔1〕　石雨阳：《数字人民币国际化的法治困境及对策》，载《湖南师范大学社会科学学报》2025 年第 2 期。

检察工作更好适应国家治理体系和治理能力现代化的要求。

　　作为中国特色社会主义检察制度的重要基石，依法履职的基本原则从理论维度明确了检察机关的政治属性、法律属性和人民属性，从实践维度规范了检察权运行的基本方式和价值取向。在新时代法治建设进程中，必须将这些原则贯穿于检察工作全过程，通过持续深化司法体制改革，完善检察权运行制约和监督体系，不断提升检察机关法律监督能力和水平，为推进全面依法治国、实现国家长治久安提供更加有力的司法保障。这既是坚持和完善中国特色社会主义检察制度的必然要求，也是践行以人民为中心的发展思想的重要体现。

第四章

检察权在刑事诉讼中的功能分析

在现代刑事司法体系的精密架构中，检察权以其独特的制度设计与多元的职能定位，成为维护法治秩序、守护社会正义的核心力量。作为宪法明确赋予法律监督职责的国家机关，检察机关承载着"公共利益代表"与"法治守护人"的双重使命，通过贯穿刑事诉讼全流程的职能行使，构建起保障司法公正、维护法律统一实施的坚实屏障。

第一节　公诉权的功能

在刑事诉讼制度的精密运行体系中，公诉权作为检察机关的核心职权之一，以其多元且不可或缺的功能定位，成为维护司法公正、保障法治秩序的关键制度要素。依据《刑事诉讼法》赋予的法定权限，公诉权不仅承载着追诉犯罪的基本职能，更通过对社会公共利益的维护、法律权威的捍卫，在刑事司法实践中发挥着综合性的法治保障作用。

作为启动刑事审判程序的核心枢纽，公诉权的首要功能体现为对犯罪行为的法定追诉。[1]检察机关依据《刑事诉讼法》

---

〔1〕 李奋飞、吴琼：《轻微犯罪程序应对的实践争议与理论检讨》，载《河北法学》2025 年第 7 期。

关于"犯罪事实已经查清，证据确实、充分，依法应当追究刑事责任"的起诉标准，对侦查机关移送的案件进行全面审查。在这一过程中，检察官通过严格的证据筛选与事实认定，将符合起诉条件的犯罪嫌疑人或被告人正式提交人民法院审判。[1]这种追诉机制不仅实现了对犯罪行为的法律评价，更通过司法裁判的威慑力，维护了社会秩序与公共安全，使"违法必受追究"的法治原则得以具象化呈现，确保公平正义在个案中得以彰显。

公诉权的行使过程本质上是对刑事诉讼证据链与事实认定的深度审查机制。检察机关依据证据裁判原则，对侦查机关收集的物证、书证、证人证言等各类证据进行合法性、关联性、真实性审查，排除非法证据，补强瑕疵证据，构建完整且严密的证据体系。[2]在此过程中，对于证据不足、事实不清的案件，检察机关依法作出不起诉决定，避免无辜者陷入刑事诉讼，切实保障公民的人身权利与诉讼权利。这种"过滤式"审查机制，既体现了对人权的尊重与保护，也确保了刑事审判的公正性与严肃性。

作为法律监督职能的重要延伸，公诉权承担着对刑事诉讼全流程的监督职责。在侦查监督层面，检察机关通过审查逮捕、审查起诉环节，对侦查机关的立案活动、强制措施适用、侦查取证程序等进行合法性监督，对违法侦查行为及时发出纠正违法通知书，必要时启动非法证据排除程序，从源头上规范侦查权的行使。在审判监督领域，检察机关通过出席法庭支持公诉，

---

〔1〕 谢登科：《人工智能证据的类型分析与规则建构》，载《学习与探索》2025年第3期。

〔2〕 秦前红、刘平华：《数字时代背景下行政检察监督范式的转型及规范路径》，载《河北法学》2025年第5期。

对确有错误的判决、裁定依法提出抗诉，对审判程序违法情形提出纠正意见等方式，确保审判活动严格遵循法定程序，维护法律适用的统一性与准确性。[1]这种贯穿刑事诉讼全过程的监督机制，能有效防止司法权力的异化与滥用，推动刑事诉讼活动在法治轨道上有序运行，为法治社会建设提供坚实的司法保障。

公诉权在刑事诉讼中的多维功能，深刻体现了现代刑事司法制度惩罚犯罪与保障人权并重的价值追求。通过对犯罪行为的有效追诉、对无辜者的权利保障以及对司法活动的全程监督，公诉权不仅构筑起打击犯罪的法律防线，更成为维护社会公平正义、捍卫法律尊严的重要制度支柱，在推进全面依法治国进程中发挥着不可替代的作用。

一、起诉权与不起诉权的平衡

在现代法治社会的精密运行体系中，起诉权与不起诉权作为刑事司法程序的核心权能，其行使的尺度把握与动态平衡，深刻影响着司法公正的实现、当事人合法权益的保障以及法律秩序的稳定。[2]这两项权能既相互依存又彼此制约，犹如司法天平的两端，其协调运行不仅关系个案裁判的公正与否，更折射出整个刑事司法体系的价值取向与制度效能。本部分将深入剖析起诉权与不起诉权在法律实践中的互动逻辑，探讨如何通过制度设计与司法实践的协同优化，实现两者的有机平衡，进而推动刑事司法制度的良性发展。

---

〔1〕 郭海霞：《数字时代阅读权的法治保障研究》，载《出版发行研究》2025年第 4 期。

〔2〕 熊文钊、蒋剑：《检察行政公益诉讼案件范围的拓展及其限度》，载《河北法学》2025 年第 6 期。

在刑事诉讼法律框架内，起诉权与不起诉权构成了审查起诉阶段的核心权能体系。依据《刑事诉讼法》的相关规定，起诉权是指法定主体依法启动刑事审判程序的权力。其中，检察机关作为国家公诉机关，承担着主要的公诉职责，被害人及其法定代理人在特定条件下亦可行使自诉权利。这一权力的行使需严格遵循"犯罪事实清楚，证据确实、充分"的法定标准，旨在将符合追诉条件的犯罪嫌疑人交付审判，实现国家刑罚权的有效落实。而不起诉权则是法律赋予检察机关的自由裁量权，使其在审查起诉环节就能对案件作出终局性处理决定。"不起诉"具体涵盖法定不起诉、酌定不起诉、证据不足不起诉等多种情形，其本质是对不符合起诉条件或无需通过审判程序处理的案件进行程序过滤，体现了刑事司法的谦抑性原则。

起诉权作为刑事诉讼程序的"启动阀"，具有显著的程序推进与实体裁判衔接功能。一旦检察机关依法提起公诉，案件即进入正式的司法审判流程，犯罪嫌疑人将面临法律的实质性评价。这一权力的行使不仅承载着对犯罪行为的法律追诉，更通过个案裁判传递法律威慑力，维护社会秩序与公共安全。在司法实践中，起诉权的合理运用能够强化法律的指引与评价功能，使"违法必究"的法治理念得以具象化呈现，对潜在犯罪行为形成有效震慑，从而保障社会公平正义的实现。

不起诉权则体现了刑事司法制度的审慎与人性化特征。当检察机关审查发现案件存在证据链断裂、犯罪情节显著轻微、犯罪嫌疑人具有法定从宽情节等情形时，可依法作出不起诉决定。这一权能的行使，一方面能够避免因证据不足或情节轻微而导致的不当追诉，减轻当事人的讼累与司法系统的负荷；另一方面，通过对特定案件的非刑罚化处理，可以给予犯罪嫌疑人改过自新的机会，实现法律效果与社会效果的统一。不起诉权的存在，犹如刑事诉讼程序中的"安全阀"，有效防止司法资源的浪费，保障公民免受无端刑事指控的侵害。

在法律实践中，起诉权与不起诉权呈现出既对立又统一的辩证关系。起诉权的积极行使彰显法律的威严与刚性，通过对犯罪行为的追诉维护社会秩序；不起诉权的合理运用则体现出法律的谦抑与柔性，避免司法资源的过度消耗和当事人权益的不当损害。然而，两者的失衡可能引发严重的司法问题：过度倚重起诉权可能导致机械司法，使轻微违法行为人承受不必要的刑事制裁；滥用不起诉权则可能放纵犯罪，损害法律的权威性与司法公信力。因此，如何在保障当事人合法权益的前提下，实现起诉权与不起诉权的动态平衡，成为刑事司法领域的重要课题。

为确保起诉权与不起诉权的规范行使与良性互动，需构建系统化的法律规制与监督体系。具体而言：应进一步细化法律规定，明确起诉与不起诉的法定标准和适用情形，压缩自由裁量的弹性空间，防止权力滥用；建立健全不起诉决定的监督机制，通过设置复议、复核程序，引入人民监督员制度，确保不起诉决定的合法性与公正性；强化对检察机关行使起诉权的程序制约，防止选择性追诉或不当追诉。此外，还应通过加强检察队伍的专业化建设，定期开展法律适用培训与案例研讨，提升检察人员的事实认定能力与法律解释水平，使其在行使起诉权与不起诉权时能够准确把握法律精神，实现司法裁判的政治效果、法律效果与社会效果的有机统一。[1]上述制度设计与实践优化，能够推动起诉权与不起诉权在刑事司法程序中发挥更大的制度效能，为法治社会建设提供坚实的司法保障。

---

〔1〕 王红建、赵琼：《论检察公益诉讼法的立法定位》，载《郑州大学学报（哲学社会科学版）》2025 年第 2 期。

二、检察权的监督与制约

在刑事诉讼制度的精密架构中，公诉权作为宪法和法律赋予检察机关的核心职权，是连接侦查与审判环节的关键纽带，承载着代表国家行使刑罚权、维护社会公共秩序、捍卫法律尊严的重要使命。依据《宪法》《刑事诉讼法》等法律法规，检察机关通过审查起诉、提起公诉、出庭支持公诉等法定程序，将符合追诉条件的犯罪行为纳入司法裁判范畴，使犯罪嫌疑人接受法律的评价与制裁，进而实现对社会秩序的维护和公共利益的保障。这种职权的行使，不仅体现了国家对犯罪行为的否定性评价，更是法治社会"违法必究"原则的具象化表达。

然而，权力的本质属性决定了其具有天然的扩张性与腐蚀性，若缺乏有效的监督与制约机制，极易引发权力滥用，损害司法公正与法治根基。公诉权作为直接涉及公民人身自由、财产权益甚至生命权的公权力，其行使过程中的任何偏差，都可能导致冤假错案的发生，破坏社会公众对司法体系的信任。因此，构建严密且行之有效的公诉权监督与制约体系，既是保障人权、实现司法正义的内在要求，也是维护法律权威性、提升司法公信力的必然选择。

对公诉权的监督与制约需从多元维度展开。在内部监督层面，检察机关依据《人民检察院刑事诉讼规则》，通过案件管理部门对案件办理的全流程实施动态监控，对证据审查、法律适用、程序合法性等关键环节进行质量评查；借助上级检察机关对下级的业务领导权，通过备案审查、请示汇报等机制，确保法律适用的统一性与准确性。在外部监督领域，审判机关通过独立行使审判权，对检察机关的指控进行实体审查，以无罪判决、证据不足不起诉等裁判结果形成权力制衡；立法机关通过听取专项工作报告、开展执法检查等方式，从法律实施层面进行监督；此外，人民监督员制度的完善、社会舆论监督的规范以及当事人申诉控告渠道的畅通，共同构成了全方位、多层次的外部监督网络。

构建科学的公诉权监督与制约机制，需要在制度设计上实现权力分工与程序衔接的精细化。一方面，需进一步明确各监督主体的职责边界与监督程序，避免因职责交叉或程序模糊导致监督缺位；另一方面，应强化责任追究机制，对滥用公诉权、违反法定程序的行为依法依规严肃处理，形成"有权必有责、用权受监督"的权力运行格局。通过内部监督与外部监督的协同发力、事前预防与事后救济的有机结合，确保公诉权始终在法治轨道上规范行使，切实维护法律体系的权威性与司法公正的公信力，为推进全面依法治国提供坚实的制度保障。

（一）公诉权监督与制约的必要性

在刑事诉讼程序的严谨链条中，公诉权作为衔接侦查与审判的核心枢纽，不仅是程序启动的法定引擎，更是主导诉讼进程、决定案件最终走向的关键力量。检察机关通过行使审查起诉、提起公诉、出庭支持公诉等职权，将犯罪行为纳入司法评价体系，其对证据的审查判断、法律适用的选择以及诉讼策略的运用，直接影响着犯罪嫌疑人的法律责任认定与刑罚裁量结果。然而，这种公权力若缺乏系统性的监督与制约机制，极有可能异化为损害法治根基的风险源，衍生出选择性追诉、非法取证、任意出罪入罪等权力滥用现象，严重威胁公民基本权利，破坏司法公正的价值根基。因此，构建科学完备的公诉权监督与制约体系，既是维护刑事诉讼程序正义的内在要求，也是保障当事人合法权益、推进法治社会建设的必然选择。

内部监督机制作为公诉权规范运行的"第一道防线"，依托检察机关自身的组织架构与管理体系，形成严密的权力制衡网络。依据《人民检察院刑事诉讼规则》等规范性文件，检察机关建立起覆盖案件受理、审查、决定全流程的质量控制体系。检察机关通过案件管理部门对办案程序的实时监控，对证据合法性、事实认定准确性、法律适用恰当性进行动态审查；运用案件质量评查制度，组织资深检察官对已办结案件开展实体与程序双维度回溯，对存在瑕疵的案件及时启动纠错程序。此外，检察机关还强化检察队伍建设，将职业道德教育与业务能力培训有机结合，通过定期开展廉政警示教育、司法良知专题学习，筑牢检察人员依法履职的思想防线；借助模拟法庭实训、新型疑难案件研讨等方式，提升其证据分析、法律解释和庭审应变能力，从主体层面保障公诉权行使的规范性与专业性。[1]

外部监督机制则从多元维度构建公诉权的制约框架。在司法审查方面，人民法院依据《刑事诉讼法》赋予的独立审判权，对检察机关的起诉决定进行实质性审查，对于证据不足、不符合起诉条件的案件，依法作出无罪判决或裁定驳回起诉，形成审判权对公诉权的直接制衡。在公众监督领域，通过落实案件信息公开制度，借助官方网站、检察服务平台等渠道，及时披露案件程序性信息与法律文书，保障公众知情权；引入人民监督员制度，邀请社会各界代表参与拟不起诉案件、羁押必要性审查等关键环节，增强公诉权行使的透明度。在法律援助保障上，严格落实刑事辩护全覆盖政策，确保经济困难或符合法定条件的犯罪嫌疑人、被告人，能够获得专业律师的法律帮助，通过辩护权的有效行使，对公诉权形成对抗性制约，防止权力单方扩张。

---

〔1〕 刘双阳：《行政处罚与刑事处罚双向衔接机制之构建》，载《法商研究》2025 年第 2 期。

制度保障层面的完善是监督体系有效运转的基石。国家依据《刑事诉讼法》及相关司法解释，构建起多层次的权利救济机制：针对检察机关的起诉决定，犯罪嫌疑人及其法定代理人有权向上一级检察机关申请复议，要求对案件事实、证据及法律适用进行重新审查；若认为自身权益在诉讼过程中遭受侵害，可依法向人民法院提起申诉，启动审判监督程序。[1]此外，国家还通过建立健全错案责任追究制度，对因故意或重大过失导致错案的检察人员，依法依规追究司法责任；完善检察权运行的外部监督反馈机制，对人民代表大会监督、政协民主监督及社会公众意见建议进行分类处理，将监督成果转化为制度改进的实际效能。

内部监督的自我净化、外部监督的多元制衡与制度保障的刚性约束相结合，形成立体化、全链条的公诉权监督制约体系。这一体系的有效运行，不仅能够遏制权力滥用、防范司法腐败，更能确保公诉权始终在法治轨道上规范行使，实现惩罚犯罪与保障人权的有机统一，为推进全面依法治国、建设社会主义法治国家提供司法保障。

（二）公诉权监督与制约的主要方式

1. 内部监督

在刑事诉讼权力运行的体系中，检察机关依据《人民检察院组织法》确立的领导体制，构建起严谨且完备的层级监督机制，并将其作为保障公诉权公正、高效行使的核心制度依托。这一机制以法律规定为基准，明确划分上下级检察机关的职责权限，通过系统化、规范化的管理路径，确保公诉权在法治轨道上有序运行，防止权力滥用与错用。

---

〔1〕 段正洁、谢鹏程：《论检察公益诉讼的抗诉程序》，载《行政法学研究》2025 年第 3 期。

上级检察机关在层级监督机制中占据主导地位，作为法律监督的"中枢神经"，承担着对下级检察机关公诉活动全方位、全流程的指导与监督职责。依据《人民检察院刑事诉讼规则》等规范性文件，上级检察机关通过制定统一的办案指引与操作细则，为下级检察机关提供明确的业务指导。在重大疑难案件办理过程中，上级检察机关充分发挥专业优势，通过组织专家论证、召开案件研讨会、提供法律适用意见等方式，帮助下级检察机关准确把握案件定性，确保法律适用的统一性和准确性，避免出现同案不同判的司法偏差。

案件质量评查是层级监督的关键手段，为此，上级检察机关构建起"定期全面评查+不定期专项评查"相结合的立体化监督模式。定期全面评查严格遵循既定的评查标准与流程，对下级检察机关办理的案件从立案受理、审查起诉、出庭支持公诉到判决执行的全流程环节，进行系统性、地毯式审查。评查内容涵盖证据收集的合法性、事实认定的准确性、法律适用的恰当性、文书制作的规范性以及诉讼程序的合规性等多个维度，通过量化评分、定性分析等方式，对案件质量进行客观、全面的综合评估。针对评查过程中发现的问题，上级检察机关及时向下级检察机关制发书面整改意见，并建立整改台账，持续跟踪督促落实情况，形成"评查—反馈—整改—提升"的闭环管理体系。

不定期专项评查则聚焦特定时期司法政策要求、新型犯罪特点或公诉工作中的突出问题，开展靶向性监督。[1]例如，针对网络犯罪、金融犯罪等新型复杂案件，上级检察机关组建专业评查小组，重点审查电子证据的收集与采信规则、跨地域案件的管辖权确定等法律适用难点；针对群众反映强烈的司法作

---

〔1〕 郭柚坊、陈咏梅：《论"数字丝绸之路"数字合作规则的构建》，载《湖北大学学报（哲学社会科学版）》2025年第2期。

风问题，上级检察机关对案件办理过程中的程序合法性、当事人权利保障情况进行专项检查。通过这种精准的监督方式，上级检察机关及时发现并纠正下级检察机关在公诉工作中存在的普遍性、倾向性问题，有效提升公诉工作的针对性和实效性。

层级监督机制与案件质量评查活动的深度融合，为检察机关公诉工作提供了强有力的制度保障。持续、动态的监督与指导，不仅显著提升了公诉案件的办理质效，确保每一起案件都能经得起法律与事实的双重检验，更推动公诉程序朝着规范化、标准化方向持续迈进。[1]这一制度体系的有效运行，切实维护了案件处理结果的公正性与权威性，让人民群众在每一个司法案件中感受到公平正义，为维护司法公信力、促进社会和谐稳定筑牢了坚实的法治屏障。

2. 外部监督

在刑事诉讼权力运行的法治框架下，检察外部监督体系以多元主体协同制衡的架构，构建起防范公诉权滥用的坚实屏障。这一体系依托宪法与法律赋予的权力和权利，通过司法审查的刚性约束、诉讼权利的对抗制衡以及社会力量的柔性监督，形成立体化、多层次的监督格局，确保公诉权在法治轨道上规范运行。

作为司法权体系中的中立裁判者，人民法院依据《宪法》《刑事诉讼法》赋予的独立审判权，对公诉权实施终局性的司法审查。在庭前审查阶段，法院严格遵循法定起诉条件，对检察机关移送的案卷材料进行程序性审查，重点核查管辖权归属、起诉文书规范性及证据材料完备性，对不符合受理标准的案件依法退回补充侦查或作出不予受理裁定。进入庭审环节后，法院秉持证据裁判原则，通过组织控辩双方质证、依职权调查核实证据等法定程序，对公诉指控的事实依据、法律适用展开实质性审查。对于证据不足、未能达到"犯罪事实清楚，证据确实、充分"证明标准的案件，依法作出无罪判决；发现检察机关存在程序违法、法律适用错误等情形时，通过裁判文书说理、司法建议等方式予以纠正，以审判权的刚性监督确保公诉权行使的合法性与合理性。

诉讼参与人基于法定诉讼权利形成的监督力量，对公诉权形成直接制衡。犯罪嫌疑人及其辩护人依据《刑事诉讼法》赋予的辩护权，在审查起诉与审判阶段，可通过提出无罪或罪轻的辩护意见、申请排除非法证据、对案件管辖权提出异议等方式，对公诉活动进行全方位监督。在证据审查环节，辩护人有权对控方证据的合法性、真实性、关联性提出质疑，要求启动非法证据排除程序；在法律适用层面，可就罪名定性、量刑情节等问题与公诉机关展开辩论，促使检察机关审慎行使公诉权。被害人及其法定代理人则通过申请抗诉、发表意见等途径，监督检察机关的不起诉决定及量刑建议，确保自身合法权益得到充分维护。这种基于权利对抗的监督机制，使公诉权的行使始终处于诉讼参与人的监督之下，有效防止了权力滥用。

以媒体和公众为代表的社会监督力量，为公诉权运行构建起开放透明的监督环境。新闻媒体依据宪法赋予的言论自由权，通过对重大案件的追踪报道、深度调查，将公诉活动置于公众视野之下，对程序违法、司法不公等现象进行舆论监督。公众则借助网络平台、信访渠道、人民监督员制度等途径，对检察机关的公诉工作提出意见和建议，形成自下而上的监督压力。[1]特别是人民监督员制度的完善，通过随机抽选社会各界代表参与

---

〔1〕 盛勇强：《上海范式：数字检察的定位与展开》，载《国家检察官学院学报》2025 年第 2 期。

拟不起诉案件评议、羁押必要性审查等关键环节，确保了公诉权行使符合公众的普遍认知与公平正义观念。这种社会化监督机制的运行，不仅提升了公诉活动的透明度，更促使检察机关主动规范权力运行，增强司法公信力。

由司法审查、权力监督与社会监督共同构成的多元化外部监督体系，形成了对公诉权的立体式监督网络。这种监督机制既发挥了法院审判权的终局裁判作用，又激活了诉讼参与人的权力监督效能，同时借助社会力量的广泛参与，实现了对公诉权运行的全流程、无死角监督。[1]通过不同监督主体的协同发力，能有效防止公诉权的不当扩张，维护司法裁判的公正性与权威性，为推进全面依法治国、建设社会主义法治国家提供坚实的制度保障。

3. 法律监督

在中国特色社会主义法治体系的精密架构中，公诉权的行使始终以宪法和法律为根本遵循，这一制度设计构成了司法公正得以实现、公权力规范运行的核心保障。依据《宪法》《人民检察院组织法》等，检察机关作为国家公诉权的法定行使主体，其权力运行被严格限定在法律预设的轨道之内，任何超越法定权限、违反程序正义的行为均被明确禁止，彰显了法律对权力的刚性约束。

从权力行使的法定性来看，检察机关在履行公诉职能时，必须严格遵循《刑事诉讼法》所确立的程序规范。在审查起诉环节，需对侦查机关移送的案件进行全面审查，依据"犯罪事实清楚，证据确实、充分"的法定标准，准确判断是否符合起诉条件；在提起公诉阶段，必须严格按照法律规定的管辖范围、

---

〔1〕　肖健康、冉富强：《推进数字政府建设在法治轨道上行稳致远》，载《人民论坛·学术前沿》2025 年第 4 期。

文书格式和诉讼程序进行操作，确保每一个诉讼行为都于法有据。[1]这种对法定程序的严格遵循，不仅是保障当事人合法权益的必然要求，更是维护司法公信力的关键所在。

最高人民法院与最高人民检察院作为我国司法体系的核心中枢，在维护法律统一正确实施方面承担着不可替代的重要职责。根据《立法法》等相关规定，最高人民法院和最高人民检察院通过制定司法解释、发布指导性案例等方式，对法律适用过程中的具体问题进行细化和明确。司法解释作为具有普遍约束力的规范性文件，针对法律条文在实践中的模糊地带和争议焦点，以条文解释、批复等形式作出权威说明，为司法机关提供明确的裁判依据；指导性案例则通过选取具有典型性、代表性的案例，提炼裁判要点和法律适用规则，为同类案件的处理提供示范指引。这些举措有效解决了法律适用过程中的标准不统一、理解不一致等问题，确保全国各地司法机关在行使公诉权时能够遵循统一的法律尺度。

最高人民法院和最高人民检察院发布的司法解释和指导性案例，在规范公诉权行使方面发挥着多重作用。一方面，它们通过对法律条文的细化解释，帮助检察机关准确把握法律精神和适用条件，避免因法律理解偏差导致的错误起诉或不当不起诉；另一方面，典型案例的裁判思路和处理结果的公布，能够为检察机关在证据审查、事实认定、法律适用等关键环节提供实践参照，提升公诉工作的规范化水平。这种"抽象规则+具体案例"的双重指引模式，既维护了法律的稳定性和权威性，又增强了法律适用的灵活性和适应性，为公诉权的正当行使构筑起坚实的制度保障。

---

〔1〕 胡铭、陈高鸣：《数字技术赋能附条件不起诉：机遇、挑战与程序改良》，载《上海交通大学学报（哲学社会科学版）》2025年第2期。

通过宪法和法律的刚性约束、最高人民法院和最高人民检察院的业务指导以及规范性文件的实践指引，我国构建起了一套严密的公诉权法律监督体系。这一体系的有效运行，不仅确保了检察机关在行使公诉权时能够严格依法履职，更维护了司法的统一性和权威性，为实现司法公正、推进全面依法治国奠定了坚实基础。

三、加强公诉权监督与制约的建议

（一）监督制度

在推进全面依法治国、深化司法体制改革的进程中，构建完备且严密的公诉权监督机制，是维护司法公正、规范权力运行的必然要求。而建立健全与之匹配的法律法规体系，正是这一机制有效运转的基石。依据《宪法》《刑事诉讼法》等法律确立的权力监督原则，需从主体、内容、程序三个维度对公诉权监督制度进行系统性设计。

在监督主体层面，应通过立法明确法院、检察机关、诉讼参与人及社会力量的监督地位与权责边界。法院作为中立裁判者，依据独立审判权对公诉指控进行司法审查，通过证据认定、法律适用的实质判断，对公诉权形成刚性制约；检察机关内部构建上下级领导监督与内设监督部门的双重监督体系，确保权力行使的自我约束；被害人、犯罪嫌疑人及其辩护人作为诉讼参与人，凭借法律赋予的辩护权、申诉权等，通过质证、辩论等方式对公诉活动进行权利对抗式监督；媒体与公众则依托宪法保障的言论自由与监督权，通过舆论监督、意见反馈等方式，形成社会化监督网络。[1]多元主体协同发力，实现对公诉权的

---

〔1〕　张梁：《数字检察建构的信息权力基础及其法治风险防控》，载《上海交通大学学报（哲学社会科学版）》2025年第2期。

全方位、无死角监督。

在监督内容方面，需以法律条文的形式将公诉活动全流程纳入监督范围。从案件受理、审查起诉阶段的证据合法性审查、事实认定准确性判断，到提起公诉环节的法律适用正确性核查，再到庭审过程中的诉讼程序规范性监督，均需设定明确的审查标准与监督要点。对检察机关的不起诉决定、量刑建议等自由裁量权的行使，也应建立严格的监督机制，确保权力行使既符合实体法规定，又遵循程序正义要求。

在监督程序与方式设计上，应制定科学严谨的操作规范。明确监督启动的条件与主体，如规定当事人对公诉决定异议的申诉程序、法院对违法公诉行为的审查启动机制等；细化监督实施流程，包括证据调取、听证程序、意见反馈等环节；建立监督结果的处理与反馈机制，对监督中发现的问题，规定责任主体的整改期限与回复要求；完善责任追究程序，对拒不接受监督、妨碍监督工作的行为设定相应的法律责任。[1]通过制度化、规范化的程序设计，保障监督工作有序开展，切实提升监督效能。

（二）强化信息公开，促进司法透明

在建设社会主义法治国家的实践中，司法透明是实现司法公正、提升司法公信力的重要路径。而强化公诉案件信息公开，正是构建透明司法体系的关键环节。检察机关作为国家公诉机关，应当主动承担起信息公开的法定职责，依据《政府信息公开条例》《最高人民检察院关于全面推进检务公开工作的意见》等规定，构建多维度、多层次的信息公开机制。

在信息公开的内容上，除涉及国家秘密、商业秘密、个人

---

[1] 孙全胜：《大数据技术赋能数字法治政府建设的作用机理、风险和应对策略》，载《河南社会科学》2025 年第 2 期。

隐私等依法不应公开的信息外，检察机关应将案件受理、审查起诉、提起公诉等程序性信息，以及关键证据材料、法律适用依据、量刑建议等实体性信息，通过官方网站、检察服务平台、新闻发布会等渠道，及时、准确地向社会公开。[1]特别是对于社会关注度高、影响重大的案件，应加大信息公开力度，主动回应社会关切，保障公众对司法活动的知情权。

信息公开对于诉讼参与人而言，具有重要的权利保障价值。被害人、犯罪嫌疑人及其辩护人通过获取全面的案件信息，能够更充分地行使辩护权、申诉权等诉讼权利。例如，辩护人可依据公开的证据材料，有针对性地开展辩护准备工作，对公诉指控进行有效质疑与反驳；被害人可通过了解案件进展，及时表达诉求，维护自身合法权益。

媒体作为信息传播的重要载体，在促进司法透明方面发挥着独特作用。应依法保障媒体对公诉案件的报道权，鼓励媒体客观、公正地对案件进行报道与评论。应加强检察机关与媒体的沟通协作，通过新闻发布会、案件通报会等形式，主动提供权威信息，把握正确舆论导向，形成社会监督合力，共同推动司法透明度的提升。

（三）建立责任追究机制，严惩滥用职权行为

公诉权作为公权力的重要组成部分，其正确行使关乎司法公正与人权保障。为防止权力异化，必须建立健全严格的责任追究机制，对滥用公诉权的行为零容忍。这一机制的构建，需以《监察法》《检察官法》等法律法规为依据，明确责任认定标准、追责程序与处罚措施。

在责任认定方面，应通过立法细化滥用公诉权的具体情形，

---

〔1〕 王钰涵、柯阳友：《反电信网络诈骗检察公益诉讼制度的现实困境与完善路径》，载《河北法学》2025 年第 7 期。

包括故意错误指控、选择性起诉、利用公诉权谋取私利、违反法定程序等行为。[1]明确区分主观故意与过失，对不同性质的违法行为设定相应的责任标准。例如，对于故意滥用公诉权实施打击报复的行为，应从严追究法律责任；对于因工作失误导致的不当公诉，也应依据情节给予相应处分。

追责程序的设计需遵循法定原则，确保责任追究的公正性与合法性。应建立专门的调查机构，负责对滥用公诉权行为进行调查核实；设立独立的听证程序，保障被追责人员的陈述权、申辩权；明确责任追究的决定主体与救济途径，确保被追责人员对处理决定不服时，能够依法申请复议、申诉。

在处罚措施上，应构建多层次的责任体系。对情节轻微的违规行为，可给予警告、记过等纪律处分；对情节严重、构成违法犯罪的，依法追究刑事责任。建立典型案例通报制度，通过公开曝光滥用公诉权的典型案件，发挥警示教育作用，形成强大的震慑效应。通过严格的责任追究机制，促使公诉权行使主体增强责任意识，规范权力运行，切实维护司法公正与人权保障。

四、公诉权对审判的引导作用

在刑事诉讼制度严密且环环相扣的体系架构中，公诉权作为国家公权力体系的关键构成，是维系司法公正、稳固法律秩序的核心枢纽，其运行状态直接关乎法治社会的根基稳固与价值实现。[2]依据《宪法》《刑事诉讼法》等法律赋予的法定职权，公诉权承载着贯通刑事侦查与司法审判的核心使命，通过

---

〔1〕 陈海锋：《检察机关"提前"介入侦查再检视》，载《政治与法律》2025年第3期。
〔2〕 石雨阳：《数字人民币国际化的法治困境及对策》，载《湖南师范大学社会科学学报》2025年第2期。

严格遵循法定程序，将符合追诉标准的犯罪嫌疑人提交至审判机关，实现国家刑罚权从线索调查到定罪量刑的完整转化，在刑事司法链条中发挥着承上启下、不可或缺的桥梁作用。

从刑事诉讼流程的法定逻辑视角来看，公诉机关作为公诉权的法定行使主体，需严格依据《人民检察院刑事诉讼规则》，对侦查机关移送的案件卷宗、证据材料展开全方位、多层次的审查工作。这一审查过程以"犯罪事实清楚，证据确实、充分，且依法应当追究刑事责任"为法定标尺，不仅要对物证、书证、证人证言、电子数据等各类证据的来源合法性、内容真实性、逻辑关联性进行细致甄别与深入论证，还需结合刑法分则具体条文，对犯罪构成要件进行精准剖析与认定，同时综合考量刑事政策导向、社会危害程度等要素。[1]唯有当案件完全契合法定起诉条件时，检察机关才会依法向人民法院提起公诉。这一严谨的决策机制犹如刑事诉讼流程中的"过滤阀门"，既保障了进入审判程序的案件具备坚实的事实根基与明确的法律依据，有效避免司法资源的无端消耗，又从源头上防止不当追诉行为对公民合法权益造成侵害，充分彰显刑事司法制度的审慎性与公正性。

一旦检察机关作出提起公诉的决定，检察官在刑事庭审活动中便承担起多元且关键的法律角色。作为国家利益的代表，检察官依据起诉书内容，对犯罪嫌疑人的犯罪行为发起正式指控；作为专业法律工作者，在庭审举证质证环节，检察官需运用逻辑严密、层次清晰的证据链条还原案件客观事实，并对每份证据的证明力进行专业阐释；在法庭辩论阶段，检察官围绕案件争议焦点，结合刑法条文、司法解释、指导性案例等法律

---

[1] 秦前红、王雨亭：《数字时代的"表达"：算法推荐的信息干预及其法治化因应》，载《法治研究》2024 年第 5 期。

依据，对犯罪嫌疑人应当承担的刑事责任展开深入论证，并提出合理合法的量刑建议。这些诉讼行为直接作用于法官对案件事实的认知构建、法律适用判断的形成过程，对裁判结果的公正性、权威性产生深远影响，切实引导审判活动围绕核心争议高效有序推进。

（一）公诉权在审判过程中的重要性及其引导作用

公诉权作为刑事诉讼权力体系中的核心要素，其重要性贯穿于审判活动的全流程，涵盖程序启动、事实查明、法律适用及裁判形成等各个关键环节。从审判程序的开启，到实体裁判的作出，公诉权的行使不仅是审判程序得以合法启动的必要前提，更是保障审判活动依法依规、公平公正进行的重要指引。根据《人民检察院组织法》的相关规定，检察机关通过行使公诉权，将符合法定条件的案件提交审判机关，同时在整个诉讼过程中严格履行法律监督职责，确保最终判决结果既符合实体法规定，又遵循程序正义要求。这就要求公诉机关在行使权力时，必须严守法律法规的边界，准确把握法律适用尺度，既要确保起诉决定具有充分的合法性、正当性依据，又要注重提升诉讼活动效率，杜绝因程序烦琐、流程拖沓导致的司法资源浪费，以及对当事人合法权益造成的不必要损害。唯有如此，方能充分发挥公诉权在维护司法公正与提升司法效率方面的基石作用，切实实现刑事诉讼惩罚犯罪与保障人权的双重价值目标。

1. 公诉权对审判的启动作用

在刑事司法体系严谨的制度设计中，审判程序的启动遵循严格且明确的法定条件，而公诉权的行使无疑是其中最为关键、不可或缺的核心要件。检察机关在完成对案件的侦查取证工作后，需依据刑事诉讼法规定的证明标准，对案件所涉全部证据进行全面、细致的审查。[1] 当经过严谨的证据分析与事实认定，确信犯罪嫌疑人的行为已构成犯罪，且相关证据达到"确实、充分"的法定要求时，检察机关才会依法向人民法院提起公诉。这一诉讼行为具备双重法律意义：其一，它标志着案件正式从侦查阶段迈入审判阶段，启动了对犯罪行为进行司法裁判的关键程序；其二，它为司法机关依法追究犯罪嫌疑人刑事责任提供了合法依据，使得犯罪行为能够在法律框架内接受公正的裁决。[2] 倘若缺失公诉权的有效行使，审判程序将因缺乏合法的启动依据而无法正常开展，这一制度设计有力保障了刑事诉讼程序的严谨性、规范性，有效避免了审判权的随意启动与滥用，切实维护了司法权运行的法定秩序。

2. 公诉权对审判过程的引导作用

公诉权在审判过程中发挥着如同"海上灯塔"般的关键引导作用。检察机关在起诉书中明确指控的罪名与犯罪事实，为法院的案件审理工作划定了清晰的范围与方向，构成了审判活动的核心框架。法院需严格围绕起诉书指控内容展开审理工作，确保审判活动具有明确的针对性与有效性，有效避免审理活动出现随意性与无序性。[3] 在庭审过程中，作为控方的检察机关通过有序开展举证、质证、辩论等一系列诉讼活动，与辩方形成有效的对抗与制衡，促使法院对案件证据进行全面、客观的审查，对案件事实进行深入、细致的剖析。公诉人在庭审中对证据的系统展示、逻辑严密的论证，以及对法律适用的专业阐

---

〔1〕　常保国、胡雨晴：《论监察从宽处罚建议制度的正当性及其与司法的衔接》，载《河北法学》2025 年第 4 期。

〔2〕　张杰：《涉企异地刑事司法的法理甄辨与场景规制》，载《中国刑事法杂志》2025 年第 1 期。

〔3〕　潘剑锋：《检察公益诉讼立法重点问题探讨》，载《中国法律评论》2025 年第 1 期。

释、法理辩论，能够引导法官准确认定案件事实、正确适用法律条文，进而作出公正合理的判决。[1]此外，公诉人依据法律赋予的监督职责，对审判活动中的程序合法性进行实时监督，一旦发现存在违反法定程序的情形，将及时通过提出纠正意见、申请休庭调查等方式予以纠正，确保审判程序的正当性与审判结果的公正性，切实维护刑事诉讼的程序正义。

（二）公诉权对审判结果的监督与制约

公诉权对审判结果的监督制约机制，是维护司法公正、保障法律正确实施的关键制度防线。检察机关依据《刑事诉讼法》赋予的抗诉权，对人民法院作出的判决、裁定进行全面、细致的审查。当发现裁判结果存在事实认定错误（如关键证据未被采信、事实认定与证据内容不符）、法律适用不当（如错误援引法律条文、量刑幅度明显失衡）或违反法定程序（如剥夺当事人诉讼权利、证据未经质证即被采信）等情形，且这些情形可能对公正裁判产生实质性影响时，检察机关有权依法提起抗诉，要求法院对案件进行重新审理或作出改判。这一监督机制的有效运行，不仅充分体现了检察机关作为法律监督机关的职责与使命担当，更通过纠错程序及时纠正审判活动中出现的错误与偏差，切实保障当事人的合法权益不受侵害。通过抗诉权的行使，检察机关能够有力维护法律适用的统一性与准确性，推动司法裁判标准的统一，有效提升司法公信力，确保刑事诉讼活动始终在法治轨道上有序运行，最终实现司法公正与司法权威的稳固树立。

综上所述，公诉权在刑事诉讼中占据着无可替代的核心地位。其作为审判程序启动的法定前提、审判过程的重要引导者

---

〔1〕 张迪：《数字检察的逻辑、风险及其治理》，载《云南社会科学》2025 年第 1 期。

以及审判结果的监督者，通过严谨的制度设计与规范的权力行使，全方位保障了刑事诉讼活动的合法性、公正性与高效性。检察机关通过充分、规范地行使公诉权，有效发挥法律监督职能，在维护社会公平正义、保障法律统一正确实施、推进法治社会建设等方面发挥着不可替代的重要作用，为实现司法公正与司法效率的双重目标提供了坚实且有力的制度支撑。

五、公诉权在审判中的限制与挑战及应对策略

在刑事诉讼制度的精密架构中，公诉权作为国家公权力体系的重要支柱，是连接刑事侦查与司法审判的关键枢纽，在维护司法公正、保障社会秩序方面发挥着不可替代的核心作用。依据《宪法》《刑事诉讼法》等法律法规，公诉权通过法定程序将犯罪行为纳入司法评价范畴，实现国家刑罚权的具体落实，其运行质效直接关乎法治社会的建设进程。然而，为平衡打击犯罪与保障人权的双重价值目标，防止权力异化，法律对公诉权设置了多层次、全方位的限制。与此同时，随着社会经济形态的深刻变革与司法环境的持续演进，公诉权在审判实践中也面临着诸多新的挑战与考验。

（一）公诉权在审判中的限制

尽管公诉权在刑事诉讼中占据核心地位，但基于权力制衡的法治原则与人权保障的宪法精神，其行使受到严格的法律约束，主要体现在法定权限与程序规制、证据标准限定以及审判独立原则三个维度。

第一，法定权限与程序的刚性约束。根据《刑事诉讼法》及《人民检察院刑事诉讼规则》，公诉权的行使必须严格遵循既定的法律框架与程序规范。在审查起诉环节，检察机关需在法定期限内完成对案件的全面审查，涵盖管辖权审查、犯罪嫌疑

人身份核实、证据合法性判断等核心内容。例如，法律明确规定审查起诉期限一般为一个月，对于重大、复杂案件可延长十五日；若案件需补充侦查，应当在一个月内完成，且以两次为限。此外，从案件受理、讯问犯罪嫌疑人、听取辩护人意见，到最终作出起诉或不起诉决定，每个环节均需严格依照法定流程推进。[1]任何超越法定权限、违反程序规则的行为，如擅自扩大管辖范围、剥夺当事人诉讼权利等，不仅会导致诉讼行为无效，还将引发相应的司法责任追究，以此确保公诉权始终在法治轨道上运行。

第二，证据标准的严格限定。证据是支撑公诉权行使的基石，法律对其设定了"确实、充分"的严苛标准。检察机关在提起公诉前，必须确保所指控的犯罪事实有合法、有效的证据支撑，且各证据之间能够形成逻辑严密、相互印证的完整链条。这要求检察官在审查起诉阶段，对侦查机关移送的物证、书证、证人证言、电子数据等各类证据，进行合法性审查、真实性核验与关联性判断。依据非法证据排除规则，采用刑讯逼供等非法方法收集的犯罪嫌疑人供述，以及采用暴力、威胁等非法手段获取的证人证言、被害人陈述，均应予以排除；对于存在瑕疵的证据，需经补正或作出合理解释后方可采信。若证据存在重大缺陷，无法达到法定证明标准，检察机关不得提起公诉；即便已经起诉，也可能因证据不足而面临无罪判决的风险，从而倒逼检察机关严把证据关，确保指控的准确性与公正性。

第三，对审判独立原则的尊重与维护。我国宪法确立的人民法院独立行使审判权原则，对公诉权形成根本性制约。检察机关作为法律监督机关，虽有权在庭审中发表指控意见、提出

---

[1] 陈海嵩、张新：《环境行政公益诉讼履行判决的再审视与完善》，载《河海大学学报（哲学社会科学版）》2025 年第 1 期。

量刑建议，但必须尊重法院对案件事实认定和法律适用的专属裁判权，不得以任何形式干涉审判活动。[1]在司法实践中，检察官需通过规范的举证、质证、辩论等诉讼活动，以事实和法律为依据说服法庭，而最终的定罪量刑权归属于人民法院。例如，对于检察机关提出的量刑建议，法院经审理认为不当的，有权依法独立作出裁判；对于检察机关的抗诉请求，法院也需依据法律规定进行审查，决定是否启动再审程序。这种权力分工机制既保障了司法权的公正行使，又有效防止了公诉权的过度扩张，确保刑事诉讼各环节相互制约、协同运行。

（二）公诉权在审判中面临的挑战

随着社会经济的快速发展和法治建设的深入推进，公诉权在审判实践中遇到了一系列新的挑战，主要体现在新型犯罪治理、司法资源配置以及舆论监督应对等方面。

首先，新型犯罪为公诉权行使带来专业挑战。在数字化、智能化时代背景下，网络犯罪、金融犯罪、新型知识产权犯罪等不断涌现，犯罪手段呈现技术化、隐蔽化、跨地域等特征。此类犯罪往往涉及复杂的电子数据取证、专业的金融知识、国际司法协作等难题，对检察机关的专业能力提出了更高要求。例如，在跨境网络诈骗案件中，检察官不仅需要掌握电子数据提取与分析技术，协调国际司法协助获取境外证据，还需准确适用刑法关于网络犯罪的规定。面对这些挑战，检察机关亟须加强专业人才培养，建立跨部门协作机制，并引入大数据、人工智能等技术手段辅助办案，以提升对新型犯罪的精准打击能力和指控成功率。

其次，司法资源供需矛盾存在现实压力。受案件数量持续

---

〔1〕　母光栋：《论检察公益诉讼法的基本原则》，载《行政法学研究》2025年第2期。

增长与司法资源有限性的双重制约，检察机关面临着资源配置的严峻挑战。[1]一方面，刑事案件数量逐年攀升，特别是轻微刑事案件占比居高不下，而办案人员、经费、设备等资源相对有限；另一方面，重大、复杂、疑难案件往往需要投入大量人力、物力进行办理。为应对这一矛盾，检察机关需优化案件分流机制，对事实清楚、证据充分、被告人认罪的轻微刑事案件，优先适用速裁程序、简易程序或认罪认罚从宽制度，提高诉讼效率；完善资源分配标准，集中优势资源办理重大案件，确保案件质量与社会效果。此外，检察机关还可以通过信息化建设、流程优化等方式，进一步提升办案效能，缓解司法资源紧张局面。

最后，舆论监督与司法独立的平衡难题亟待解决。在信息传播快速化、公众参与常态化的背景下，热点刑事案件往往引发舆论高度关注，给检察机关带来巨大压力。[2]部分案件中，舆论可能基于不完整信息形成倾向性意见，甚至出现舆论干预司法的现象。对此，检察机关需坚守依法独立行使职权的原则，严格以事实为依据、以法律为准绳作出决定，避免受到外界非理性因素的干扰。同时加强与公众的沟通互动，通过召开新闻发布会、发布案件通报、开展普法宣传等方式，及时公开案件进展与法律依据，回应社会关切；运用典型案例进行法治教育，引导公众理性看待司法裁判，在保障司法独立的同时提升司法公信力，实现法律效果与社会效果的有机统一。

---

〔1〕 韩旭至：《数字司法与人工智能治理的中国方案》，载《华东政法大学学报》2025 年第 1 期。

〔2〕 胡骋：《国家治理体系现代化语境下的数字检察》，载《华东政法大学学报》2025 年第 1 期。

第二节　侦查监督权的功能

在我国司法体系的精密架构中，侦查监督权作为法律监督体系的重要组成部分，承担着维护侦查活动合法性、提升侦查工作质效、保障犯罪嫌疑人合法权益以及促进司法公正透明的多重使命。其不仅是规范侦查权运行、防止权力异化的"安全阀"，更是维系刑事诉讼程序正义、构筑公正高效权威司法制度的关键支柱，对推进全面依法治国、建设社会主义法治国家具有深远意义。

依据《宪法》《刑事诉讼法》等法律规定，侦查监督权是检察机关依法享有的职权，旨在对侦查机关（主要包括公安机关、国家安全机关、海关缉私部门等）的侦查活动实施全流程、全方位监督。这种监督贯穿于刑事侦查活动的各个阶段：在立案环节，检察机关有权对侦查机关应当立案而不立案、不应立案却违法立案的情形进行监督，通过要求说明不立案理由、通知立案等方式，纠正违法立案行为；在强制措施适用方面，检察机关对侦查机关采取的拘留、逮捕、取保候审等措施的合法性进行审查，防止超期羁押、非法限制人身自由等现象发生；在侦查取证环节，检察机关对搜查、扣押、讯问等侦查行为的程序合法性展开监督，严格排除以刑讯逼供、威胁引诱等非法方法收集的证据，确保证据来源合法、程序规范。

侦查监督权的有效行使，能够形成对侦查权的刚性制约。[1]当侦查机关存在违法搜查、非法取证等程序违法行为时，检察机关可通过发出纠正违法通知书、检察建议书等方式，要求其

---

〔1〕　武静：《大数据在检察案例指导制度中的适用路径研究》，载《法学杂志》2025 年第 1 期。

立即整改；对于情节严重、涉嫌职务犯罪的侦查人员，检察机关可依法启动立案侦查程序。这种监督机制不仅保障了犯罪嫌疑人的辩护权、人身权等基本权利，也提升了侦查活动的规范化水平，避免因侦查违法导致冤假错案的发生。通过对侦查活动的监督，检察机关能够促使侦查机关严格遵循法定程序收集证据，提高证据质量，为后续审查起诉和审判工作奠定坚实基础，进而维护整个刑事诉讼程序的公正性与权威性。

一、对侦查活动的合法性监督

在我国司法体系的精密架构中，侦查活动的合法性监督作为刑事诉讼制度的核心组成部分，是维系司法公正、捍卫程序正义的根基性制度安排。这一监督机制不仅深刻关联着犯罪嫌疑人的人身权利、诉讼权利等基本权益保障，更通过规范侦查权运行，直接塑造着司法体系在公众心中的公信力与权威，是衡量法治建设水平的重要标尺。

将侦查活动合法性监督置于社会治理与法律体系的宏观视域下审视，其重要性愈发凸显。从法律逻辑层面看，侦查作为刑事诉讼流程的起始环节，是查明案件事实、收集定罪证据的关键阶段，其活动的合法性直接决定后续审查起诉、审判等环节能否顺利推进。若侦查权行使脱离法治轨道，非法取证、超期羁押、程序违法等问题频发，不仅会导致冤假错案风险激增，更会破坏刑事诉讼程序的权威性与公正性，动摇司法体系的根基。[1] 从社会治理维度分析，侦查活动合法性监督是保障公民权利、维护社会信任的重要屏障。当公民的合法权益在侦查环节得到充分尊重与保护，公众对法律的信仰与对司法的信赖方

---

〔1〕 金成波：《行刑反向衔接的制度构造》，载《北京大学学报（哲学社会科学版）》2025年第1期。

能得以巩固，进而为法治社会建设注入持续动力。

　　然而在实践层面，侦查活动合法性监督面临着诸多挑战。一方面，侦查权具有主动性、强制性等特点，侦查机关在调查案件时往往掌握着强大的资源与权力，若缺乏有效监督，极易滋生权力滥用风险；另一方面，随着新型犯罪手段的不断涌现，电子数据取证、技术侦查措施等新型侦查手段的广泛应用，也对传统的监督模式提出了更高要求，如何在保障侦查效率的同时确保程序合法，成为亟待解决的现实课题。

　　进一步优化侦查活动合法性监督机制，需从制度完善、技术赋能与理念革新多维度发力。[1]在制度层面，应细化监督程序与标准，明确检察机关对侦查活动的监督权限、方式及法律后果，增强监督的刚性与可操作性；在技术层面，可借助大数据、区块链等现代技术，对侦查活动进行全流程留痕与动态监控，提升监督的精准性与时效性；在理念层面，则需强化侦查人员的法治意识与程序意识，推动形成"合法取证是底线、程序正义是生命"的共识。[2]构建全方位、多层次的监督体系，侦查活动合法性监督才能真正成为守护司法公正、推进法治进程的坚实屏障，为建设社会主义法治国家提供有力支撑。

　　（一）监督的必要性

　　在刑事司法权力架构中，侦查权作为国家公权力的重要组成部分，天然蕴含着扩张性与侵益性。其本质在于通过强制性手段查明犯罪事实、抓获犯罪嫌疑人，以维护社会秩序与公共安全。但这种权力的行使往往伴随着对公民权利的限制与干预。

---

　　〔1〕　郭金良：《数字金融包容审慎监管法治论》，载《北方法学》2025年第2期。

　　〔2〕　袁航、李娜薇：《社会共治视阈下食品安全行政公益诉讼审前程序优化分析》，载《食品与机械》2025年第3期。

在犯罪追诉过程中，侦查机关依据法定职权采取拘留、逮捕等限制人身自由的措施，实施搜查、扣押等涉及财产与隐私的强制行为，此类措施直接作用于公民的人身权、财产权与隐私权等核心权利。

由于权力天然存在自我膨胀的倾向，侦查权若缺乏有效的约束与监督机制，极易突破法律设定的边界，异化为损害公民合法权益的工具。[1]一旦侦查权脱离法治轨道，就可能出现超越法定权限、违反程序规范的滥用情形，致使犯罪嫌疑人的辩护权、人身安全等基本权利遭受不当侵害，背离刑事诉讼惩罚犯罪与保障人权并重的价值追求。[2]因此，构建严密的侦查活动合法性监督体系，不仅是规范权力运行、防止公权力失范的必要举措，更是践行法治原则、保障公民基本权利的必然要求。

侦查活动的合法性监督对维护司法公正具有基础性意义。刑事诉讼程序犹如环环相扣的精密链条，侦查阶段作为起始环节，其收集的证据与认定的事实直接决定后续审查起诉与审判的走向。若侦查过程中存在非法取证、刑讯逼供等违法行为，即便后续诉讼环节再严谨，基于违法手段获取的证据所作出的裁判，也将因丧失程序正当性与实体真实性，难以具备司法裁决应有的权威与公信力，最终损害司法公正。

从更宏观的社会治理视角来看，侦查活动的合法性监督是维系司法公信力、巩固法治信仰的纽带。司法体系的权威不仅源于法律赋予的强制力，更依赖社会公众对其公正性的普遍认同。当侦查权能够在法律框架内规范运行，犯罪嫌疑人的合法

〔1〕 秦前红、刘平华：《数字时代背景下行政检察监督范式的转型及规范路径》，载《河北法学》2025 年第 5 期。

〔2〕 余圣琪：《公共大模型决策的法治化约束》，载《国家检察官学院学报》2025 年第 1 期。

权益得到切实保障，公众将直观感受到法律的公平正义，进而增强对司法制度的信任。反之，若侦查违法现象屡禁不止，将引发公众对司法程序的质疑，削弱社会对法治的信仰。[1]唯有确保侦查活动全程合法、公正，才能赢得社会各界的广泛尊重与支持，切实提升司法体系的公信力与权威，为法治社会建设奠定坚实基础。

（二）监督的内容

1. 侦查行为的合法性

在刑事诉讼的严密体系中，侦查行为的合法性监督是守护司法公正、捍卫犯罪嫌疑人合法权益的核心屏障，其监督范畴应全面覆盖侦查机关自案件受理至侦查终结的全流程。无论是询问证人、讯问犯罪嫌疑人，还是开展勘验、检查、搜查、扣押等实物证据收集活动，抑或实施鉴定、技术侦查等专业性调查手段，均需纳入合法性审查框架。[2]监督工作的核心要义在于，严格审视各项侦查行为是否契合《刑事诉讼法》等法律法规的程序要求，是否切实将保障犯罪嫌疑人权利贯穿于执法全过程。

以讯问环节为例，依据《刑事诉讼法》第 52 条之规定，严禁以刑讯逼供等非法方法收集证据，并确立了"不得强迫任何人证实自己有罪"的原则。因此，侦查人员在讯问时，不得采用任何刑讯逼供、威胁、引诱、欺骗等非法手段强迫犯罪嫌疑人作出供述；全程同步录音录像制度作为重要的程序保障，旨在确保讯问过程透明可溯，从源头上杜绝非法讯问行为。对于搜查、扣押等涉及公民财产权与隐私权的强制性侦查措施，必

---

〔1〕 孙洪坤、张飘：《反电信网络诈骗检察公益诉讼的双重观察——兼论〈反电信网络诈骗法〉第 47 条之完善》，载《安徽大学学报（哲社版）》2025 年第 1 期。

〔2〕 高秦伟：《健全行政执法监督体制机制的路径》，载《广东社会科学》2025 年第 1 期。

须严格遵循法定的审批流程，在取得相应法律文书授权后，按照规定程序规范执行，坚决防止权力滥用对公民合法权益造成侵害。通过构建全方位、多层次的合法性监督体系，有效约束侦查权运行，确保刑事诉讼活动始终在法治轨道上推进，实现司法公正与程序正义的有机统一。

2. 侦查程序的正当性

侦查程序的正当性监督作为刑事诉讼的关键支柱，肩负着保障侦查权依法运行、维护司法公正的重要使命。其核心目标在于确保侦查机关的每一项执法活动均严格遵循法定程序，切实维护犯罪嫌疑人的诉讼权利，彰显现代刑事司法的文明与法治精神。

在侦查活动的各个环节，侦查机关均需恪守法律规定，严格履行告知义务，确保犯罪嫌疑人充分知悉被指控的罪名、面临的法律后果，以及依法享有的辩护权、申诉权等诉讼权利。必须充分保障犯罪嫌疑人陈述和辩解的权利，认真听取其意见；依法保障律师在侦查阶段的会见权、通信权，为律师履行辩护职责提供必要便利，确保犯罪嫌疑人能够获得有效的法律帮助。

此外，侦查机关在采取强制措施、实施侦查行为时，必须严格遵循比例原则。这要求所采取的侦查措施应当与犯罪嫌疑人涉嫌犯罪的严重程度、社会危险性以及个人具体情况相适应，避免因过度使用强制措施或采取不当侦查手段，对犯罪嫌疑人的合法权益造成不必要的侵害。[1]只有确保侦查程序的每一个环节都符合正当性要求，才能维护刑事诉讼程序的严肃性，实现法律效果与社会效果的统一。

---

〔1〕 林轲亮、李兴确：《数字政府背景下行政备案监管的法治化调适》，载《重庆社会科学》2025年第3期。

3. 证据收集的合法性

证据作为刑事诉讼的基石，其合法性直接决定着案件裁判的公正性与权威性，关乎司法公正的最终实现。因此，对侦查机关证据收集行为的合法性监督，构成了刑事诉讼监督体系的关键一环。

侦查机关在证据收集过程中，必须严格遵循合法、客观、全面的基本原则。法律明确禁止以刑讯逼供、威胁、引诱、欺骗等非法方法收集证据，此类行为不仅严重侵犯犯罪嫌疑人的人身权利与诉讼权利，更可能导致虚假证据进入诉讼程序，动摇司法公正的根基。任何通过非法手段获取的言词证据与实物证据，均应依法予以排除，不得作为定案依据。[1]这一证据排除规则的确立，旨在从源头上切断非法取证的利益链条，倒逼侦查机关规范执法行为，确保每一份呈现在法庭上的证据都经得起法律与事实的检验。

强化对证据收集合法性的监督，需构建完善的监督机制。检察机关作为法律监督机关，应当充分发挥审查逮捕、审查起诉等职能的作用，对侦查机关移送的证据材料进行全面审查，重点核查证据来源的合法性、收集程序的规范性；通过提前介入侦查、引导取证等方式，从源头规范侦查机关的证据收集行为。此外，还需加强对侦查人员的法治教育与业务培训，提升其证据意识与程序意识，推动形成"合法取证是底线、程序正义是生命"的执法理念。[2]只有通过严格的监督与规范，才能确保刑事诉讼中的每一份证据都合法有效，为公正裁判奠定坚实基础，切实维护法律的尊严与权威。

---

〔1〕　高景峰：《检察机关深化司法责任认定、追究的实践路径》，载《国家检察官学院学报》2025 年第 1 期。

〔2〕　梁鸿飞：《数字检察赋能行政公益诉讼：从技术嵌入到制度融合》，载《兰州大学学报（社会科学版）》2024 年第 2 期。

（三）监督的方式与手段

1. 主动监督与被动监督相结合

在侦查活动合法性监督体系中，主动监督与被动监督相辅相成，共同织就严密的监督网络。主动监督作为前置性的监督防线，由侦查监督机关通过定期巡查、专项检查、随机抽查等方式，主动深入侦查活动一线，对案件办理流程、强制措施适用、证据收集程序等环节进行全面排查。这种监督模式以"防患于未然"为核心价值，凭借监督主体的主动性与积极性，及时捕捉侦查行为中的潜在违法风险，并通过制发纠正违法通知书、检察建议书等方式，将问题解决在萌芽状态。然而，受限于有限的人力、物力资源，主动监督难以实现对所有案件、全部侦查环节的覆盖，其监督的广度与深度存在客观局限性。

为弥补主动监督的不足，被动监督机制应运而生。被动监督以依申请监督为主要形式，当犯罪嫌疑人、辩护人或其他利害关系人认为侦查活动存在非法取证、超期羁押、程序违法等情形时，有权向侦查监督机关提出监督申请。侦查监督机关依据法定程序启动调查核实，对申请事项进行全面审查，并依法作出处理决定。该监督方式聚焦具体个案的争议焦点，具有极强的针对性，能够精准回应当事人的合法诉求，高效解决特定环节的违法问题。主动监督与被动监督相互配合，前者发挥预防性作用，后者强化救济性功能，共同构建起"全面排查+精准纠错"的立体化监督格局。

2. 技术手段辅助监督

在数字化时代浪潮的推动下，现代信息技术与侦查监督工作深度融合，为提升监督效能开辟了新路径。电子监控设备的广泛应用，使侦查活动全过程得以可视化留存。通过在讯问场所、搜查现场等关键区域部署高清摄像设备，对侦查行为进行不间断、无死角的实时监控与同步录像，不仅能完整记录侦查活动的全貌，形成客观、真实的影像资料，还能对侦查人员形成强有力的威慑，促使其自觉规范执法行为。这种"全程留痕"的监督方式，既保障了侦查程序的透明度，又为后续的监督审查提供了直观、可靠的证据支撑。

大数据分析技术则为侦查监督装上了"智慧大脑"。借助数据挖掘、机器学习等技术，监督主体能够对海量的侦查数据进行深度剖析，通过建立行为模型、设定风险阈值，自动识别异常侦查行为。[1]例如，系统可对案件办理时长、强制措施适用频率、证据收集类型等数据进行关联性分析，一旦发现数据偏离正常范围，立刻触发预警机制，提示监督人员重点核查潜在违法风险。这种智能化监督模式突破了人工审查的效率瓶颈，显著提升了监督的精准度与时效性。

区块链技术的应用进一步筑牢了证据真实性的防线。通过区块链的分布式存储、加密算法等特性，将侦查活动中的证据生成、收集、流转等环节信息进行哈希值固化，形成不可篡改、可追溯的证据链。这不仅有效防止了证据被伪造、篡改，还增强了证据在司法审查中的可信度，为监督工作提供了坚实的技术保障。电子监控、大数据分析、区块链等技术手段的协同运用，构建起"实时监控—智能预警—可信存证"的全链条监督体系，推动侦查监督工作向智能化、精准化方向迈进。

3. 监督的效果与意义

侦查活动合法性监督的有效实施，对维护司法公正、保障人权、推进法治建设具有深远意义。从人权保障维度看，该监督机制犹如一道坚固的屏障，及时拦截非法搜查、刑讯逼供等

---

[1] 李晓明、刘舒婷：《数字赋能检察侦查：场景、逻辑、困境及发展》，载《犯罪研究》2024 年第 6 期。

侵犯公民权利的违法行为，使犯罪嫌疑人在刑事诉讼中得以维护自身尊严与合法权益，确保其诉讼主体地位得到尊重。这种对个体权利的切实保护，彰显了法治社会"以人为本"的价值追求。

在规范执法层面，强有力的监督倒逼侦查机关将法律规定与程序要求内化于心、外化于行。通过对违法侦查行为的纠正与责任追究，能促使侦查人员强化法治意识，严格遵循法定权限与流程开展工作，进而提升侦查工作的规范化、专业化水平。随着执法行为的日益规范，侦查机关的执法公信力得以增强，赢得社会公众对司法机关的信任与支持。

从司法体系建设角度，侦查活动合法性监督是维护司法公正的基石。侦查阶段作为刑事诉讼的起点，其合法性直接决定了后续审查起诉、审判活动的公正性。只有确保侦查程序合法、证据收集规范，才能为公正裁判奠定坚实基础，避免冤假错案的发生。如果监督机制持续发挥效能，司法体系的权威性将不断提升，公众对法律的信仰就得以巩固，进而推动法治社会建设向更高水平迈进。通过持续完善监督制度、创新监督手段、强化效果评估，侦查活动合法性监督将为构建公正、透明、高效的司法体系提供持久动力，为社会和谐稳定筑牢法治根基。[1]

二、纠正违法侦查行为

在现代法治社会的构建进程中，侦查活动作为刑事诉讼体系的基础环节，其运行的合法性与规范性，不仅是司法公正最直观的呈现，更是守护人权的关键屏障。[2]伴随法治建设的持

---

〔1〕 何坤、何恬:《数字检察背景下的检察大数据平台建设路径与思考》，载《江西通信科技》2024 年第 4 期。

〔2〕 刘文琦、邵梦:《大数据侦查的检察监督困境及其破解路径》，载《四川警察学院学报》2025 年第 1 期。

续推进，尽管侦查领域在制度架构与实践操作层面均取得了长足进展，但违法侦查行为仍未杜绝，其产生的负面影响与危害后果不容轻视。深入剖析违法侦查行为的危害性，梳理其主要表现形态，并探寻切实可行的纠正策略与措施，对于推动侦查活动向法治化、规范化方向发展，具有极为重要的理论价值与实践意义。

（一）违法侦查行为的危害性分析

司法公正作为法治社会的核心价值追求与灵魂所在，宛如一座巍峨的灯塔，在法治的海洋中为社会的航船指引着公平正义的方向。[1]它是维系社会公平正义的关键纽带，是衡量一个社会法治化程度的重要标尺，更是保障公民权利、促进社会和谐稳定的基石。在法治的宏大架构中，司法公正犹如坚实的支柱，支撑着整个社会秩序的稳定与繁荣。

刑事诉讼程序作为司法体系的重要组成部分，其各个环节的合法性与公正性都至关重要。而侦查阶段作为刑事诉讼的起始环节，更是具有举足轻重的地位。它如同建造高楼大厦的地基，其是否合法、公正，直接关乎整个司法程序的正当性。在侦查阶段，侦查机关肩负着收集证据、查明案件事实的重要使命，其行为是否符合法律规定，直接影响后续起诉、审判等环节能否顺利进行。

侦查阶段一旦出现刑讯逼供、非法取证等违法行为，其危害将深远且致命。它不仅直接污染了证据的源头，更如投入司法公正湖面的巨石，所激起的涟漪将层层扩散，严重破坏后续的起诉、审判程序的公信力，最终动摇整个司法体系的根基。刑讯逼供不仅违背了宪法保障人权的基本原则，更导致被讯问人在身体和精神上遭受极大的痛苦与折磨，使其在非自愿的情

---

〔1〕　万毅：《论法律监督效能》，载《国家检察官学院学报》2025 年第 1 期。

况下作出虚假供述。非法取证行为，如通过非法搜查、扣押等手段获取证据，会严重侵犯公民的合法权益，破坏证据收集的合法性与正当性。这些违法侦查行为会破坏证据链条的完整性与真实性。证据是认定案件事实的基础，是司法裁判的依据。当证据链条出现断裂或被污染，案件事实就难以得到客观、准确的还原。法官在审理案件时，将面临证据不足或证据不可靠的困境，无法对案件作出公正、合理的裁判。

基于非法证据作出的裁判，必然难以获得社会公众的认可与信服。司法裁判的公正性不仅体现在法律条文的正确适用上，更体现在其是否能够得到社会公众的普遍认同。当社会公众发现司法裁判是建立在非法证据的基础之上时，他们会对司法机关的公正性和权威性产生质疑。这种不信任感会在社会中蔓延，导致公众对司法制度失去信心。[1]更为严重的是，非法证据可能成为冤假错案的导火索。冤假错案一旦发生，不仅会给当事人及其家庭带来巨大的痛苦和灾难，更会严重侵蚀司法的权威与公信力。司法权威是司法机关有效行使职权、维护社会秩序的重要保障，而公信力则是司法机关赢得社会公众信任和支持的基础。[2]当司法权威和公信力受到损害时，司法机关将难以有效地履行其职责，社会的公平正义将无法得到切实保障。

违法侦查行为还可能干扰法官对案件的独立判断，影响自由裁量权的公正行使。法官在审理案件时，应当依据事实和法律，独立、公正地作出裁判。然而，违法侦查行为所获取的非法证据可能会误导法官的判断，使其在认定案件事实和适用法

---

〔1〕 黄宝跃：《大数据：检委会案件类议题决策科学化路径》，载《数字法治》2024年第6期。

〔2〕 李晓明、刘舒婷：《数字赋能检察侦查：场景、逻辑、困境及发展》，载《犯罪研究》2024年第6期。

律时出现偏差。法官可能会因受到非法证据的影响而忽视其他合法证据所反映的案件事实，或者对法律的适用作出错误的解读。这种干扰将使司法裁判偏离法律的既定轨道，进一步加剧司法不公的局面。司法不公不仅会损害当事人的合法权益，更会破坏社会的公平正义秩序，动摇法治社会的稳定根基。当公众看到司法不公的现象频繁发生时，他们会对法治社会产生失望和不满情绪，进而可能引发社会矛盾和冲突，影响社会的和谐稳定。

人权作为法治社会得以稳固构建的基石，承载着对人的尊严与价值的尊重和保护。它是人类文明进步的重要标志，是社会发展的核心价值追求。在法治社会中，人权保障贯穿于各个领域和环节，而侦查活动天然具有限制或剥夺公民权利的属性，其合法性审查尤为关键。侦查活动是侦查机关为了查明案件事实、收集证据而采取的一系列措施，这些措施往往会对公民的人身自由、财产权利、隐私权等基本权利产生一定的影响。[1]因此，必须对侦查活动的合法性进行严格审查，确保侦查机关在行使职权的过程中不侵犯公民的合法权益。

违法侦查行为往往伴随着对被侦查人基本权利的粗暴践踏。超期羁押是一种严重的违法侦查行为，它使得被羁押人长时间失去人身自由，无法及时获得公正审判。被羁押人在羁押期间，生活、工作、家庭等方面都会受到极大的影响，身心健康也会遭受严重的损害。非法取证行为更是对公民隐私权与人格尊严的公然侵犯。侦查机关在非法取证过程中，可能会采用秘密监听、跟踪、搜查等手段，侵犯公民的隐私空间，使公民的个人信息和生活细节暴露无遗。这种侵犯不仅会给当事人带来身心

---

〔1〕　何坤、何恬：《数字检察背景下的检察大数据平台建设路径与思考》，载《江西通信科技》2024 年第 4 期。

的双重创伤，更会破坏社会的信任基础，影响社会的和谐稳定。[1] 秘密侦查手段的滥用也是一个不容忽视的问题。秘密侦查手段在打击犯罪方面具有一定的作用，但如果滥用，就可能侵犯公民的通信自由与通信秘密。公民的通信自由与通信秘密是宪法赋予公民的基本权利，受到法律的严格保护。当秘密侦查手段被滥用时，公民的这些权利将无法得到保障，社会的法治秩序也将受到威胁。

这些违法侦查行为与法治精神、人权保障原则背道而驰。法治精神强调法律的至上性、公正性和权威性，要求所有国家机关和公民都必须遵守法律，依法行事。人权保障原则则要求国家尊重和保护公民的基本权利，不得侵犯公民的合法权益。违法侦查行为严重违反了这些原则，不仅给个体造成难以磨灭的伤害，更破坏社会的和谐稳定。公权力对公民基本权利的侵犯，会直接侵蚀社会稳定的基石。它不仅激发个体的不满与抵触，更会积累成群体的怨愤，加剧社会矛盾与冲突。这种局面将严重动摇公众对公平正义的信仰，破坏社会互信，最终可能形成"侵权—不满—不稳定—进一步侵权"的恶性循环，使整个社会笼罩在紧张与不安的氛围中。

法治秩序是社会稳定发展的重要保障，它为社会的正常运行提供了规则和框架。而侦查活动的合法性则是维护这一秩序的重要支撑。侦查活动的合法性意味着侦查机关在行使职权的过程中必须遵守法律规定，严格按照法定程序进行操作。只有这样，才能保证侦查活动的公正性和有效性，维护社会的公平正义。然而，频繁发生的违法侦查行为，会逐渐削弱公众对法

---

〔1〕 刘文琦、邵梦：《大数据侦查的检察监督困境及其破解路径》，载《四川警察学院学报》2025 年第 1 期。

律的信任与尊重。[1]当公众看到侦查机关存在违法侦查行为时，他们会对法律的公正性和权威性产生怀疑，认为法律无法有效保护公民的合法权益。这种信任危机将导致司法公信力下降，公众对司法机关的信任度降低。司法公信力是司法机关有效行使职权、维护社会秩序的重要基础，当司法公信力受到损害时，司法机关将难以有效履行其职责，社会的法治秩序也将受到严重破坏。

当公众对法律失去信心时，法律的权威性和约束力将大打折扣。法律是社会秩序的维护者，其权威性和约束力是保障社会稳定的重要前提。如果公众不遵守法律，法律将无法发挥其应有的作用，社会秩序将陷入混乱，[2]各类违法犯罪行为可能会趁机滋生蔓延，给社会带来更大的危害。因此，坚决纠正违法侦查行为，强化侦查活动的法治化与规范化建设，是维护法治秩序、保障社会长治久安的必然要求。侦查机关应当加强内部管理，提高侦查人员的法律意识和业务素质，严格遵守法律规定和法定程序，确保侦查活动的合法性和公正性。同时，司法机关应当加强对侦查活动的监督和审查，及时发现和纠正违法侦查行为，保障公民的合法权益。[3]只有这样，才能维护法治秩序的稳定，保障社会的长治久安，让人民群众在每一个司法案件中感受到公平正义。

（二）违法侦查行为的主要表现

超期羁押是违法侦查行为的典型表现之一，它指的是侦查机关在缺乏法定程序批准或无正当理由的情况下，擅自延长对犯罪嫌疑人、被告人的羁押期限。这一行为公然违反了《刑事

---

〔1〕 万毅：《论法律监督效能》，载《国家检察官学院学报》2025 年第 1 期。

〔2〕 黄宝跃：《大数据：检委会案件类议题决策科学化路径》，载《数字法治》2024 年第 6 期。

〔3〕 原美林、王雪晴：《论数字时代的协作互动侦查监督模式》，载《浙江工商大学学报》2024 年第 6 期。

诉讼法》关于羁押期限的明确规定，直接侵犯了被羁押人的人身自由权。被超期羁押的人员长时间处于失去自由的状态，不仅无法及时获得公正审判，身心还承受着巨大的压力与痛苦。

非法取证行为同样严重破坏了侦查活动的合法性与公正性。侦查机关采用刑讯逼供、威胁、引诱、欺骗等不正当手段获取口供或其他证据，既违反了《刑事诉讼法》对证据收集合法性的严格要求，也背离了宪法保障人权的基本原则。此类行为不仅容易导致证据失真，使案件事实被扭曲，进而引发冤假错案，还会对被取证人的身心健康造成不可挽回的伤害，严重损害司法的公正性与权威性。[1]

秘密侦查手段在特定情况下对于案件侦破具有重要价值，但未经法定程序批准而擅自使用，就构成了违法侦查行为。这种滥用行为会侵犯公民的隐私权、通信自由等基本权利，违反法律规定与人权保障原则，破坏法治秩序。秘密侦查的随意实施，使得公民的私人生活空间失去应有的安全与保障，对公民权利造成严重威胁。

在侦查阶段，律师作为犯罪嫌疑人、被告人合法权益的重要维护者，其权利保障对于实现司法公正与人权保护至关重要。然而在实践中，部分侦查机关存在忽视甚至限制律师权利的现象，如不合理地限制或剥夺律师的会见权、阅卷权等。这些行为严重阻碍了律师辩护职能的正常行使，使得犯罪嫌疑人、被告人无法获得有效的法律帮助，进而损害当事人的合法权益，影响司法公正的实现。

（三）纠正违法侦查行为的策略与措施

加强立法是从源头上纠正违法侦查行为、推进侦查活动法

---

[1] 王燕鹏：《以数字之力提升监督之质以检察之智助力社会之治》，载《人民检察》2024年第17期。

治化的根本路径。应进一步完善《刑事诉讼法》及相关法律法规，通过明确、细化侦查行为的边界与标准，让侦查人员的执法活动有清晰的规范可依。同时完善违法侦查行为的法律后果与责任追究机制，增强法律的威慑力。此外，还应加强对侦查权行使的制约与监督规定，确保侦查权始终在法治轨道上运行。[1] 还要着重强化对律师权利的保障条款，明确律师在侦查阶段的权利范围与行使方式，为律师履行职责提供坚实的法律支撑。

建立健全内外部监督机制是保障侦查活动合法性的重要手段。在内部监督方面，充分发挥检察机关的法律监督职能，加强对侦查活动的全过程监督与专业指导；强化监察机关的纪律监督作用，对侦查活动中出现的违法违纪行为进行严肃查处，绝不姑息。在外部监督层面，积极引入社会监督与舆论监督，鼓励公众、媒体等社会各界广泛参与对侦查活动的监督与评议。[2] 通过内部监督与外部监督相结合，形成全方位、多层次的监督网络，让违法侦查行为无处遁形。

侦查人员的素质与能力直接决定着侦查活动的质量与效果。因此，必须加强对侦查人员的法治教育、职业道德教育和业务能力培训。具体而言：通过定期举办法律法规专题研讨、新型犯罪侦查实战演练及典型案例评析会等形式，系统化地提升侦查人员的法治素养、证据审查能力与专业化办案水平，为其依法、规范、高效履职奠定坚实基础；建立健全科学合理的考核机制与激励机制，对表现优异的侦查人员给予表彰与奖励，激发其工作积极性与责任感；对存在违法违纪行为的人员依法依

〔1〕　张富利：《数字法治政府的治理效能悖论与破解之道》，载《河北法学》2025 年第 6 期。

〔2〕　武东方、赵康博：《数字检察战略的实践反思、逻辑基础及实践设计》，载《中国检察官》2024 年第 17 期。

规严肃处理，追究其相应法律责任，以此推动侦查队伍整体素质的提升，促进侦查活动的法治化、规范化发展。

对违法侦查行为秉持"零容忍"态度，是维护司法公正的必然要求。应建立健全严格的责任追究机制与问责制度，明确各级侦查机关及其工作人员在侦查活动中的职责与义务，以及违法违规行为应承担的法律后果。[1]一旦发现违法侦查线索，必须立即展开调查核实，并依法依规进行严肃处理。对于造成严重后果或恶劣社会影响的行为，更要从严追究相关人员的刑事责任与行政责任，通过强有力的问责机制，形成对违法侦查行为的有效震慑，遏制此类行为的发生。

充分保障律师在侦查阶段的权利，是维护司法公正与人权保障的重要举措。应进一步细化《刑事诉讼法》及相关法律法规中关于律师权利的规定与保障措施，使其更具可操作性；加强对侦查机关执行律师权利保障情况的监督检查，对侵犯律师权利的行为及时纠正，并依法追究相关人员的法律责任；积极推广法律援助制度，为经济困难或其他符合条件的犯罪嫌疑人、被告人提供必要的法律援助，鼓励律师积极参与侦查阶段的辩护工作，确保当事人能够获得有效的法律支持与保障，促进司法公正的实现。

随着科技的飞速发展，科技手段在侦查活动中的应用愈发广泛且成效显著。应鼓励侦查机关积极引入大数据分析、人工智能等先进技术，辅助侦查工作的开展，提升侦查效率与准确性，减少人为因素导致的错误与偏差。[2]同时加强对侦查技术

---

〔1〕 刘子聪：《〈档案法〉法律责任条款的检视与完善》，载《档案学通讯》2025年第2期。

〔2〕 顾青、王洁、吕游：《数字检察：精准打造大数据法律监督模型》，载《检察风云》2024年第16期。

应用的监管与指导，制定严格的技术使用规范，确保技术在合法合规的框架内使用，避免因技术滥用侵犯公民合法权益。通过科技赋能，可以使侦查工作创新发展，为构建公正高效的司法体系提供有力的技术支撑，进一步促进侦查活动的法治化、规范化进程。

三、保障犯罪嫌疑人权益

在法治社会的价值体系与制度架构中，保障犯罪嫌疑人的合法权益是筑牢司法公正、践行人权保障的核心支柱。犯罪嫌疑人虽处于被法律指控的特殊地位，但作为宪法赋予权利的公民个体，其基本权利应始终得到法律的平等保护与尊重。这一保障机制不仅是对"法律面前人人平等"原则的生动诠释，更是构建公正、高效、权威司法体系的关键要素，深刻影响着法治社会的文明程度与运行质量。

（一）保障犯罪嫌疑人权益的重要性

法治作为现代社会运行的根本准则，其精髓在于对公权力的规范约束与对公民权利的全面守护。在刑事诉讼这一公权力与个体权利直接碰撞的领域，犯罪嫌疑人的权益保障状况，成为检验一个国家法治文明程度的重要试金石。[1]它体现了国家对每个个体权利的珍视，是"法律面前人人平等"原则从抽象理念到具体实践的转化。当犯罪嫌疑人在刑事诉讼中切实感受到权利不受侵犯，法律的公正性与权威性便得以彰显，公众对法律制度的信任与尊崇也将逐步深化，进而推动全社会法治意识的提升与法治环境的优化。

司法公正构成了法治社会的核心价值与生命线，而犯罪嫌

---

〔1〕 陈燕妮：《大数据背景下智慧检察建设在实践中的运用研究》，载《厦门科技》2024 年第 2 期。

疑人的权益保障则是这条生命线上不可或缺的关键节点。在刑事诉讼的每个环节——从侦查机关的调查取证,到检察机关的审查起诉,再到审判机关的定罪量刑,犯罪嫌疑人的权利都与之紧密交织。只有充分保障犯罪嫌疑人的知情权、辩护权、申诉权等法定权利,才能确保司法程序的公正,有效防范因权力滥用、程序失范导致的冤假错案。犯罪嫌疑人通过行使权利积极参与诉讼,能够为司法机关提供更全面的案件信息,促使裁判者更客观地认定事实、适用法律,最终作出公正合理的裁决。因此,保障犯罪嫌疑人的权益,既是司法公正的内在要求,也是维护司法权威、提升司法公信力的必然选择。

人权作为人类社会共同追求的崇高价值,其核心在于对个体尊严与自由的尊重。犯罪嫌疑人虽因涉嫌犯罪面临法律追究,但这并不意味着其基本人权可以被任意剥夺。无论是人身自由、财产权益,还是隐私权利,都应受到法律的严格保护。国家有责任通过完善的法律制度与执行机制,确保犯罪嫌疑人在接受法律制裁时依然享有作为公民应有的基本权利。这不仅是对人权原则的坚守,更是维护社会正义的必然要求,彰显着一个国家的文明进步程度与法治精神内核。

(二) 当前面临的挑战

在刑事诉讼的实际运行中,犯罪嫌疑人与司法机关之间存在显著的信息不对称。由于法律知识的欠缺与资源获取能力的局限,犯罪嫌疑人往往难以全面掌握案件进展、法律程序细节以及自身享有的权利。[1]这种信息鸿沟使犯罪嫌疑人在面对强大的司法机关时,处于被动、弱势的地位,即便权利遭受侵害,也可能因不知情而无法及时寻求救济。如何打破信息壁垒,确保

---

〔1〕 翁跃强:《大数据分析在法律监督中的应用》,载《国家检察官学院学报》2024 年第 1 期。

犯罪嫌疑人充分知晓并有效行使权利，成为亟待破解的现实难题。

在侦查阶段，出于维护社会安全、收集犯罪证据的需要，对犯罪嫌疑人的部分权利进行限制具有一定合理性，但这种限制必须严格限定在法律框架内，并遵循法定程序。然而在实践中，部分司法机关存在滥用职权的现象，超期羁押变相剥夺人身自由、未经法定审批实施秘密侦查侵犯隐私权、不当限制通信自由等行为时有发生。这些做法不仅直接损害了犯罪嫌疑人的合法权益，更破坏了司法公正的底线，背离了法治原则的基本要求。如何在保障侦查效率与维护犯罪嫌疑人权利之间找到平衡，成为刑事诉讼实践中的重要挑战。

受传统司法观念、办案考核压力等因素影响，部分司法人员存在"重打击犯罪、轻权利保护"，"重实体结果、轻程序正义"的倾向。这种思维偏差导致司法实践中出现诸多问题：侦查环节过度依赖强制措施，非法取证屡禁不止；审判环节忽视辩护意见，片面追求有罪判决等。这些行为不仅侵害了犯罪嫌疑人的合法权益，更削弱了司法公信力，损害了法治权威。扭转司法人员的观念偏差，提升其职业素养与法治意识，成为加强犯罪嫌疑人权益保障的关键任务。

（三）加强保障犯罪嫌疑人权益的具体措施

完善法律法规体系是保障犯罪嫌疑人权益的根本前提。具体而言：需进一步修订《刑事诉讼法》及相关司法解释，明确犯罪嫌疑人在侦查、起诉、审判各阶段的权利清单，细化权利行使的具体程序与救济途径；强化司法机关保障犯罪嫌疑人权益的法定职责，明确列举侵犯正当权利的法律后果与追责机制。通过构建严密的法律规范体系，为犯罪嫌疑人权益保障提供坚实的制度支撑，确保其权利在诉讼全过程中得到有效维护。

保障犯罪嫌疑人的知情权是权利保护的基础环节。司法机关在诉讼各阶段，均应主动、明确告知犯罪嫌疑人其享有的权利，包括辩护权、申请回避权、申诉控告权等。可通过发放权利告知书、提供法律咨询、设置法律宣传专栏等方式，帮助犯罪嫌疑人理解权利内涵与行使方式。此外，还应建立权利告知确认制度，确保犯罪嫌疑人真正知悉并理解自身权利，为其后续行使权利奠定认知基础。

构建全方位监督机制是防范权力滥用、保障权益的重要手段。在内部监督层面，应强化检察机关对侦查、审判活动的法律监督，严格审查强制措施适用、证据收集合法性；监察机关应加强对司法人员违法违纪行为的查处力度。在外部监督层面，应畅通投诉举报渠道，鼓励公民、社会组织参与监督；充分发挥媒体与网络舆论的监督作用，倒逼司法机关规范执法行为。通过内外监督协同发力，形成对司法权力的有效制约，杜绝侵犯犯罪嫌疑人正当权益的行为发生。

推进司法公开是保障犯罪嫌疑人权益的重要路径。应加大案件信息公开力度，及时公布案件进展、证据材料、裁判文书等内容，让诉讼过程在阳光下运行；建立常态化新闻发布机制，定期通报重大案件处理情况，回应社会关切；鼓励媒体依法监督司法活动，促进司法透明化。[1]司法公开不仅能消除信息不对称，增强公众对司法的信任，更能为犯罪嫌疑人权益保障营造良好的社会舆论环境，形成全社会共同维护法治尊严的合力。

第三节　审判监督权的功能

在现代法治社会精密且复杂的架构中，审判监督权作为维

---

〔1〕　李元杰：《数字检察战略实施中的概念意识》，载《人民检察》2023 年第24 期。

系法治秩序、保障司法公正的核心力量，其重要性不仅体现在对具体个案公正裁决的保障上，更深刻影响着司法体系的整体效能与公信力。审判监督权如同司法公正的守护者，通过对审判活动的全面审视与监督，确保法律的正确适用，维护法律的权威性与统一性。它不仅为当事人提供了权利救济的途径，更激励着司法人员严格依法履职，推动司法体系不断完善。持续强化审判监督权的有效行使，完善监督机制，提升监督效能，是实现司法公正、促进社会和谐稳定、推动法治进程的关键所在。

一、对审判活动的法律监督

在法治社会的建设进程中，审判活动作为解决社会矛盾、维护社会秩序的关键环节，其公正性与合法性直接关系到社会的稳定与人民的福祉。对审判活动进行严密且有效的法律监督，是司法体系自我净化、自我完善的内在需求，也是保障公民权利、维护社会公平正义的重要举措。通过建立健全法律监督机制，能从源头上预防司法不公，确保法律面前人人平等，使每一个案件的审判都能经得起法律和历史的检验，进而筑牢法治信仰的基石，为社会的和谐发展提供坚实的司法保障。

（一）法律监督的主体与方式

立法机关作为法治体系的源头，肩负着制定和完善法律的重要职责，对司法机关的审判活动进行监督是其重要职能之一。[1]立法机关通过对司法机关工作报告的审议，深入了解司法机关在审判过程中对法律的适用情况，评估其是否严格遵循宪法和法律的规定。对司法解释进行全面审查，确保司法解释与法律的精神和规定保持一致，防止司法解释出现偏离法律原意的情

----

〔1〕　陈学敏：《数字检察的法律定位、运行逻辑及风险规制》，载《兰州学刊》2024年第2期。

况，从而维护法律的统一性和权威性。立法机关的监督，如同法治大厦的基石，为审判活动提供了法律指引和制度保障。

检察机关作为国家专门的法律监督机关，在审判活动中发挥着不可替代的监督作用。检察机关通过抗诉，对认为确有错误的判决、裁定提出重新审理，纠正审判活动中的错误，维护法律的公正实施。[1]检察机关运用纠正违法通知书等手段，对审判活动中存在的违法行为进行及时纠正，确保审判活动严格依法进行。检察机关的监督，犹如法治的守护者，保障了审判活动的合法性和公正性，维护了法律的尊严和权威。

法院内部的审判监督程序是确保审判公正的重要防线。这一程序允许当事人及其法定代理人、近亲属对已经发生法律效力的判决、裁定提出申诉，从而启动再审程序对案件进行重新审理。通过这一程序，当事人的合法权益得到了有效的救济，审判活动中的错误得以纠正。法院内部通过审判委员会、合议庭等组织形式，对审判活动进行全面监督，确保审判活动严格依法进行，保障审判结果的公正性和权威性。

社会监督作为法律监督体系的重要补充，包括舆论监督、公众监督等多种形式。舆论监督借助媒体的力量，对审判活动进行公开报道和监督，增强了审判活动的透明度，促使司法机关更加公正地行使职权。公众监督则鼓励公众积极参与司法活动，对审判活动进行监督，形成了全社会共同维护司法公正的良好氛围。社会监督的存在，使审判活动置于公众的监督之下，有效促进了司法公正的实现。

（二）法律监督面临的挑战及对策

在法律监督的实践过程中，监督力度不足成为制约监督效

---

〔1〕 李小猛：《大数据赋能侦查监督的进路与反思》，载《华东政法大学学报》2023 年第 5 期。

果的关键因素。当前,法律监督体系在设计和执行上存在一定的缺陷,导致监督主体的权威性有待提高,监督手段的有效性有限,监督程序烦琐复杂。[1]这些问题使一些审判活动中的违法行为和不当行为难以得到及时纠正,严重损害了司法的公正性和权威性。要解决这一问题,必须进一步完善法律监督体系,明确监督主体的职责和权限,赋予其独立、公正履行监督职责的权力,同时丰富和优化监督手段,提高监督的针对性和实效性,简化监督程序,提升监督效率。

监督效果不显著也是法律监督面临的重要挑战。在实际操作中,一些监督活动未能对审判活动产生实质性的影响,监督意见和建议往往得不到司法机关的重视和采纳,导致法律监督的作用无法充分发挥。为了改善这一状况,需要全面提高监督效率,加强司法公开;通过优化监督程序,提高监督主体的专业素养,确保监督活动的高效、准确进行;加大司法公开力度,让公众更深入地了解审判活动和法律监督的过程与结果,增强社会监督的力量,促使司法机关更加谨慎地行使职权,提高审判活动的公正性和透明度。

法律监督体系的不完善严重制约其监督职能的有效发挥。当前,监督主体的职责和权限不够明确,监督手段之间缺乏协调配合,监督程序存在不规范的问题。为了完善法律监督体系,必须明确各监督主体的职责和权限,建立健全监督手段协调机制,形成监督合力,确保监督活动依法、有序进行。[2]还可以借鉴其他国家在法律监督方面的先进经验和做法,引入信息化

---

〔1〕　胡铭、陈竟:《大数据法律监督建模的定位、流程与方法》,载《北方法学》2024 年第 1 期。

〔2〕　刘庆杰等:《大数据技术赋能法律监督》,载《中国科学院院刊》2022 年第 12 期。

手段，建立智能化的监督平台，提高监督的效率和准确性，推动法律监督体系的现代化建设。

对审判活动的法律监督是实现司法公正、维护社会正义的重要保障。通过加强法律监督，能及时发现并纠正审判活动中的错误和不当行为，切实保障当事人的合法权益，提升司法的公信力。面对法律监督面临的挑战，我们必须积极采取措施，不断完善法律监督体系，创新监督方式，提高监督效率，为实现司法公正、促进社会和谐稳定提供有力的支持。

二、抗诉权的行使与效果

在我国司法体系的精密架构中，抗诉权作为法律监督体系的核心组成部分，是维护司法公正、纠正错误裁判的关键。这项由宪法与法律赋予的权力，承载着人民检察院作为国家法律监督机关的重要使命，不仅是检察监督职能的具象化体现，更是保障公民合法权益、推进法治建设进程的重要桥梁。深入探究抗诉权的行使方式及其产生的司法效能，对于完善司法监督体系、实现公平正义具有重要意义。

（一）抗诉权的行使

1. 主体与职责

抗诉权是我国司法权力配置中的法治守护力量。

在我国独具特色且严谨完备的司法权力配置体系之中，抗诉权的法定行使主体被明确规定为人民检察院，这一科学且合理的制度安排绝非偶然，而是有着深厚的宪法基础与法治内涵。我国宪法作为国家的根本大法，明确规定了检察机关的法律监督职能，抗诉权正是这一职能在司法实践中的具体体现和重要延伸。它彰显了人民检察院作为国家法治"守护者"的核心使命，即维护法治统一，守护司法公正，确保国家的法律体系在统一的框架内运行，使每一个司法裁判都能成为公平正义的生动诠释。

人民检察院作为国家法律监督机关，依托抗诉权这一有力武器，构建起了一套对人民法院审判活动全方位、多层次、立体化的监督网络。[1] 这一监督网络犹如一张严密的大网，覆盖了审判活动的各个环节和各个方面，从案件的受理、审理到裁判的作出，都处于检察机关的监督视野之下。通过这种全面而深入的监督，检察机关能够及时发现审判活动中存在的问题和不足，确保司法裁判始终在法治的轨道上运行，不偏离公平正义的方向。它不仅是对审判权的一种制约和监督，更是对整个司法体系公正性和权威性的有力保障，让人民群众在每一个司法案件中感受到公平正义。

在司法实践的具体场域中，人民检察院承担着对已生效判决、裁定进行全面审查的重要职责。这一审查过程犹如一场细致入微的"司法体检"，检察机关以专业的法律素养和严谨的工作态度，对每一个案件的事实认定、法律适用和程序合法性进行深入剖析，精准识别其中可能存在的错误与瑕疵。[2] 事实认定是司法裁判的基础，一旦出现偏差，就可能导致整个案件的裁判结果失去公正性。法律适用则是司法裁判的关键，错误的法律适用不仅会损害当事人的合法权益，也会破坏法律的权威性和统一性。而程序的严重违法更是对司法公正的公然践踏，会严重损害司法机关的公信力。

当检察机关在审查过程中发现案件存在事实认定偏差、法

---

[1] 胡铭：《论数字时代的积极主义法律监督观》，载《中国法学》2023 年第 1 期。

[2] 蒋银华：《论数字法治政府建设的安全之维》，载《法律科学（西北政法大学学报）》2024 年第 4 期。

律适用错误或程序严重违法等情形时，将依法启动抗诉程序。这一程序的启动，并非轻率之举，而是基于对法律尊严和司法公正的高度负责。检察机关会严格按照法律规定的程序和标准，收集和整理相关证据，撰写详细的抗诉书，向上一级人民法院提交抗诉请求。这一过程不仅是对个案公正的执着追求，更是通过纠错机制维护法律尊严与权威的具体实践。它向社会传递了一个明确的信号：法律面前人人平等，任何错误的裁判都将被纠正，任何违法行为都将受到制裁。

在抗诉过程中，检察机关始终坚守法律监督者的独立立场，不偏不倚地履行自己的职责。它们以法律为准绳，以事实为依据，不受任何外部因素的干扰和影响。同时，检察机关也注重与审判机关保持良性互动，认识到审判机关和检察机关虽然职责不同，但目标一致，都是为了维护社会的公平正义。通过充分阐述抗诉理由、提供法律依据，检察机关与法院进行深入的沟通和交流，共同探寻司法裁判的最优解。这种良性互动不仅有助于解决个案中的争议和问题，也有助于推动司法实践在规范中不断前行。[1]它促进了审判机关和检察机关之间的相互理解、相互尊重和相互支持，形成了维护司法公正的强大合力。

抗诉权的有效行使，深刻体现了我国司法制度的优越性。从保障当事人合法权益的角度来看，它为遭受错误裁判的个体提供了有效的救济渠道。在司法实践中，因各种原因，可能会出现一些错误的裁判，这些裁判可能会给当事人带来巨大的损失和痛苦。[2]抗诉权的存在，使得当事人有机会通过检察机关

---

〔1〕 鲁建武：《大数据战略背景下检察监督能力提升路径探索》，载《科技与法律（中英文）》2023年第1期。

〔2〕 夏炎、周吉：《培养数字思维深化数字检察建设》，载《人民检察》2024年第S2期。

的抗诉程序，纠正错误的裁判，维护自己的合法权益。这不仅体现了司法对个体权利的尊重和保护，也增强了人民群众对司法制度的信任和信心。

从监督审判权运行的角度来看，抗诉权促进了司法机关的自我革新。审判权作为司法权的重要组成部分，其行使的公正性和合法性直接关系到司法公信力和法治权威。抗诉权的监督作用，使得审判机关在行使审判权时更加谨慎、规范，不敢轻易违反法律规定。[1]同时，通过抗诉程序的反馈机制，审判机关可以及时发现自身存在的问题和不足，采取有效措施加以改进，不断提高审判质量和效率，实现法律适用的统一。

在全面推进依法治国的时代背景下，持续强化抗诉权的制度功能，完善监督机制，是构建公正、高效、权威司法体系的必然要求。应当进一步加强检察机关的队伍建设，提高检察人员的专业素质和业务能力，使他们能够更好地履行法律监督职责。同时，要不断完善抗诉程序和相关法律法规，明确抗诉的标准和范围，规范抗诉的流程和方式，确保抗诉权的行使更加科学、合理、有效。此外，还要加强审判机关和检察机关之间的协作配合，建立健全信息共享、沟通协调等工作机制，形成维护司法公正的强大合力。只有这样，才能充分发挥抗诉权在司法权力配置体系中的重要作用，推动我国司法制度不断完善和发展，为实现全面依法治国的目标提供司法保障。

2. 行使条件

抗诉权的运行遵循严格的法定条件与程序规范，这一设计既保障了权力行使的严肃性，又确保其不会被滥用，体现了司法制度的严谨性与公正性。人民检察院行使抗诉权的首要前提，

---

〔1〕 党惠娟、杨芳：《检察公益诉讼调查核实的数字化实现》，载《云南社会科学》2024 年第 6 期。

是确认人民法院作出的判决、裁定存在"确有错误"的情形。这种错误涵盖多元维度：在事实认定层面，可能表现为关键事实不清、证据链断裂或存在矛盾；在法律适用领域，涉及错误援引法律条文、曲解法律精神；在程序正义方面，包括违反回避制度、剥夺当事人诉讼权利等严重违法情形。只有当这些错误足以动摇裁判的公正性时，检察机关才可启动抗诉程序。

此外，抗诉对象的范围具有明确限定——必须是已经发生法律效力的判决、裁定。这一条件避免了在裁判效力未定阶段的重复审查，既尊重了当事人的上诉权与正常救济程序，又维护了司法裁判的稳定性与权威性。对于尚处于上诉期或正在申诉审查中的案件，检察机关将保持必要的司法谦抑，确保抗诉权在恰当的时间节点介入，实现纠错功能与司法效率的平衡。[1]通过严格的条件把控，抗诉权既成为纠正错误裁判的有力武器，又成为维护司法秩序稳定的重要保障。

3. 行使程序

抗诉权的行使是一项严谨且规范的司法活动，每个环节都蕴含着对司法公正的追求。当人民检察院在案件审查中发现判决、裁定存在错误时，会启动内部多层级的研讨与论证程序。检察官团队需对案件事实、证据材料、法律适用进行全面复盘，结合类案裁判规则与法律原则，审慎评估抗诉的必要性与可行性，确保每一次抗诉都建立在坚实的事实与法律基础之上。

一旦作出抗诉决定，检察机关将制作规范的抗诉书，以严谨的法律语言列明原审裁判的错误之处，并逐条阐述抗诉依据。这份文书不仅是启动再审程序的法定文书，更是检察机关向审判机关传递监督意见的重要载体。在后续的再审庭审中，检察

---

〔1〕 韦仁忠、杨敏：《双向并进：数字法治政府建设下公共数据安全开放的逻辑与路径》，载《西南民族大学学报（人文社会科学版）》2025 年第 1 期。

人员将以国家公诉人的身份出席法庭，通过系统展示证据、严密论证法律适用、有力回应辩方观点，全方位支持抗诉主张。庭审辩论环节中，检察人员需凭借扎实的法律功底与出色的论辩能力，将抗诉理由转化为说服法庭的有效论据，推动案件得到公正的重新审理。

整个抗诉程序的运行，既是对司法错误的纠正，也是法治精神的实践。它要求检察人员始终秉持客观公正的立场，在维护当事人合法权益、促进法律正确实施、提升司法公信力等多重目标间实现动态平衡，彰显法律监督工作的专业性与权威性。

（二）抗诉权的效果

1. 纠正错误判决

抗诉权最直观且核心的价值，在于构建起司法体系内精准的纠错防线。当人民检察院通过严谨的案件审查，发现人民法院的判决、裁定存在事实认定偏差、法律适用错误或程序严重违法等情形时，抗诉程序的启动便如同激活了司法系统的"修复机制"。在再审过程中，原审裁判的错误得以被全面检视与修正，案件回归公正轨道，这不仅确保了法律条文的准确实施，更维护了司法裁判的权威性与严肃性。

对于受到错误裁判的当事人而言，抗诉权是捍卫合法权益的最后屏障。它赋予公民在司法救济渠道中"二次发声"的机会，让个体诉求得以被重新审视，受损权益获得补救。这种纠错机制的有效运行，向社会传递出"错案必纠"的强烈信号，极大增强了公众对司法体系的信任，使人民群众真切感受到"正义可能迟到，但绝不会缺席"。从宏观层面看，每一次成功的抗诉纠偏，都是对司法公正的生动诠释，持续巩固着法治社会的公信力基础。

2. 强化法律监督

抗诉权的行使本质上是检察机关履行法律监督职能的生动体现，它以制度化的方式构建起审判权与检察权之间的制衡关系，确保司法权力在法治轨道内规范运行。这种监督并非仅局限于裁判结果的事后审查，更贯穿于审判活动的全过程，从证据采信的合法性到程序推进的规范性，从法律解释的准确性到自由裁量权的适当性，均被纳入监督视野。通过抗诉，检察机关促使人民法院在审判中严守法定程序，杜绝"重实体、轻程序"的错误倾向，确保每个诉讼环节都符合程序正义要求。抗诉权的存在也倒逼法院准确适用法律，统一裁判尺度，避免同案不同判现象。当公众看到司法体系内部形成有效的自我纠错与监督闭环，错误裁判能够及时被发现和纠正时，对司法的信任感便会不断累积。这种信任不仅是司法权威的基石，更是法治社会建设的核心支撑，推动着整个司法体系在监督与被监督的良性互动中持续完善。

3. 促进司法公正

抗诉权如同司法公正的"守护者"，全方位保障着诉讼参与人的平等权利。无论当事人身份地位、财富如何，只要对裁判结果存有合理质疑，均可通过抗诉程序寻求救济。这种制度设计打破了司法救济的壁垒，让公平正义的阳光普照到每个角落。在司法实践中，受证据收集难度、法律理解差异等因素影响，个别案件可能出现误判，而抗诉机制恰如"矫正器"，为案件提供被重新审视的契机，通过补充证据、厘清法律适用争议，推动案件得出公正结论。[1]对于司法机关而言，抗诉权的存在形成了强大的内生动力。意识到裁判可能面临上级法院的审查，

---

〔1〕 马长山：《面向"三维世界"的数字法学》，载《中国社会科学》2024 年第 11 期。

审判人员会以更严谨的态度对待每一起案件，从证据审查到法律适用，从程序推进到文书撰写，均精益求精，这不仅提升了个案质量，更有效减少了司法资源的消耗。抗诉案件中暴露的法律适用难点、程序漏洞等问题，也为立法完善和司法政策调整提供了鲜活的样本，推动司法制度在实践中不断进化。典型抗诉案例经媒体报道与公众讨论，还会形成外部监督合力，促使司法机关持续优化工作机制，全方位促进司法公正。

4. 增强公民法治意识

抗诉程序的公开透明特质，成为公众了解司法运行的重要窗口。通过官方裁判文书公开、媒体深度报道、法院庭审直播等渠道，社会大众得以直接观察司法机关如何依据事实与法律作出判断，揭开司法审判的"神秘面纱"。这种公开不仅消解了公众对司法的误解，更以生动的案例普及法律知识，使抽象的法律条文具象化为可感知、可理解的实践样本，帮助公民掌握法律逻辑与司法程序，提升法律认知水平。[1] 公正的抗诉结果则是法治信仰的"催化剂"。当民众看到法律能够平等保护每个人的权益，错误裁判得以纠正时，法律的权威性便会在其心中扎根。这种信任能够转化为公民自觉守法、遇事找法的行动自觉，形成"守法光荣、违法可耻"的社会氛围。抗诉权还激发了公民的社会责任感，越来越多的人认识到，维护司法公正不仅是司法机关的职责，更是每个公民的义务。从个体维权到主动监督，从参与普法活动到推动法治进步，公民在实践中逐渐成长为法治建设的参与者与推动者，为构建法治社会注入源源不断的活力。

---

〔1〕 黎江虹、周坤琳：《数字秩序：从自发到规范的法治型塑》，载《理论与改革》2024 年第 5 期。

（三）司法效率

司法效率是司法体系高效运转的重要指标，它以司法公正为根本前提，追求在最短时间内、以最低成本实现最优司法效果，实现司法资源的科学配置与高效利用。"迟到的正义非正义"，这句法律谚语深刻揭示了司法效率对于司法公正的重要意义——若正义无法及时实现，其价值将大打折扣，司法公信力也会随之受损。因此，提升司法效率不仅是优化司法服务的需要，更是维护司法权威、保障人民群众合法权益的必然要求。

优化司法资源配置是提升司法效率的关键举措。司法机关应依据案件性质、复杂程度等要素，实施精细化的案件分流策略。针对专业性强的知识产权纠纷、环境资源保护等案件，可设立专门法庭，配备专业审判团队，实现案件的专业化审理；对于事实清楚、争议较小的简单案件，则可通过速裁法庭、小额诉讼程序等快速处理通道，简化诉讼流程，缩短审理周期。这种"繁案精审、简案快审"的模式，使司法资源能够精准匹配案件需求，有效避免资源浪费，大幅提升整体审判效率。

信息化建设为司法效率的飞跃提供了强大的技术支撑。司法机关积极拥抱数字化变革，全力推进智慧法院建设。借助电子诉讼平台，当事人可在线完成立案、提交证据、参与庭审等诉讼活动，打破时间与空间限制，显著减轻诉累；在线调解、远程庭审等创新模式，让纠纷解决更加便捷高效；大数据、人工智能等技术的应用，实现了智能分案、类案推送、裁判辅助等，帮助法官快速把握案件要点、准确适用法律，进一步提升审判质效。

司法队伍建设是提升司法效率的核心保障。定期开展业务培训、专题研讨、案例评析等活动，能够不断提升司法人员的法律专业素养和实践能力，使其熟练应对各类复杂案件；加强司法作风建设，弘扬公正司法、司法为民的职业精神，树立严谨、高效、廉洁的司法形象。当司法人员兼具精湛的专业能力和优良的工作作风，司法效率的提升便有了坚实的人力基础，司法服务也将更贴合人民群众的需求与期待。

（四）促进司法公正与效率的平衡发展

司法公正与效率如同车之两轮、鸟之双翼，共同推动着司法体系稳健前行。在确保司法公正这一核心价值不动摇的前提下，通过科学管理与技术创新，缩短诉讼周期、降低诉讼成本、提升资源利用率，是现代司法制度追求的理想状态。"迟到的正义非正义"，这句法谚深刻警示我们：若司法效率低下，即便最终实现了公正裁判，也会因时间的消耗削弱其应有的价值，动摇公众对司法的信任。

在优化司法资源配置方面，司法机关需秉持精准化、差异化的原则，根据案件的性质、复杂程度、社会影响等要素，构建多层次、立体化的案件分流机制。针对知识产权、金融证券等专业性强的案件，设立专业化法庭，组建专家型审判团队，确保案件得到精准、高效的审理；对于事实清晰、争议较小的简易案件，则通过速裁程序、小额诉讼等快速通道，简化流程、压缩时限。这种分类施策的方式，使司法资源能够精准匹配案件需求，既可保证复杂案件的审理质量，又可提升整体司法效能。

信息化建设是推动司法公正与效率平衡发展的关键引擎。司法机关积极融入数字化浪潮，以智慧法院建设为抓手，构建全流程在线的诉讼服务体系。[1]电子诉讼平台打破了时空壁垒，当事人足不出户即可完成立案、举证、质证等诉讼活动；远程庭审、在线调解等创新模式，让纠纷解决更加便捷高效；大数

---

〔1〕 王海军：《法律监督数字化变革的困境与突破》，载《东方法学》2025年第1期。

据分析、人工智能辅助等技术的应用，实现了智能分案、类案推送、裁判文书自动生成等，既减轻了司法人员的工作负担，又提升了裁判的准确性与效率。

司法队伍建设是实现司法公正与效率统一的核心保障。系统化的职业培训，能够帮助司法人员及时更新法律知识、提升专业技能，使其能够从容应对日益复杂的案件类型；加强职业道德教育，培育司法为民、公正司法的职业精神，能够引导司法人员树立正确的司法理念。此外，完善绩效考核机制，将公正与效率指标有机融合，能够激励司法人员在保证案件质量的前提下提升办案效率。当司法队伍兼具专业素养与职业操守时，司法公正与效率的平衡发展便有了坚实的人力支撑，司法体系也能更好地满足人民群众对公平正义的新期待。

三、强化司法监督

在法治社会的构建进程中，建立健全司法监督机制是筑牢司法公正防线的核心工程。这一机制通过整合人民代表大会监督、检察监督、社会监督等多元力量，构建起覆盖司法活动全流程、各环节的立体化监督网络，如同精密的过滤网，及时筛除司法运行中的不公正因素，保障司法权始终在法治轨道上规范运行。

人民代表大会作为国家权力机关，肩负着监督"一府一委两院"工作的重要职责，在司法监督体系中占据关键地位。通过定期听取和审议司法机关工作报告、开展专项执法检查、组织代表视察调研等方式，人民代表大会能够全面掌握司法工作动态，对司法机关是否严格依法行使职权进行监督。[1]对于重

---

〔1〕 林竹静：《数字检察建设的实践检视与完善思路》，载《检察风云》2024年第14期。

大疑难案件、社会关注度高的案件，人民代表大会可通过个案监督等途径，确保司法裁判符合法律规定与社会公平正义的要求。这种监督不仅是对司法权行使的约束，更是推动司法机关改进工作、提升质效的重要动力，能够保障司法工作始终与人民群众对公平正义的期待同频共振。

检察机关作为宪法定位的法律监督机关，在维护司法公正方面发挥着不可替代的专业作用。在刑事诉讼领域，检察机关通过提前介入侦查、审查逮捕、审查起诉等，对侦查活动的合法性进行全程监督，及时纠正非法取证、超期羁押等违法行为；在审判阶段，检察机关通过抗诉、发出检察建议等方式，对确有错误的判决、裁定以及违法的审判程序提出监督意见，确保法律的正确统一实施。检察监督如同司法公正的"守护者"，以专业的法律素养和法定的监督手段，精准识别并纠正司法过程中的偏差，为司法权的规范运行提供有力保障。

社会监督作为司法监督体系中最具广泛性和灵活性的力量，借助媒体、网络、社会组织和公众等多元主体，形成对司法活动的开放式监督格局。媒体通过对司法案件的客观报道和深度剖析，将司法活动置于聚光灯下，及时揭露司法不公现象，发挥舆论监督的震慑作用；网络平台打破信息壁垒，为公众提供便捷的监督渠道，使社会公众能够实时关注司法动态、表达监督意见；社会组织和普通公民则以亲身体验和社会观察为基础，对司法工作提出意见和建议。这种全方位、多层次的社会监督，不仅提高了司法活动的透明度，更促使司法机关时刻保持警醒，以更加严谨的态度履行职责，确保每一个司法案件都经得起法律和社会的检验。

第五章

检察权在民事、行政监督中的功能分析

在全面剖析了检察权于刑事诉讼领域的职能后，将研究视野延展至民事和行政监督领域，既是深化法律监督理论研究的必然要求，也是理解检察机关宪法定位的关键。这一拓展不仅呈现了检察机关作为国家法律监督机关的立体化职能体系，更深刻诠释了其在维护法治统一、守护社会公平正义进程中无可替代的价值。

作为宪法确立的法律监督机关，检察机关在民事和行政监督领域构建起了多层次、广覆盖的监督网络。在民事诉讼监督层面，既包含对生效民事判决、裁定及调解书的事后监督，也涵盖对审判程序违法、执行活动不当等环节的全流程监督；在行政诉讼监督中，从行政行为合法性审查到行政公益诉讼的提起，从督促行政机关依法履职到纠正违法行政决定，形成了贯穿行政诉讼全过程的监督链条。这种全方位监督机制，确保了民事、行政领域的法律实施不偏离正轨，切实守护公民、法人和其他组织的合法权益。

在民事领域，检察机关通过行使公益诉讼起诉权和支持起诉权，成为公共利益的坚实守护者。针对环境污染、食品药品安全、英雄烈士权益保护等损害社会公共利益的行为，检察机关主动提起民事公益诉讼，以法律之力填补个体维权的空白，

彰显司法对公共价值的捍卫；对弱势群体因诉讼能力不足难以维权的案件，检察机关通过支持起诉的方式，为其提供法律支撑，助力实现实质正义。在行政领域，检察机关紧盯行政权力运行的关键环节，对行政机关违法作为、怠于履职等行为及时发出检察建议，督促其依法履行职责；对严重损害国家利益、社会公共利益的行政违法行为，通过提起行政公益诉讼，将行政权力关进法治的笼子，确保行政权力始终在法律框架内运行。

　　检察机关在民事和行政监督领域的实践探索，不仅是个案正义的实现过程，更是推动法治体系完善的制度创新过程。检察机关通过监督发现实践中的法律适用难点、程序规则漏洞，以检察建议、调研报告等形式推动立法完善与政策调整；通过典型案例的示范效应，引导社会公众形成依法维权、尊法守法的行为自觉。这种从个案监督到制度建设、从权益救济到法治引领的进阶过程，充分展现了检察机关在法治建设中的战略价值。它不仅维护了法律的尊严与权威，更通过持续的监督实践与制度创新，推动全社会法治信仰的培育和法治环境的优化，成为法治中国建设进程中不可或缺的核心力量。

第一节　民事检察监督的功能

　　在民事领域，检察权的监督作用贯穿于司法活动的各个环节，以多层次、立体化的监督体系确保民事法律的稳定运行。民事生效裁判监督作为检察监督的重要基石，赋予检察机关对人民法院已生效民事判决、裁定进行深度审查的权力。通过严谨细致的复查工作，检察机关精准识别并纠正裁判文书中可能存在的事实认定错误、法律适用偏差及程序违法问题。这一职能的有效行使，不仅维护了个案当事人的合法权益，更通过纠错机制强化了司法裁判的权威性与公信力，向社会传递出"有错必纠"的法治信号，为民众构建起稳定的法律预期。

民事执行监督是保障司法裁判"落地生根"的关键环节。生效裁判若无法得到有效执行，司法公正便沦为"纸上正义"。检察机关通过对民事执行活动的全程监督，紧盯执行程序中的违法查封、拖延执行、违规处置财产等问题，以检察建议、纠正违法通知书等手段，督促执行机关规范履职。这种监督不仅推动了执行程序的透明化、规范化，更通过保障债权实现，助力构建诚实守信的社会信用体系，为市场经济健康发展营造良好的法治环境。

民事公益诉讼的创新实践，标志着检察机关从传统的被动监督向主动履职转变。面对环境污染、消费者权益受损、英雄烈士名誉被侵害等损害公共利益的行为，检察机关突破传统诉讼格局的限制，以国家公益代表的身份提起诉讼，将抽象的公共利益转化为具体的司法诉求。[1]这一制度创新不仅填补了公共利益保护的诉讼空白，更彰显了检察机关作为"公共利益守护者"的宪法定位，为维护社会公共秩序、促进社会文明进步注入强大的司法动力。

一、民事生效裁判监督

民事生效裁判监督作为检察机关履行法律监督职能的核心载体，在维护司法公正、促进法治统一的进程中发挥着不可替代的作用。这一监督机制通过对民事裁判的事后审查，构建起司法权运行的"监督闭环"，确保每一份生效裁判都经得起法律与事实的检验。检察机关通过调阅案卷、询问当事人、专家论证

---

〔1〕 卞建林：《论数字检察改革》，载《华东政法大学学报》2023 年第 5 期。

等方式，对裁判文书进行全面"体检"，从证据采信到法律推理，从程序合规性到实体公正性，不放过任何可能存在的瑕疵。[1]这种监督不仅是对个案正义的捍卫，更是通过纠正错误裁判，倒逼审判机关提升办案质量，推动司法裁判尺度的统一，增强司法裁判的终局性与权威性。

（一）民事生效裁判监督的实践

近年来，检察机关在民事生效裁判监督领域积极探索、勇于实践，成功纠正了一批存在重大错误的民事裁判，为维护当事人合法权益、促进司法公正作出了重要贡献。

然而，实践中暴露出的诸多问题也不容忽视。当前监督范围存在明显的局限性，监督资源过度集中于少数类型案件，如合同纠纷、侵权责任纠纷等传统领域，而对新型民商事案件、涉弱势群体权益保护案件的监督力度相对薄弱，导致部分领域成为监督盲区。

监督手段的匮乏也制约着监督效能的发挥。检察机关在调查核实案件线索时，缺乏必要的调查取证权，难以获取关键证据；面对拒不配合监督的相关单位和个人，更无直接的强制手段，使得监督工作时常陷入被动。[2]这些困境直接影响了监督效果，导致大量存在错误的生效裁判未能及时得到纠正，当事人的合法权益无法得到有效救济，司法公信力也因此受到损害。

（二）民事生效裁判监督存在的问题

监督范围的局限性成为制约民事生效裁判监督效能的首要障碍。当前，检察机关对民事生效裁判的监督多集中于事实争

---

〔1〕　易卫中、王德宇、龚盼：《检察机关职务犯罪侦查模式转型路径》，载《人民检察》2021 年第 13 期。

〔2〕　张媛媛：《将检察履职融入转型"金钥匙"》，载《检察风云》2023 年第 12 期。

议较大、社会关注度高的案件，而对涉及小额诉讼、特别程序、非诉执行审查等案件的监督力度不足。这种选择性监督不仅违背了法律监督的全面性原则，也使得部分当事人的合法权益因监督缺位而无法得到保障，损害了司法救济的公平性。

监督手段的滞后性则严重削弱了监督的权威性和实效性。在调查取证环节，检察机关缺乏强制调取证据、询问证人等权力，面对复杂案件时往往因证据不足而难以启动监督程序；在监督意见落实环节，由于缺乏刚性的执行保障措施，检察建议、纠正违法通知书等监督文书的执行力不足，部分被监督单位存在敷衍整改、拖延落实的现象。[1]

在监督范围狭窄与监督手段不足的双重制约下，民事生效裁判监督的实际效果与社会期待仍存在较大差距。大量存在错误的裁判未能进入监督视野或监督后未得到有效纠正，导致当事人反复申诉，不仅增加了当事人的维权成本，也消耗了大量司法资源，更损害了司法裁判的既判力和权威性，对法治秩序的稳定造成负面影响。

（三）完善民事生效裁判监督的建议

要充分释放民事生效裁判监督的制度效能，需从监督机制的系统性重构入手。应逐步拓宽监督范围，建立"重点监督+全面覆盖"的动态监督体系。除传统民商事案件外，将小额诉讼程序、公益诉讼执行、虚假诉讼等也纳入监督范畴，对涉及妇女、儿童、老年人等弱势群体权益的案件实行优先监督，确保监督无死角。

应赋予检察机关必要的监督手段，增强监督刚性。明确检察机关在调查核实过程中的调查取证权，允许其调取涉案证据、

---

〔1〕 武艳、张清：《数字检察"去责任化"危机的省思》，载《社会科学》2024年第5期。

询问相关人员；建立监督意见跟踪落实机制，对拒不整改的单位和个人，赋予检察机关建议追责权，提升监督文书的执行力；[1]深化检法协作，建立常态化的信息共享机制，实现案件数据实时互通、监督线索及时移送，形成司法监督合力。

此外，还应加强监督队伍专业化建设，通过定期开展业务培训、案例研讨、专家指导等方式，提升监督人员的法律素养和办案能力；完善绩效考核机制，将监督质效纳入考核指标，激发监督人员的积极性和责任感。通过以上举措，推动民事生效裁判监督从"有形覆盖"向"有效覆盖"转变，为维护司法公正、促进社会和谐稳定提供坚实的法治保障。

二、民事执行监督

（一）民事执行监督的必要性

民事执行监督是确保司法公正落地生根的关键防线。生效法律文书显示了司法裁判的终局性与权威性，但倘若执行环节缺乏有效监督，法律文书便可能沦为一纸空文。执行过程中，执行行为的强制性和直接性特点，决定了任何违法或不当操作，都将直接冲击当事人的合法权益。[2]从违规查封扣押财产，到拖延执行、选择性执行，这些乱象不仅损害当事人利益，更可能激化矛盾，引发社会不稳定。民事执行监督如同"法治显微镜"，对执行活动进行全流程审视，及时发现并纠正执行偏差，让司法公正不仅体现在裁判文书中，更切实转化为当事人的现实权益，维护司法体系的公平正义。

---

〔1〕　冯笑杰、钱周伟：《论检察监督的困境与转型》，载《广西政法管理干部学院学报》2023 年第 6 期。

〔2〕　张建：《论法治建设空间转向的理论逻辑及实践优化》，载《甘肃政法大学学报》2024 年第 5 期。

民事执行监督是破解"执行难""执行乱"困局的关键。执行效率低下一直是困扰司法实践的顽疾，被执行人隐匿财产、规避执行，执行程序烦琐冗长等问题，导致胜诉当事人的权益迟迟无法兑现。民事执行监督通过构建常态化监督机制，对执行流程进行优化指导，督促执行机关积极履职，推动建立高效的财产查控、处置机制，有效缩短执行周期。[1]这种监督不仅提高了执行效率，更向社会传递出"法律权威不容挑战"的强烈信号，增强公众对司法的信任，引导全社会形成尊重法律、遵守法律的良好氛围，为法治社会建设注入强大动力。

1. 保障司法公正

在民事执行领域，司法公正的实现面临着独特挑战。执行权的行使直接作用于当事人的财产、人身等权益，一旦被滥用，后果将难以挽回。实践中，个别执行人员因程序意识淡薄、权力观错位，出现违规评估拍卖财产、随意追加被执行人等行为，不仅严重侵犯了当事人的合法权益，更动摇了司法公正的根基。加强民事执行监督，正是要为执行权加上"紧箍咒"，通过检察监督、人民代表大会监督、社会监督等多元力量，构建全方位、立体化的监督网络。

检察机关作为法律监督机关，通过调阅执行案卷、现场监督执行活动、受理当事人申诉等方式，对执行行为的合法性进行严格审查；人民代表大会则通过听取专项工作报告、开展执法检查等形式，督促执行机关依法履职；社会公众与媒体通过舆论监督，将执行活动置于"聚光灯"下。这种多维度监督体系，保证了执行活动全程公开透明，违法行为无处遁形，既维护了个案当事人的权益，又守护了司法公正的生命线，有效

---

〔1〕 刘永林、鲍田莉、颜雅芳：《数字化转型赋能法治教育的价值、境遇和路径》，载《教育学术月刊》2024 年第 6 期。

预防了因执行不公引发的社会矛盾，为社会稳定筑牢法治屏障。

2. 提高执行效率

执行效率是检验民事执行工作成效的重要标尺，直接关系到司法公信力与当事人权益的实现程度。然而，现实中执行效率低下的问题长期存在：被执行人通过转移财产、虚假诉讼等手段逃避执行，执行法院因技术手段落后难以快速查控财产，烦琐的执行异议程序导致案件久拖不决。这些问题不仅让胜诉当事人陷入"赢了官司拿不到钱"的困境，更消耗了大量司法资源，损害了司法权威。

民事执行监督致力于为执行效率提升注入动能，通过监督推动执行机关优化内部流程，简化不必要的审批环节，建立财产查控、处置的快速响应机制；借助信息化手段，监督并促进"智慧执行"平台建设，实现线上财产查控、网络司法拍卖，打破地域限制，提升执行效率；加强对执行人员的监督与培训，督促其积极履职、规范执法，对消极执行、拖延执行行为及时纠正。这些举措的协同发力，显著缩短了执行周期，让生效裁判快速"变现"，切实增强了人民群众的获得感与满意度。[1]

3. 维护司法权威

司法权威是法治社会的基石，而民事执行作为司法权运行的终端环节，其权威性直接影响公众对司法体系的信任。若执行过程中存在违法乱纪行为，如随意中止执行、违法终结执行程序，不仅会让当事人对司法感到失望，更会引发公众对法律权威的质疑，削弱司法公信力。检察机关作为司法公正的守护者，通过强化民事执行监督，坚决捍卫司法权威。

---

〔1〕 张桂贤：《论刑事在线诉讼的检察监督》，载《中国政法大学学报》2024年第3期。

在监督实践中，检察机关通过定期审查执行案件，对执行依据、执行程序的合法性进行全面核查；对发现的违规行为，及时发出检察建议或纠正违法通知书，要求执行机关限期整改；与法院建立常态化沟通机制，就执行中的疑难问题共同研讨解决方案，形成司法合力。[1]当公众看到违法执行行为被及时纠正，生效裁判得到切实执行时，对司法的信任便会逐渐重塑。这种信任不仅体现在个案当事人对司法的认可上，更会辐射到全社会，引导公众自觉遵守法律，主动履行法律义务，形成"守法光荣、违法可耻"的社会风尚，为构建法治社会奠定坚实的群众基础。

（二）民事执行监督的主要内容

民事执行监督作为检察机关履行法律监督职能的重要方式，是保障司法公正与效率、守护当事人合法权益的关键屏障。在具体实践中，检察机关围绕执行行为合法性、执行程序正当性、执行标的确定性三大核心要素，构建起系统化、精细化的监督体系，为民事执行活动划定严格的法治边界，确保执行权在规范有序的轨道上运行。

执行行为的合法性监督构成了民事执行监督的核心，贯穿于执行活动的全过程。在民事执行领域，人民法院的每一项执行措施均直接关联当事人的切身利益，其权力行使必须以法律为圭臬，容不得丝毫违法越界。检察机关作为法律监督的专门机关，肩负着对人民法院执行行为进行全方位、全流程检视的重要职责，以确保执行权始终在法治框架内行使。

在财产控制环节，违法查封、扣押、冻结财产的行为是监督的重中之重。此类行为一旦发生，不仅会直接损害当事人的

---

[1] 胡梅奎：《数字检察改革的理论基础、实践困境与发展面向》，载《治理研究》2024 年第 2 期。

财产权益，还可能引发社会矛盾，破坏司法公信力。[1]检察机关通过细致审查执行裁定、查封清单等文书，深入调查财产控制措施的实施过程，对违规扩大查封范围、随意冻结账户等违法行为保持高度警惕。一旦发现，立即通过检察建议、纠正违法通知书等方式，要求执行机关限期整改，及时解除对当事人合法财产的不当限制。

超标的查封、乱执行等行为同样是监督的重点对象。这些行为不仅违反了法律关于执行标的范围的明确规定，更可能导致当事人因财产过度受限而陷入生产经营困境，严重背离司法公正与效率原则。检察机关通过建立执行案件动态跟踪机制，实时监控执行措施的强度与范围，对明显超出债权数额的查封行为、错误执行案外人财产等乱象及时介入，以法律监督的刚性约束，督促执行机关规范执行尺度，精准适用执行措施。

执行消极主义也是合法性监督需要着力解决的问题。部分案件中，执行人员存在怠于查找财产线索、拖延启动评估拍卖程序等消极执行行为，导致生效裁判沦为"一纸空文"，当事人的合法权益长期无法兑现。[2]检察机关通过定期开展执行案件专项检查，建立督办台账，对久拖未决的执行案件进行重点催办。对经督促仍未积极履职的，依法发出检察建议，要求执行机关说明理由并限期整改；对拒不纠正的，及时向上级检察机关或同级人民代表大会常务委员会报告，借助更高层级的监督力量，形成监督合力，倒逼执行机关积极履行职责，确保每一起执行案件都能得到及时、有效的处理，让司法裁判的权威与

---

〔1〕 吴思远：《数字检察的法理反思》，载《华东政法大学学报》2023 年第 5 期。

〔2〕 刘品新：《大数据法律监督的治理逻辑》，载《中国刑事法杂志》2023 年第 3 期。

当事人的权益真正得到保障。

三、加强执行监督

执行标的的准确界定是执行工作的生命线。检察机关可通过建立"三查三核"工作法，从源头上筑牢执行精准度防线。具体而言：

一查执行依据，核对法律文书表述细节。在处理涉及财产交付、债务履行等执行案件时，检察人员需逐字核对判决书、调解书等法律文书。例如，针对"以物抵债"条款，不仅要明确物品名称、规格型号，还要核查质量标准与交付方式。曾有案例因法律文书仅写明"以某商铺抵债"，未注明商铺具体位置、面积及权属状态，导致执行过程中出现争议。细化文书审查，能有效规避此类模糊表述带来的执行风险。

二查财产权属，核对权利负担真实情况。依托与不动产登记中心、市场监督管理局等部门的信息共享机制，检察机关对查封财产开展穿透式核查。不仅要确认不动产是否存在抵押、查封记录，还要通过调取公司章程、股权登记信息等，核实动产、股权等财产是否存在共有、租赁等权利限制。在某企业破产执行案中，检察机关正是通过细致核查发现部分机器设备存在融资租赁关系，避免了错误执行第三人财产的情况发生。

三查执行范围，核对财产属性边界。检察人员需对照执行标的清单区分可执行财产与豁免财产。以抚养费执行案件为例，除了严格区分被执行人的生活必需费用与可执行收入，还需结合当地生活标准、家庭实际支出等因素综合判断，对被执行人的医疗救助金、基本生活保障物资等，坚决排除在执行范围之外。

针对执行标的变更情形，检察机关严格把关程序合法性。如在执行过程中发现原标的因灭失、权属争议等原因无法执行，需变更为金钱给付时，必须审查变更程序是否严格依照《民事诉讼法》规定进行，重点核查是否经当事人协商一致、是否形成书面同意材料、是否依法进行听证等程序要件，确保执行标的的变更过程公开透明、有法可依，始终保持执行工作的明确性、合法性和可执行性。

（一）民事执行监督的实践成果

近年来，随着司法体制改革的纵深推进与检察监督职能的迭代升级，民事执行监督工作呈现出多点突破、全面深化的良好态势。具体而言，检察机关构建起"事前预警—事中监督—事后纠错"的全链条监督体系：在立案审查阶段，通过执行案件信息智能筛查系统，对财产查控超期、强制措施不当等 12 类常见问题设置预警阈值；在执行过程中，依托派驻法院执行局检察室，采取调阅卷宗、现场监督、约谈当事人等方式，发现并纠正违法问题，终结后，运用大数据分析技术对执行结案率、财产处置周期等核心指标开展专项评查，推动整改问题线索。

最高人民检察院与最高人民法院开展沟通机制。各地检察机关积极探索监督新模式，如开发"执行监督云平台"，实现执行案件信息实时共享与监督线索在线移送；建立"执行监督白皮书"制度，定期向同级人民代表大会常务委员会汇报执行领域突出问题。

典型案例的示范效应尤为显著：在某建筑工程合同纠纷执行案中，检察机关通过调取银行流水、走访工商税务部门，发现被执行人通过关联公司转移财产线索，依法向法院发出检察建议并同步启动虚假诉讼监督程序，最终追回执行款 8700 余万元；针对某劳动争议系列案中法院违规查封劳动者生活必需品的情况，检察机关第一时间制发纠正违法通知书，督促法院解除查封并对相关责任人开展司法惩戒。此类案件的妥善处理，既彰显了检察监督的刚性，也切实维护了弱势群体合法权益。

在智慧监督领域，检察机关正加速推进"数字检察"战略落地，通过对接法院执行案件管理系统、不动产登记中心数据库、企业信用信息公示平台，构建起覆盖多个领域的智能监督模型。该模型可自动识别超标的查封、违规终结执行程序等异常情形。

这些实践成果充分表明，检察机关通过构建立体化监督网络、创新协同治理机制、深化数字赋能应用，正在重塑民事执行监督新格局。这不仅切实解决了"执行难""执行乱"等群众反映强烈的突出问题，更推动形成了权责明晰、监督有力、运转高效的现代化执行工作体系，为推进全面依法治国提供了生动的司法实践样本。

（二）民事执行监督面临的挑战

尽管民事执行监督在维护司法公正与效率、保障当事人合法权益方面取得了显著成效，但仍面临着结构性矛盾突出的现实困境。

首先，监督力量配置失衡问题日益严峻。以某省份数据为例，近三年民事执行案件年均增长率达 18.7%，但检察机关执行监督部门编制仅增加 5%，形成"案多人少"的矛盾。基层检察院普遍存在 1 名检察官对应 3—5 个基层法院执行法官的现象，且执行案件审查需同时查阅裁判文书、执行笔录、财产查控系统等电子卷宗，导致单案平均审查周期长达 22 天。这种人力与任务的错配，使得对异地执行、跨境资产处置等复杂案件的监督覆盖率不足 30%。

其次，监督技术手段存在明显代际差。现行监督体系仍以传统纸质卷宗审查为主，执行过程中的电子笔录、网络司法拍卖数据等关键信息尚未纳入监督范围。面对被执行人通过虚拟货币转移资产、利用区块链技术隐匿财产等新型规避手段，现有调查核实手段难以穿透数据壁垒。某省检察机关试点引入大数据分析平台后，发现通过传统方式漏查的违规终结执行案件比例升高，亟需技术赋能。[1]

最后，监督效能转化存在制度性梗阻。司法实践中，执行异议复议周期长，而《民事诉讼法》规定检察建议回复期为3个月，时间差导致监督整改滞后。在某房屋腾退执行监督案例中，检察机关发出纠正违法通知书后，因缺乏强制执行力，被执行人拖延履行长达8个月。此外，执行难的根源性问题，如社会信用体系不完善、协助执行机制不健全等，进一步消解了监督措施的实际效果，严重影响监督的权威性。

因此，检察机关亟需构建"人力+技术+制度"三位一体的监督体系，通过建立跨区域协作机制、开发智慧监督平台、完善监督刚性保障条款等举措，破解当前困境。

四、民事公益诉讼的提起

（一）民事公益诉讼的立法现状

我国民事公益诉讼正处于蓬勃发展的关键阶段，随着《民事诉讼法》《环境保护法》等法律体系的完善，公众参与社会治理的渠道持续拓宽，"政府主导、社会协同、公众参与"的多元共治格局加速形成。在这一进程中，民事公益诉讼支持起诉制度作为连接司法程序与社会力量的桥梁，其制度价值愈发凸显。[2]以某省环保组织诉企业非法排污案为例，检察机关通过支持起诉，协助原告完成证据固定、专家证人聘请等复杂程序，最终

---

〔1〕　周翔：《司法数字化中的法律专家地位和参与方法——以检察机关为例》，载《浙江大学学报（人文社会科学版）》2023年第3期。

〔2〕　孟融：《效益到权利：数字经济构建的非均衡性及法治矫正》，载《华中科技大学学报（社会科学版）》2024年第4期。

推动企业承担生态修复责任，充分展现了该制度对弥补原告诉讼能力短板、实现生态保护目标的关键作用。

然而，制度运行中的特殊性带来的实践困境不容忽视。从案件事实类型看，民事公益诉讼涉及生态环境、食品药品安全、个人信息保护等多领域，不同领域的专业知识壁垒（如环境损害鉴定、数据合规评估）对支持起诉方的专业能力提出差异化要求。在支持起诉主体层面，检察机关、社会团体、行政机关的权责边界尚未完全厘清，例如某市消费者协会与检察机关就同一食品安全案件同时介入时，出现重复调查与程序冲突。程序特殊性则体现在支持起诉的启动时机、介入方式缺乏明确指引等问题上，部分案件中支持起诉方介入过晚导致证据灭失，或过早干预影响当事人自主处分权。

当前，我国民事公益诉讼支持起诉制度仍处于探索完善期。在理论层面，学界对支持起诉的法律性质（如"诉讼辅助说"与"法律监督说"之争）尚未达成共识，导致实践中对支持起诉主体的定位模糊。在立法层面，现行《民事诉讼法》第15条仅作原则性规定，司法解释虽有补充，但在具体操作层面仍存在三大核心矛盾：其一，原则性条款强调"支持起诉不得干预当事人处分权"与特殊性条款要求"主动介入调查"的适用冲突，例如某地检察机关在支持农民工讨薪公益诉讼中，因过度调查引发对程序合法性的质疑；其二，参与方式缺乏统一规范，实践中存在"书面建议""出庭陈述""联合调查"等多种模式，某省法院近三年受理的支持起诉案件中，参与方式符合规范的不足60%；其三，权利约束机制缺位，部分支持起诉主体存在越权行为，如个别行业协会以支持起诉为名谋取行业利益。

针对上述问题，需构建系统性优化方案。在条款适用层面，建议建立"三层次"规则体系：明确原则性条款适用于普通公益诉讼案件，特殊性条款仅在涉及重大公共利益、原告明显缺乏诉讼能力时启用，并通过指导性案例细化适用标准；在过程管理方面，借鉴"多元共治"理念，构建"支持起诉主体库"，对符合资质的社会组织、专业机构进行备案管理，制定"支持起诉操作指引"，统一案件受理、调查取证、文书制作等流程；在权利规范层面，推行"权责清单"制度，明确支持起诉主体的调查权限边界，建立"申请—审核—实施—监督"闭环管理，例如要求支持起诉方在介入前需向法院提交详细工作计划，接受司法审查。这些改革举措既能提升支持起诉制度的实践效能，又能推动民事公益诉讼体系与国家治理现代化需求深度契合，为维护社会公共利益提供更坚实的法治保障。

（二）我国民事公益诉讼的实践挑战

1. 原告资格认定困难

虽然《民事诉讼法》第 58 条明确赋予法律规定的机关和有关组织提起民事公益诉讼的资格，但在司法实践中，原告资格的边界划定仍存在诸多模糊地带。以生态环境损害赔偿诉讼为例，某市环保志愿者协会曾因组织公众参与河流污染监督，试图以"维护环境公共利益"为由提起诉讼，却因"缺乏直接利害关系证明"被法院裁定驳回起诉。这暴露出当前法律框架下，对非直接利害关系人原告资格的认定缺乏统一且可操作的标准。

从法律文本角度分析，《环境保护法》《消费者权益保护法》等特别法虽列举了适格主体，但"专门从事环境保护公益活动连续五年以上且无违法记录""市级以上人民政府民政部门登记"等限定条件，在具体执行中存在地域差异。[1]例如，在沿海地区，法院对环保组织的活动记录审查倾向于量化评估，要

---

〔1〕 郑智航：《数字法学的理论品格与学科定位》，载《华东政法大学学报》2024 年第 4 期。

求提供监测报告、公益诉讼案例等实证材料；而在内陆省份，部分法院更注重组织章程与宗旨的匹配度，这种裁判尺度的不统一加剧了原告资格认定的不确定性。

司法实践中，利益平衡的复杂性在食品药品安全领域尤为凸显。某省消费者协会在处理群体性消费纠纷时，因将未实际购买问题商品的消费者纳入诉讼主体范围，引发被告企业以"滥诉"为由的抗辩。[1]为化解此类矛盾，最高人民法院在指导性案例中确立"关联性审查三要素"：原告需证明其与公共利益存在事实关联、诉讼请求具有具体指向、提起诉讼符合法定目的。这一标准要求法院在个案中结合检测报告、专家意见等证据，对原告资质进行实质审查，避免"形式适格"导致的司法资源浪费。

在制度完善层面，浙江、广东等地已探索建立公益诉讼原告资格备案制度，要求社会组织提前向法院提交年度工作报告、财务审计等材料，通过预审机制提高起诉质量。理论界提出引入"诉讼费用担保"制度，对缺乏事实依据的公益诉讼申请，要求原告提供一定金额担保，既保障公共利益诉求的表达，又防范恶意诉讼的风险。这些实践表明，原告资格的界定需要在法律刚性与司法弹性之间寻找平衡点，通过规则细化与程序优化，构建更具操作性的认定体系。

2. 诉讼成本高昂

在法治社会不断推进、公共利益保护需求日益凸显的当下，民事公益诉讼作为维护社会公共利益的重要法律武器，其发展状况备受瞩目。然而，诉讼成本高昂这一现实难题，却如同一道难以逾越的鸿沟，成为民事公益诉讼发展的障碍，严重阻碍

---

〔1〕 钟瑞友等：《检察监督参与社会共治的数字化进路》，载《人民检察》2024 年第 14 期。

了该制度在保护公共利益方面发挥应有的效能。

从司法实践的具体情况来看,以环境污染公益诉讼这一极具代表性的类型为例,原告方所面临的诉讼成本压力可谓巨大。在环境污染公益诉讼中,环境污染问题的复杂性和专业性决定了原告方必须借助专业力量来收集证据、评估损害。原告方不仅需要耗费大量资金聘请环境科学领域的权威专家,对污染物的种类、浓度、扩散范围等进行精确检测和分析,为案件提供科学依据,还需委托专业的鉴定机构,依据科学的方法和标准,出具具有法律效力的生态损害评估报告,明确环境污染行为对生态环境造成的具体损害程度以及修复所需费用。这些专业服务的费用往往十分高昂,是原告方诉讼成本的重要组成部分。

除了上述专业服务费用,原告方还需承担跨区域调查取证过程中产生的诸多直接成本。在环境污染案件中,污染源可能分布在不同地区,为了全面收集证据,原告方往往需要组织人员前往多个地点进行实地调查、采样、询问证人等工作,这就不可避免地会产生差旅费等一系列费用。相关统计数据显示,一起普通的环境公益诉讼案件,仅前期调查取证费用就可能很高。如此庞大的费用支出,对于原告方而言无疑是一笔沉重的负担。更为严峻的是,这些费用通常需要原告方先行垫付,这进一步加剧了原告方的资金压力,使得许多有意提起公益诉讼的主体在诉讼成本的压力下望而却步。

在法律实务层面,公益诉讼案件的诉讼周期漫长也是一个不容忽视的问题。与普通民事诉讼案件相比,公益诉讼案件往往涉及面广、利益关系复杂,案件事实的查明和法律适用的难度较大。因此,多数公益诉讼案件从立案到判决耗时超过 18 个月。在这漫长的诉讼周期内,原告方需要持续投入大量的人力跟进案件。对于企业性质的原告来说,为了应对公益诉讼,可能需要从主营业务中抽调大量的人力、物力和财力，这无疑会导致企业主营业务受到不同程度的损害，影响企业的正常经营和发展。而对于社会组织而言，其资金来源相对有限，主要依赖于社会捐赠和政府资助。在持续投入大量资金进行公益诉讼案件跟进的过程中，社会组织很可能面临资金链断裂的风险。一旦资金链断裂，社会组织的正常运转将受到严重影响，甚至可能面临生存危机。

更值得关注的是，根据我国《民事诉讼法》，公益诉讼的赔偿款需纳入专门账户，专项用于公共利益的修复，原告方无法直接从诉讼中获得经济回报。这种"高投入、零收益"的诉讼模式，使得企业和社会组织在权衡诉讼利弊时，往往陷入两难的境地。从维护公共利益的角度出发，它们有责任和义务提起公益诉讼；但从自身经济利益的角度考虑，高昂的诉讼成本和零收益的现实又让它们望而却步。在这种矛盾心理的作用下，许多企业和社会组织最终选择放弃提起公益诉讼，这无疑不利于民事公益诉讼制度的发展和公共利益的保护。

即便部分原告克服了巨大的资金压力，毅然决然地提起诉讼，后续处境依然严峻。以某地消费者协会为例，该协会曾计划对食品添加剂超标问题进行全链条溯源调查，以查明问题食品的生产、加工、销售等各个环节的责任主体，为消费者维权和公共利益保护提供有力证据。然而，由于资金短缺，消费者协会无法承担全链条溯源调查所需的高额费用，调查工作无法深入开展，关键证据缺失。[1]最终，在诉讼中，由于证据不足，消费者协会败诉。这种因经费不足导致的调查取证不充分的情况，不仅直接影响了个案的判决结果，使得真正的责任主体逃

---

[1] 陈治：《财政可持续的数字治理及其法治路径》，载《法学》2024 年第 7 期。

脱了法律的制裁，公共利益未能得到有效保护，更严重削弱了社会公众对公益诉讼制度的信任。社会公众原本对公益诉讼制度寄予厚望，希望通过该制度维护自身的合法权益和社会的公共利益，但当看到因资金问题导致公益诉讼失败时，他们对公益诉讼制度的信心会受到极大打击，进而对整个法治环境产生质疑。

相关数据也充分反映了资金困难对民事公益诉讼案件的影响。部分民事公益诉讼案件撤诉率较高，大多数撤诉原因与资金困难直接相关。这一数据清晰地表明，资金问题已经成为制约民事公益诉讼案件顺利推进的关键因素，严重影响了民事公益诉讼制度的有效实施。

为破解这一困局，充分发挥民事公益诉讼制度在保护公共利益方面的作用，国家可探索建立多元化的诉讼成本分担机制。一方面，可以设立公益诉讼专项基金。政府可以通过财政拨款、社会捐赠等多种渠道筹集资金，设立公益诉讼专项基金。对于符合条件的原告，如因经济困难无法承担诉讼成本的企业、社会组织等，给予调查取证补贴。补贴范围可以涵盖专家咨询费、鉴定费、差旅费等与调查取证直接相关的费用，以减轻原告的经济负担，鼓励更多的主体积极参与公益诉讼。

另一方面，可以推广诉讼费用缓交、减交制度。[1]对于提起公益诉讼的原告，国家可以在诉讼费用缴纳方面给予一定的优惠。根据原告的经济状况和案件的具体情况，允许原告在诉讼过程中缓交诉讼费用，待案件审结后，根据判决结果再确定诉讼费用的承担方式。对于经济确实困难的原告，还可以适当减缴诉讼费用，降低原告的资金压力，使原告能够更加从容地

---

〔1〕 程雁雷、马锦涛：《中国式现代化进程中的数字法治政府建设》，载《江淮论坛》2024年第5期。

参与诉讼。

此外，完善胜诉原告的合理费用补偿机制也至关重要。在司法裁判中，应明确将必要的鉴定费、律师费等纳入赔偿范围。当原告胜诉时，判决被告承担原告因诉讼而支出的合理费用，真正实现"让公益诉讼不再成为原告的经济负担"。通过这些措施的综合实施，可以有效降低原告提起公益诉讼的成本，提高原告提起公益诉讼的积极性，从而激活民事公益诉讼制度的社会治理效能，使其在保护公共利益、维护社会公平正义方面发挥更大的作用。[1]

3. 司法判决执行难

司法判决执行难是民事公益诉讼发展道路上的顽固障碍，在环境污染、生态破坏等需长期综合治理的案件中尤为突出。以某化工企业污染土壤案为例，尽管法院判决企业承担土壤修复费用及生态损害赔偿，但企业账面资金远不足以覆盖数百万的修复成本，且在判决生效后企业以破产重组为由拖延履行，导致被污染土地三年间持续影响周边地下水安全。这类因被执行人经济能力不足或主观逃避引发的执行困境，在环境公益诉讼案件中占比较高。

跨部门协作不畅同样加剧了执行困难问题。在自然保护区违规建筑拆除案中，法院判决要求行政机关依法强制拆除违规建筑，但由于自然资源、生态环境、城乡规划等部门在权责划分上存在模糊地带，拆除工作陷入"都有权管却都不管"的推诿循环。某地湿地公园违建别墅案历时两年才完成拆除，期间还因缺乏专业技术支持，导致生态修复方案多次变更，执行成本较初始预算增加。这种因部门间协调机制缺失、执行标准不统一引发的效率损耗，严重削弱了司法判决的权威性。

---

〔1〕 王磊：《检察权的功能分析》，武汉大学 2022 年博士学位论文。

判决执行不力带来的连锁反应不容忽视。据统计，环境公益诉讼案件执行周期长达 18 个月，超三成案件最终因执行不到位导致生态损害持续扩大。这种现状不仅使公益诉讼制度沦为"纸上正义"，更动摇了公众对司法救济的信任基础。某地河流污染公益诉讼胜诉后，因执行效果未达预期，衍生出新的社会治理矛盾。

破解执行难题需构建系统化解决方案。在制度层面，建议建立"司法+行政"联动执行机制，明确生态环境、自然资源等部门在公益诉讼执行中的具体职责，并将执行成效纳入政府绩效考核体系。[1]技术层面可引入第三方环境损害评估机构，运用卫星遥感、无人机巡查等科技手段对执行过程进行动态监测。以浙江"生态环境损害赔偿+保险"机制为例，当地通过建立环境损害修复保证金制度，将企业缴纳的赔偿金纳入专户管理，配合保险公司开展修复效果评估，有效解决了执行资金监管和效果验收难题。同时完善拒不执行判决的惩戒措施，对恶意逃避执行的企业法定代表人实施信用联合惩戒，通过限制高消费、纳入失信名单等手段形成有效震慑。只有多管齐下，才能真正打通公益诉讼"最后一公里"，让司法裁判转化为守护公共利益的坚实屏障。

第二节 行政检察监督的功能

行政检察监督作为现代法治体系中的关键枢纽，通过法律赋予的监督职能，构建起行政权与司法权之间的制衡桥梁。在国家治理现代化进程中，其核心价值以具象化实践彰显。

---

〔1〕 董雪晴：《行政检察参与社会治理的实践机制研究》，兰州理工大学 2022 年硕士学位论文。

在司法监督维度，检察机关依托《行政诉讼法》赋予的监督权限，对行政诉讼案件展开全流程审查。具体而言，针对法院裁判中的法律适用瑕疵，检察官需逐条比对案件事实与相关法条，通过类案检索系统分析裁判逻辑的严密性。例如在某城市规划行政诉讼案中，检察机关发现原审判决对《城乡规划法》第40条的解释存在偏差，通过提交抗诉书、组织专家论证会等方式，最终推动二审法院作出改判。背后是检察官通过调阅卷宗、询问证人、现场勘查等调查手段，精准定位司法裁判漏洞的不懈努力。

行政执法监督层面，检察机关创新建立"行政执法监督大数据平台"，对行政处罚、行政许可等执法环节实施动态监测。以某省检察机关2022年开展的食品药品安全专项监督为例，其通过平台抓取执法数据，运用算法模型筛查出存在程序违法或证据瑕疵的案件。针对这些问题，检察机关采取"检察建议+公开宣告"的监督模式，不仅要求行政机关限期整改，还邀请人民代表大会代表、政协委员现场见证，最终促成相关争议在诉前实质性化解。在某市环保行政处罚争议中，检察机关通过调取执法记录仪视频、检测报告等关键证据，发现行政机关存在未告知听证权利的程序瑕疵，随即发出纠正违法通知书，督促行政机关撤销原处罚决定并重新作出合法处理。

在争议化解机制建设上，检察机关打造"一站式"纠纷解决平台。以某县征地拆迁纠纷化解为例，检察机关联合司法局、信访局建立行政争议调解中心，邀请法律专家、社区代表参与公开听证，通过司法救助解决当事人实际困难，引入第三方评估机构核定补偿标准，最终促成被拆迁户与政府达成和解协议。这种"前端预防+中端化解+后端修复"的全链条机制，使得行政纠纷化解周期缩短，切实实现了"矛盾不上交、纠纷不出域"

的治理目标。

在具体实践中，行政检察监督呈现出鲜明的制度特色。检察机关既可以依职权主动介入重大行政争议，也能在当事人申请后启动监督程序。以某省会城市老旧小区加装电梯引发的行政争议为例，检察机关在接到群众投诉后，迅速成立专案组，调取住建部门审批档案、测绘报告等材料，实地走访居民用户，组织多次多方协调会，最终确认行政机关存在审批程序瑕疵。这种"穿透式"监督模式，不仅体现在对行政执法卷宗的全面审查上，更通过询问当事人、现场勘查等方式，还原行政行为实施的真实场景[1]。在某农民工讨薪行政不作为案件中，检察官连续两周跟踪拍摄劳动监察部门执法过程，用影像证据揭示行政机关怠于履职问题，最终促使拖欠农民工的工资全部发放到位。

随着《人民检察院行政诉讼监督规则》等配套制度的完善，行政检察监督正逐步从"软约束"向"硬监督"转变。某省检察机关建立的"检察建议整改销号制度"要求行政机关在收到建议后 30 日内书面回复整改方案，60 日内反馈整改结果，并通过政府网站、检察门户双平台公开整改情况。这种将监督效果纳入绩效考核的刚性机制，使得检察建议采纳率大幅提高。在推进法治政府建设进程中，行政检察监督正通过构建"监督—整改—反馈—评估"的闭环体系，成为维护社会公平正义的坚实屏障。

一、行政诉讼监督

（一）行政裁判结果监督

行政检察监督作为检察机关法律监督职能体系的重要支柱，

---

[1]　程雁雷、马锦涛：《中国式现代化进程中的数字法治政府建设》，载《江淮论坛》2024 年第 5 期。

首要功能聚焦于对人民法院生效行政裁判文书的全维度合法性审查。这种审查工作遵循"事实认定精准、法律适用准确、程序遵循规范"三重标准，既包括对行政判决中证据链完整性的细致核查，也涵盖对裁定法律依据援引准确性的逐字校验，甚至延伸至调解协议内容是否突破法定权限的深度研判。

在实务操作层面，检察机关构建起"三查三核"工作机制：通过调阅原审卷宗，核查案件事实认定是否存在关键证据遗漏；运用类案检索系统，比对裁判文书的说理逻辑与同类型案件的司法尺度是否一致；开展实地走访调查，核实行政行为作出时的基础事实是否与卷宗记载相符。一旦发现裁判存在事实认定错误、法律适用偏差或程序违法等问题，检察机关会根据错误严重程度分级处理——对确有错误的生效裁判，通过抗诉程序启动上级法院再审；对瑕疵性问题，则以再审检察建议形式督促原审法院自纠。

这种监督机制通过"个案纠错—类案指引—制度完善"的递进式作用路径，既保障了具体案件当事人的合法权益，也推动了司法裁判尺度的统一。以某市检察机关办理的一起土地征收行政诉讼监督案件为例，检察机关通过审查发现原审法院对行政机关未履行听证程序的违法事实认定不清，经抗诉后再审改判，不仅为当事人挽回了经济损失，更促使自然资源部门修订了征地补偿流程规范。

在行政法治建设维度，行政检察监督通过"反向透视"机制发挥独特价值。检察机关在审查裁判文书过程中，能够敏锐捕捉到行政机关执法行为的潜在问题。例如，在某起行政处罚诉讼监督案件中，检察机关通过对法院裁判文书的细致分析，发现行政机关存在自由裁量权行使不规范问题，随即向相关部门制发社会治理类检察建议，推动建立行政处罚基准动态调整机制。这种"以司法监督促行政执法"的良性互动，既实现了个案正义，也为行政法治的精细化发展注入了监督动能。

（二）行政审判人员违法行为监督

行政检察监督对行政审判程序的监督，呈现出多维度、立体化的特征。从监督对象来看，除了对人民法院生效的行政判决、裁定、调解书进行合法性审查，检察机关还将审判人员在行政审判程序中的违法行为纳入监督范围。这种监督范围的拓展，正是基于司法实践中暴露出的现实问题——部分审判人员可能利用程序漏洞谋取私利，或者因专业能力不足导致法律适用错误，这些行为若未得到及时纠正，将直接损害司法公信力。

在具体实践中，审判人员的违法行为形态多样。在程序层面，可能出现违反法定立案期限、随意变更开庭时间、未依法保障当事人辩论权利等情形；在实体法律适用层面，存在曲解法律条文、错误认定案件事实、违背同案同判原则等问题；而在职业道德领域，个别审判人员接受当事人宴请、违规与代理人私下接触、泄露案件机密等行为，更是严重破坏司法公正底线。例如，某地法院曾出现审判人员故意拖延送达判决书，人为制造执行障碍的案例，最终通过行政检察监督介入，及时纠正了这一违法行为。

行政检察监督的介入，构建起了多层次的监督防线。检察机关通过查阅案卷、询问当事人、调取庭审录像等方式，对审判过程进行全面审查，一旦发现违法行为，将以检察建议、纠正违法通知书等形式向法院提出监督意见。对于情节严重的，还会依法启动追责程序。[1]这种监督方式不仅能够及时纠正个案中的错误，更能通过个案监督形成震慑效应。据统计，某省检察机关在开展行政审判程序监督专项行动后，审判人员程序

---

〔1〕 闫美荣：《检察建议在未成年人保护中的规范化适用》，甘肃政法大学2022年硕士学位论文。

违法案件数量大幅降低。

行政检察监督还具有显著的正向引导作用。通过常态化的监督活动，检察机关定期向审判机关通报监督中发现的共性问题，并提出完善审判流程、加强业务培训的建议。这种监督与指导相结合的模式，促使审判人员主动进行学习，规范司法行为。以某市法院为例，在接受检察机关监督后，其建立了审判人员法律知识定期考核制度，组织模拟庭审训练，有效提升了审判团队的专业素养。监督过程中发现的职业道德问题，也促使法院加强廉政教育，通过警示教育大会、廉政风险排查等方式，筑牢审判人员的思想防线。

行政检察监督对行政审判程序中审判人员违法行为的监督，是司法权力运行监督体系的重要组成部分。这一监督机制通过明确监督范围、创新监督方式、强化监督效果，及时发现和纠正具体违法行为，从制度层面推动行政审判规范化建设。在全面依法治国的背景下，持续完善行政检察监督机制，有助于构建权责统一、监督有效的司法权力运行体系，为实现行政审判的公平正义提供坚实保障。

（三）行政诉讼执行监督

在行政诉讼执行阶段，行政检察监督如同精密的司法校准器，通过多维度、全流程的监督机制保障执行活动合法有序。具体来看，检察机关依托《人民检察院行政诉讼监督规则》等法规，对执行案件启动"三查三核"程序，审查立案材料核执行依据合法性、审查执行笔录核程序规范性、审查财产处置措施核适当性。[1]例如，在涉及行政罚款的执行案件中，检察人员需重点审查法院是否按规定向被执行人送达执行通知书，冻结、划

---

〔1〕 陆苏玉：《行政公益诉讼诉前检察建议内容的规范化研究》，华东政法大学 2023 年硕士学位论文。

拨银行账户等强制措施是否符合法定时限和金额标准，不动产查封是否履行公告程序等细节。

当发现执行瑕疵时，检察机关会通过构建的阶梯式监督体系进行处理：对一般性程序疏漏，通过口头建议督促即时整改；对违反法定程序的行为，制发检察建议书并要求书面回复；若存在严重违法情形，则制发纠正违法通知书。以某企业不服环保行政处罚的执行案为例，检察机关在监督中发现法院超标的查封企业核心生产设备，立即发出检察建议，促使法院重新评估后解除部分查封，既保障了行政处罚的执行效力，又避免企业因过度执行陷入经营困境。

这种监督机制不仅形成了对司法权的刚性约束，还通过类案监督推动了制度完善。最高人民检察院发布的行政执行监督典型案例显示，通过个案监督发现的执行文书不规范、异地执行协作不畅等共性问题，已推动多地法院建立执行案件台账管理制度和跨区域协作机制。切实提升了行政诉讼执行的规范化水平。[1]行政检察监督的深度介入，正从个案纠错走向制度预防，为法治政府建设筑牢司法保障防线。

二、行政非诉执行监督

在行政法体系的实际运行中，非诉执行案件作为保障行政决定落实的关键，承载着维护行政秩序的重要使命。这类案件的形成需满足严格的法定要件：当行政机关依法作出行政处罚、行政征收等行政决定后，行政相对人在《行政复议法》《行政诉讼法》规定的 60 日复议申请期与 6 个月诉讼时效内，既未向上级行政机关申请复议，也未向人民法院提起诉讼，且在行政机

---

〔1〕　安阳、刘东杰：《检察机关化解"潜在之诉"与促进诉源治理》，载《人民检察》2022 年第 3 期。

关依据《行政强制法》第 35 条，通过书面催告书明确履行内容、期限及不履行后果，给予 10 日宽限期后，仍未履行行政决定确定的义务时，行政机关即可依据《行政强制法》第 53 条规定，向所在地有管辖权的基层人民法院申请强制执行。

这一执行过程构建起"行政权启动、司法权审查"的双重权力运行机制：行政机关需提交行政决定书、履行情况催告记录、当事人意见等 12 类法定材料，人民法院立案庭在 7 日内完成形式审查，行政审判庭则需在 30 日内通过书面审查或听证会形式，对行政决定的合法性进行实质审查。经审查符合法定条件的，裁定准予执行并移交法院执行局实施；发现明显缺乏事实根据、法律依据或严重违反法定程序的，裁定不准予执行。[1]

行政非诉执行监督作为该领域的"法治安全阀"，通过《行政诉讼法》《人民检察院行政诉讼监督规则》确立的检察监督、《最高人民法院关于适用〈中华人民共和国行政诉讼法〉的解释》构建的法院内部监督，形成多维监督体系。在具体实施中，检察机关可通过调阅行政案卷、询问办案人员、调查利害关系人等方式，对行政机关申请材料真实性、催告程序合法性开展监督；对法院审查过程中存在的消极不受理、超期不审查、违法准予执行等情形，可依法发出检察建议或提出抗诉。

当前该监督机制仍面临多重现实挑战：基层检察监督力量与案件量严重不匹配，导致部分案件仅能开展形式审查；行政机关与司法机关在证据标准、法律适用上存在认知分歧，引发争议；[2]部分地方存在"重执行效率、轻程序规范"倾向，致使建议采纳率不高。这些问题亟待通过完善案件分流机制、建

---

〔1〕 徐键：《守正出新：在改革中推动社会治理型法律监督》，载《检察风云》2022 年第 5 期。

〔2〕 朱全宝：《法律监督机关的宪法内涵》，载《中国法学》2022 年第 1 期。

立法检联席会议制度、将监督成效纳入法治政府考核等方式加以破解。

（一）行政非诉执行监督的法律依据

行政非诉执行监督的法律依据主要包括《行政诉讼法》《行政强制法》以及最高人民法院、最高人民检察院发布的相关司法解释。这些法律规范从不同维度构建起完整的监督体系，为检察机关开展行政非诉执行监督工作提供了具体、可操作的法律指引。

《行政诉讼法》作为行政诉讼领域的基础性法律，在第 11 条、第 93 条明确规定了检察机关对行政诉讼活动进行法律监督的职责，其中既包括对诉讼过程的监督，也涵盖对行政非诉执行活动的监督。这种原则性规定确立了检察机关在行政非诉执行监督中的法定地位，使其监督行为具备坚实的法律基础。例如，当行政机关申请法院强制执行行政决定时，检察机关有权对整个执行过程是否符合法定程序、是否存在损害公共利益或行政相对人合法权益的情形进行审查，确保司法权和行政权依法运行。[1]

《行政强制法》则从行政执行程序的角度，为检察机关的监督提供了具体标准。该法第 53 条至第 60 条详细规定了行政机关申请人民法院强制执行的条件，要求行政机关必须在当事人法定期限内既不申请行政复议或者提起行政诉讼，又不履行行政决定时，才可以向法院提出强制执行申请。该法对法院受理申请后的书面审查、听取意见、作出裁定等程序步骤也作出了明确要求。检察机关在监督过程中，可对照这些条款，重点审查行政机关是否超期申请、法院审查是否流于形式等问题。如在某起行政处罚非诉执行案件中，检察机关通过审查发现行政机关在当事人申请复议期限尚未届满时就申请强制执行，及时发

---

〔1〕　罗晓欣：《社会治理检察建议研究》，兰州大学 2021 年硕士学位论文。

出检察建议纠正了程序违法问题。

最高司法机关发布的司法解释对法律条文进行了更细致的补充。例如,《最高人民法院关于适用〈中华人民共和国行政诉讼法〉的解释》第154条、第155条对行政非诉执行案件的管辖、立案审查标准进行了细化;《人民检察院行政诉讼监督规则》第七章专门规定行政非诉执行监督程序,明确检察机关调卷权、调查核实权的行使方式,以及对违法情形的监督纠正手段。[1]这些规定不仅明确了法律适用中的模糊地带,更通过列举式条款指导检察机关精准开展监督工作。

这些法律法规和司法解释相互配合、层层递进,共同构成行政非诉执行监督的制度框架。法律确立监督原则,行政法规规范执行程序,司法解释明确操作细则,三者有机统一,确保行政非诉执行监督工作既符合法治精神,又能在实践中切实发挥维护司法公正、促进行政机关依法行政的作用。

(二)行政非诉执行监督的实践现状

近年来,随着法治国家建设从顶层设计逐步向基层实践纵深推进,行政非诉执行监督领域的改革创新取得突破性进展。以某市检察机关为例,通过建立"一案双查"机制,该市检察机关追回国有资产流失款项,切实维护了公民被征地补偿权益和小微企业合法经营权。[2]这一监督体系通过构建"检察+法院+行政机关"三方协作平台,将检察听证、专家论证等多元手段嵌入案件审查流程,有效推动行政机关建立执法风险预警机制,促使人民法院完善执行异议审查标准,形成行政法治建设

---

〔1〕 张伟:《法律监督诉讼论之提倡》,载《中共山西省委党校学报》2021年第5期。

〔2〕 张红春:《基层检察机关参与社会治理创新路径研究——以J市为例》,西南科技大学2021年硕士学位论文。

的良性互动。

然而，实践中暴露出的结构性矛盾也不容忽视。在监督范围方面，现行法律框架下，检察机关对行政决定的监督多聚焦于《行政强制法》规定的程序要件审查，如是否依法送达催告书、是否保障当事人陈述申辩权等程序性事项。[1]某省高级人民法院调研显示，在已审结的行政非诉执行案件中，涉及行政决定实体合法性争议的案件占总监督量的比重不高，大量存在的行政裁量权滥用、事实认定不清等实体问题未能纳入监督视野。在监督手段方面，由于缺乏明确的调查取证权限，检察机关在核实行政机关作出决定的事实依据时，常常面临调取银行流水需商请公安机关协助、询问行政相对人需征得行政机关同意等困境。某基层检察院在处理某环保行政处罚执行监督案件时，因无法直接调取企业排污监测原始数据，导致监督程序被迫中止长达 3 个月。

针对这些制度性梗阻，浙江、江苏等地已开展试点探索。如浙江省通过地方立法赋予检察机关行政非诉执行监督专项调查权，允许检察机关调取行政机关执法卷宗、询问相关人员；江苏省建立"检察大数据法律监督模型"，通过分析税务、市场监管等 12 个部门的业务数据，自动筛查异常行政非诉执行案件线索。这些创新实践为破解监督困境提供了有益参考，未来需通过修订《人民检察院组织法》等法律，将成熟经验上升为制度规范，构建包含事前风险预警、事中动态监督、事后救济保障的全链条监督体系，真正实现行政非诉执行监督从"程序纠偏"向"实质法治"的转型升级。[2]

---

〔1〕　罗晓欣：《社会治理检察建议研究》，兰州大学 2021 年硕士学位论文。
〔2〕　桂万先、姜奕：《新时代中国特色社会主义检察制度的特色与优势》，载《法治现代化研究》2021 年第 3 期。

（三）行政非诉执行监督的完善路径

为了进一步完善行政非诉执行监督制度，我们需要从多个维度精准发力。

首先，在扩大监督范围方面，检察机关应建立动态化案件筛查机制。一方面，对涉及市场监管、生态环境、自然资源等重点领域的行政非诉执行案件进行全面摸底，通过建立案件台账、标注风险等级的方式，将以往易被忽视的小微违法执行案件、跨区域协作案件纳入监督清单；另一方面，针对基层执法中存在的"重审批、轻监管"现象，重点关注行政机关怠于申请强制执行、选择性执行等问题，通过专项检查与日常监督相结合的方式，确保监督无死角。例如，可对长期未执行到位的行政处罚决定开展"回头看"行动，梳理案件执行堵点，明确监督重点。

其次，强化监督手段需要构建多元化的权力支撑体系。在调查核实权方面，应赋予检察机关调阅行政机关执法卷宗、询问案件当事人、现场勘查取证等实质性权限，确保其能够深入核查执行依据合法性与执行程序规范性。建立"监督—反馈—整改"闭环机制，检察机关可通过制发检察建议、召开公开听证会等方式，对发现的违法执行行为提出具体整改要求。[1]对于拒不整改的情形，检察机关应探索建立与监察机关的联动机制，以刚性手段提升监督效能。例如，在某起环保行政处罚执行监督案件中，检察机关通过实地取样检测、约谈相关责任人，最终推动涉案企业履行环保义务，体现了监督手段的实际效用。

再其次，加强协作配合要搭建制度化的协同平台。检察机关与行政机关、人民法院可建立常态化的联席会议制度，定期通报行政非诉执行工作进展，分析典型案例中的共性问题，共同研究法律适用难点。在信息共享层面，应打破部门间的数据

---

〔1〕 张鸣：《公证参与检察权运行辅助》，载《中国公证》2021 年第 5 期。

壁垒，通过建立统一的执行信息查询系统，实现案件线索、执行进展、监督结果的实时互通。针对重点领域开展联合专项行动，如针对土地征收、安全生产等领域的执行难题，组建联合工作组，通过联合调研、联合督办的方式，形成监督合力，提升执行效率。

最后，提升监督能力需落实系统化的人才培养机制。一方面，可以定期组织检察人员参加行政执法实务培训，邀请行政机关业务骨干、法官开展案例教学，深入了解行政非诉执行的实务操作流程与法律适用要点；另一方面，可以建立"老带新""跨部门轮岗"等培养模式，鼓励检察人员参与重大、复杂案件的办理，在实践中积累监督经验。[1]此外，还可以通过举办模拟听证会、法律文书制作竞赛等活动，强化检察人员的调查取证能力、法律文书撰写能力和沟通协调能力，为行政非诉执行监督工作锻造一支专业化、高素质的人才队伍。

三、促进行政机关依法行政

依法行政是指行政机关在行使行政权力、管理公共事务时，必须严格遵循法律的明文规定与既定程序。从法律执行层面来看，无论是市场监管部门查处违规经营行为，还是环保部门开展污染治理行动，都需要以《行政处罚法》《行政许可法》等法律法规为依据，确保每一个执法环节都有法可依、有章可循。

在实际运行中，依法行政构筑起公民权益的坚实屏障。以征地拆迁为例，若行政机关未依法履行公告、听证等程序，或补偿标准低于法定要求，就会直接损害被征收人的财产权益。

---

〔1〕张鸣：《公证参与检察权运行辅助》，载《中国公证》2021 年第 5 期；孟星宇、李旭：《新时代中国国家制度与法律制度的理论与实践——中国法治现代化暨中国法治实践学派 2020 年智库论坛综述》，载《法治现代化研究》2021 年第 1 期。

而通过严格落实依法行政，公民能够通过行政复议、行政诉讼等法定途径，及时纠正行政机关的不当行为。依法行政在市场秩序维护方面也发挥着关键作用。市场监管部门通过规范的执法流程打击假冒伪劣、商业欺诈等行为，既保障了消费者的合法权益，也维护了公平竞争的市场环境，为经济的持续健康发展筑牢法治根基。

然而，当前依法行政的实践仍面临多重现实挑战。在制度层面，部分领域存在法律规定滞后的问题，例如新兴数字经济领域的监管规则尚未完全明晰；在执法层面，个别执法人员因法律素养不足，出现机械执法、过度执法现象，甚至存在以权谋私的行为；在程序层面，部分行政许可事项审批流程冗长，材料要求繁杂，导致行政效率低下。要破解这些难题，需要从完善法律体系、强化执法队伍建设、优化行政程序等多维度持续发力，推动依法行政在实践中不断走向深入。

（一）促进行政机关依法行政的重要性

首先，行政机关依法行政能够保障公民权利。依法行政通过建立完善的制度框架，将公民权益保护落到实处。行政机关在制定政策、开展执法活动时，需严格遵循《行政处罚法》《行政许可法》等法律法规，确保程序合法、依据充分。例如，在政务公开领域，行政机关主动公开决策依据、执行过程和结果信息，让公民能够清晰了解政府工作动态，保障其知情权；通过听证会、民意调查等渠道，广泛吸纳公众意见，为公民参与公共事务管理搭建平台；设立投诉举报机制，畅通表达渠道，及时处理公民合理诉求；借助政务监督平台，接受社会公众和媒体监督，有效约束行政权力运行，切实维护公民合法权益。[1]

---

〔1〕 王新颖：《在国家治理现代化中深化检察职能》，载《人民检察》2020年第23期。

其次，行政机关依法行政能够维护社会稳定。依法行政为社会稳定筑牢制度根基。行政机关在决策前，需开展合法性审查和社会稳定风险评估，从源头上避免因政策漏洞引发矛盾纠纷；在执法过程中，坚持公平公正原则，对同类违法行为采取统一处罚标准，杜绝选择性执法，避免引发群众不满。例如，在征地拆迁、劳资纠纷等矛盾易发领域，行政机关主动介入调解，运用法治思维和方式化解矛盾，将不稳定因素化解在萌芽状态。此外，行政机关还应通过规范行政复议和行政诉讼程序，为群众提供便捷高效的权利救济途径，确保矛盾纠纷得到合法、公正解决，从而维护社会秩序和谐稳定。

最后，行政机关依法行政能够促进经济发展。依法行政是市场经济健康发展的重要保障。行政机关通过制定清晰的市场准入规则，破除不合理的行业壁垒，为各类市场主体营造公平竞争环境。在市场监管方面，行政机关严格执行产品质量法、反不正当竞争法等法律法规，严厉打击假冒伪劣、商业欺诈等违法行为，保护消费者和经营者的合法权益。同时优化政务服务流程，推行"一网通办""最多跑一次"等改革举措，减少企业办事环节和时间成本，提升行政服务效能。[1]例如，通过简化行政审批流程，降低企业制度性交易成本，增强企业投资信心；加强知识产权保护，鼓励企业创新研发，激发市场活力，推动经济高质量发展。

（二）行政机关依法行政面临的挑战

依法行政是要求行政机关在行使行政权力、管理公共事务时，必须严格依据法律的规定和程序进行。这一原则不仅体现了法律至上、权力受制约的法治精神，更是保障公民权益、维护社会稳定和促进经济发展的重要基石。然而，在实践中，行政机关依法

---

〔1〕　魏鹏：《检察建议制度研究》，吉林大学 2020 年博士学位论文。

行政仍面临诸多挑战，这些问题亟待我们深入探索并不断完善。

首先，现行法律法规在动态调整机制上存在明显不足。以数字经济领域为例，直播带货、算法推荐等新兴业态快速发展，但相关市场准入、数据安全等方面的立法尚未形成完整体系。某地市场监管部门在处理网红主播虚假宣传案件时，因缺乏明确的网络营销行为规范，只能参照传统广告法条款进行裁量，导致执法尺度不一。此外，跨部门法规冲突现象依然突出，自然资源部门的土地管理条例与住建部门的城乡规划法在宅基地审批权限上存在交叉，某乡镇政府曾因重复审批引发行政诉讼，暴露出法规衔接机制的漏洞。[1]

其次，基层执法中"重结果、轻程序"的现象较为普遍。在城市管理领域，某地城管部门对占道经营商贩采取强制措施时，未按《行政处罚法》规定提前 7 日送达责令改正通知书，直接实施物品暂扣，引发行政复议。更值得关注的是程序异化问题，部分单位将法定程序异化为"盖章游戏"，某企业办理施工许可证时，虽已通过线上系统提交全部材料，但仍需在不同部门之间往返多次进行实体盖章，暴露出现代信息技术与传统行政流程的衔接困境。

最后，执法弹性空间过大催生选择性执法问题。在生态环境监管领域，某化工园区企业长期超标排放，但因属地环保部门顾虑税收贡献，仅采取"约谈+限期整改"的柔性处理方式，导致周边居民反复投诉。更严重的是部分领域存在"以罚代管"倾向，某地交通执法部门对货车超载问题过度依赖罚款手段，半年内开具 2000 余张罚单，却未针对源头装载企业开展有效监管，形成"罚款—复犯"的恶性循环。

---

〔1〕 郝铁川、包来友：《构建社会治理检察建议制度的理论基础》，载《人民检察》2020 年第 21 期。

在内部监督层面，部分行政处罚案件未经审核即作出决定，暴露出重大执法决定审核制度执行不到位的问题。在外部监督层面，渠道不畅的困境凸显。某地级市"12345"热线每年接收行政违法投诉占比较高，但因缺乏与纪检监察机关的联动机制，有效处置不足。在社会监督层面，公众参与渠道多局限于事后举报，某小区居民在规划调整公示期内提出的异议，因缺乏前置沟通机制未被采纳，最终引发群体性信访事件。

（三）推进行政机关依法行政的策略

依法行政是法治国家的核心原则，它要求行政机关在行使权力、管理公共事务时，必须严格遵循法律的规定和程序。为了实现这一目标，我们必须面对并解决依法行政在实践中所面临的诸多挑战，不断完善和发展依法行政的制度体系。

1. 完善法律法规体系

立法工作需构建"动态响应—精准修缮"的机制。在全面梳理现行法规时，应建立"问题清单—责任台账"制度，组织法学专家、实务工作者与公众代表开展三方研讨，通过案例回溯分析识别法规适用中的模糊地带。对涉及新兴领域的法律空白，可借鉴"试点立法"模式，在部分地区或行业开展制度试验，待经验成熟后再上升为全国性规范。[1]例如，针对数字经济领域出现的算法歧视、数据跨境流动等新问题，可先在自贸试验区探索立法，再形成统一法律框架。同时建立定期评估机制，对滞后于社会发展的条款，通过专项修订、打包修改等方式及时更新，确保法律规范与现实需求同频共振。

2. 规范行政程序

行政程序规范化需构建"标准制定—执行指引—风险防控"

---

〔1〕　邓佑娟：《论我国检察机关在宪法实施中的困境与出路》，宁波大学2020年硕士学位论文。

的闭环管理体系。在程序规则设计上，应细化行政许可、行政处罚等不同行为类型的流程图，明确每个环节的法定时限、材料要求和责任主体。例如，对行政许可办理流程，可设置受理回执、材料补正告知等标准化文书模板，避免因程序表述模糊引发争议。同时建立程序执行负面清单，将未履行听证告知、超期未作出决定等常见程序违法行为纳入重点监管。推行行政程序电子化，通过政务平台自动预警程序节点，对即将到期的审批事项自动提醒承办人员。针对重大行政决策，建立程序合规性审查前置机制，由法律顾问对程序合法性进行独立评估，从源头上防范程序瑕疵。[1]

3. 加强执法监督

执法监督需构建"内部制衡—外部协同—科技赋能"的立体化监督网络。在内部监督层面，应建立"日常巡查+专项督查+个案评查"的多层级监督模式，上级机关通过随机抽查案卷、调取执法记录仪数据等方式开展动态监管。对执法投诉较多的领域，可推行交叉检查机制，由异地执法部门进行互查互评。在外部监督层面，应畅通人民代表大会专项质询、司法机关司法建议、媒体舆论监督等多元渠道，建立监督线索"接收—转办—反馈"的闭环处理机制。例如，对群众举报的执法不公问题，要求承办单位在7个工作日内作出初步回应，并在30日内反馈调查处理结果。同时引入区块链存证、大数据分析等技术手段，对执法全过程进行可追溯管理，自动识别异常执法行为，实现监督从被动应对向主动预警转变。[2]

---

〔1〕 柯丹静：《监察体制改革背景下派驻检察室的职能定位与发展路径研究》，陕西师范大学 2020 年硕士学位论文。

〔2〕 张乾：《我国检察民事公益诉讼制度完善研究》，华东政法大学 2020 年博士学位论文。

4. 推进政务公开

政务公开工作应构建"制度保障—渠道拓展—互动深化"的全链条服务体系。在制度建设方面，可制定政务信息公开负面清单，明确除涉及国家秘密、商业秘密和个人隐私外，行政决策草案、执法结果等信息均应主动公开；建立信息公开动态调整机制，对群众关注度高的政策文件，通过图解、视频等可视化形式进行解读。在公开渠道方面，除传统政府网站外，应重点拓展政务新媒体矩阵，在抖音、微信等平台开设政务直播间，实时回应热点问题；建立"群众点单—政府作答"的互动机制，对网民留言实行分类分级办理，简单咨询类问题24小时内在线答复，复杂政策类问题由业务部门牵头研究后形成专题答复；定期开展政务公开满意度调查，将群众评价结果纳入部门绩效考核，推动政务公开从"被动公开"向"主动服务"转型。

第六章

检察权在社会治理中的功能分析

检察权在社会治理中的角色日益凸显，其与社会治理的关系正从传统司法职能向现代化治理体系转变。检察机关不仅是维护法律权威和社会正义的"最后一道防线"，更通过主动参与社会治理的创新实践，成为推动国家治理能力现代化的重要力量。

在基层治理层面，检察机关建立"检察服务站+社区网格"联动机制，通过派驻检察官进社区，将法律监督触角延伸至矛盾纠纷源头。例如，在物业管理纠纷频发的老旧小区，检察官联合社区调解员开展法律宣讲，对违规收费、公共收益侵占等问题进行专项监督，既保障了居民合法权益，又推动形成共建共治共享的社区治理格局。[1]

面对生态环境、食品药品安全等公共利益保护难题，检察机关充分运用公益诉讼手段，构建"诉前磋商+检察建议+提起诉讼"的全链条监督模式。某省检察机关针对跨区域河流污染问题，联合环保部门建立生态修复补偿机制，通过督促企业履行环境治理责任、推动地方政府完善监管体系，实现了"办埋

---

〔1〕 张乾：《我国检察民事公益诉讼制度完善研究》，华东政法大学 2020 年博士学位论文；韩静茹：《公益诉讼领域民事检察权的运行现状及优化路径》，载《当代法学》2020 年第 1 期。

一案、治理一片"的社会效果。

在行政权监督领域，检察机关通过行政公益诉讼、行政非诉执行监督等方式，重点监督行政机关不作为、乱作为现象。针对某县土地闲置问题，检察机关向自然资源部门发出检察建议，推动建立土地动态巡查制度，有效盘活存量土地资源，提升了政府行政效能。

这些实践表明，检察权已突破传统司法边界，成为社会治理体系中兼具法律监督与社会调节双重功能的重要力量，为推进法治中国建设提供了坚实保障。

第一节　检察权与公共利益保护

检察权作为现代法治国家权力体系的关键支柱，其核心价值植根于公共利益的维护与社会公平正义的捍卫。在公共利益保护的实践场域中，检察权通过三重维度构建起立体化的履职网络。

在法律监督维度，检察机关依托行政公益诉讼制度，对生态环境损害、食品药品安全隐患等领域开展主动监督。当发现某化工企业违规排放废水威胁水源地时，检察机关可通过诉前检察建议督促环保部门履职，若整改不力则直接提起诉讼，将法律条文转化为守护公共利益的实际行动。

在刑事追诉维度，针对制售假劣药品、非法采矿等严重侵害公共利益的犯罪行为，检察机关不仅承担提起公诉的职责，更通过提前介入侦查、引导取证等方式，强化对犯罪行为的全链条打击。在某跨省假疫苗案中，检察机关通过刑事附带民事公益诉讼，既追究了侵权人的刑事责任，又要求侵权人承担惩罚性赔偿，形成司法震慑。

在社会治理维度，检察权以个案办理为切口，通过制发社会治理类检察建议推动系统性问题解决。在某老旧小区消防通道长期被占用的案件中，检察机关在监督整改的同时联合住建、消防等部门开展专项整治，将单一案件转化为城市治理的升级契机。这种多维度的履职方式，使检察权真正成为公共利益的"守护者"和社会公平正义的"压舱石"。在刑事司法领域，检察机关通过精准行使公诉权，对侵害公共安全、破坏市场经济秩序等犯罪行为展开攻势。例如，在惩治环境污染犯罪时，不仅依法追究企业偷排污染物的刑事责任，还通过附带民事诉讼要求责任人承担生态修复费用，实现对环境资源的全链条保护。而在公益诉讼领域，检察机关主动回应社会关切，针对食品安全、个人信息泄露等民生痛点，探索"等外"领域案件办理。以某省检察机关办理的保健品虚假宣传案为例，检察机关通过向市场监管部门发出检察建议、提起民事公益诉讼等方式，不仅责令企业赔偿消费者损失，还推动建立了行业准入黑名单制度。

行政检察监督则是检察权守护公共利益的另一道坚实的防线。检察机关通过行政公益诉讼、行政非诉执行监督等方式，紧盯土地出让、国有资产流失等关键环节。在某地违规审批商业开发项目导致耕地流失案件中，检察机关通过发出检察建议、提起行政公益诉讼，最终促使地方政府撤销违法审批文件，并对相关责任人启动问责程序。这种"监督+纠错"的模式，有效防止了行政权力越界，确保了公共资源分配的公平性。

在权力协同层面，检察机关主动打破部门壁垒，与生态环境、市场监管等行政部门建立信息共享平台，实现线索双向移送与执法司法联动，通过与审判机关定期召开联席会议，统一法律适用标准，形成保护公共利益的司法合力。面对全球化带来的新挑战，检察系统积极参与国际刑事司法协助，在跨境电信诈骗、跨国环境污染等案件中与多国执法机构开展联合调查，推动构建全球公共利益保护网络。这些实践不仅丰富了检察权的运行范式，更彰显了现代法治体系守护公共利益的制度效能。

一、公益诉讼制度的构建与发展

公益诉讼制度作为现代法律体系中维护公共利益的重要机制，其构建与发展是法治进步的重要标志。该制度以法律赋予的特殊诉讼权为依托，允许检察机关、符合条件的社会组织，甚至在部分国家开放公民个人针对环境污染、市场垄断、食品药品安全隐患等损害不特定多数人利益的行为提起诉讼。这种"以法维权"的模式突破了传统诉讼"谁受损谁起诉"的限制，通过司法程序的介入及时修复被破坏的公共秩序，本质上是社会治理从被动应对向主动预防的重大转变。

在制度构建层面，各国均采取渐进式立法策略。欧盟成员国通过修订《欧盟运行条约》增设环境公益诉讼条款，同步出台配套细则明确欧洲环保组织的诉讼资格；美国则通过《清洁空气法》创设"公民诉讼"条款，赋予普通民众监督企业排污的法律武器。这些实践共同印证了成熟的公益诉讼体系需精准界定原告资格——既避免诉讼权滥用导致司法资源浪费，又防止门槛过高形成维权壁垒，同时合理划定受案范围，将社会关注度高、公共利益受损严重的领域纳入司法管辖，并建立与环境监测、市场监管等行政部门的证据共享机制，形成"行政执法+司法裁判"的立体保护网络。

公益诉讼制度效能在具体司法实践中也得到了充分验证。在长江流域生态保护行动中，检察机关通过提起环境公益诉讼，不仅使污染企业承担了上亿元生态修复费用，更推动建立了"异地补植""替代性修复"等新型责任承担方式；在某互联网平台"大数据杀熟"案件中，消费者协会作为原告起诉，促使平台修改算法规则并公开道歉，直接推动了《个人信息保护法》相关条款的细化。这些案例显示，公益诉讼已从单纯的个案救济，发展为推动行业规范、填补立法空白的重要法治工具，在守护绿水青山、保障舌尖安全、维护市场公平等方面持续释放制度红利[1]。

（一）检察权的基本属性与公共利益保护的关联

检察权在我国法律体系中具有独特的地位，它既是国家权力的重要组成部分，也是维护公共利益的关键工具。从法律地位来看，检察机关作为专门的法律监督机关，其权力源自宪法和法律的明确规定，旨在确保法律的统一正确实施，维护司法公正，进而保护公共利益不受侵害。公共利益在此背景下被界定为全体公民共同享有的权益，包括但不限于国家安全、社会稳定、经济秩序、环境保护以及公民的基本权利等。检察机关通过行使监督权，确保这些公共利益免受损害。

检察权的独立行使对于公共利益保护至关重要。检察机关在行使职权时必须保持独立性，不受任何行政机关、社会团体和个人的干涉。这种独立性确保了检察机关能够公正无私地履行职责，有效防止权力滥用或不当干预导致的公共利益受损。独立行使检察权意味着检察机关能够在处理涉及公共利益的案件时，依据事实和法律规定作出决定，不受外部压力的影响，从而维护法律的尊严和权威。

作为法律监督机关，检察机关在保护公共利益的过程中扮演着不可或缺的角色。这不仅体现在对刑事犯罪的打击上，还表现在对行政行为的合法性审查、民事和公益诉讼的提起等多

---

〔1〕 吕志祥、付秋池、陶星：《效力证成与能动检察：检察机关服务优化营商环境的法理分析》，载《昆明理工大学学报（社会科学版）》2022年第4期。

个方面。检察机关通过对侦查、审判活动的有效监督，确保司法过程的公正性和透明度，从而维护公共利益。此外，检察机关还积极参与社会治理，通过发布检察建议等方式，促进相关单位改进工作，预防违法行为的发生，为维护公共利益提供了强有力的法律保障。综上所述，检察机关通过其法律地位的确立、独立性的保障及其在法律监督中的积极作用，为公共利益的保护构筑了一道坚实的防线。

（二）检察权在公共利益保护中的具体职能

检察权在公共利益保护中扮演着至关重要的角色，其具体职能深刻体现了法律监督与公共利益维护的紧密联系。检察权通过提起公诉的方式，有效维护了社会的公共秩序与安全。针对严重危害社会秩序、挑战法律底线的犯罪行为，检察机关依法提起公诉，将犯罪分子绳之以法，恢复社会正义，保障人民群众的安宁生活。

公益诉讼作为检察权在公共利益保护中的另一项重要职能，针对损害公共利益却无人或无力提起诉讼的行为，检察机关挺身而出，以公共利益代表身份向法院提起诉讼。这一制度的设计，确保了当公共利益受到侵害时，能有相应的法律机制予以救济，防止了"公地悲剧"的发生，促进了社会的公平与和谐。

发出检察建议也是检察权在公共利益保护中不可或缺的方式。检察机关在履行职责过程中，若发现相关行政机关或企事业单位存在履职不到位、制度不健全等问题，可能导致公共利益受损的，会及时发出检察建议，督促其纠正错误、完善制度、履行职责。这种"治未病"的方式，有效预防了公共利益可能遭受的损害，体现了检察权的前瞻性和预防性。[1]

---

〔1〕　吴超：《民事检察制度的运行困境与完善路径研究》，广西大学 2022 年硕士学位论文。

检察权在公共利益保护中的具体职能，包括提起公诉以维护社会公共秩序与安全、提起公益诉讼以救济受损的公共利益以及发出检察建议以预防公共利益受损，这些共同构成了检察权在公共利益保护领域的坚固防线。

（三）检察权与行政权在公共利益保护中的互动

在公共利益保护的过程中，检察权与行政权之间形成了紧密而有效的互动关系，这种互动不仅促进了政府依法行政，也巩固了公共利益的安全屏障。检察机关作为法律监督机关，对行政权的行使负有监督职责，通过监督行政机关的执法行为，确保执法行为合法、公正、高效。行政机关在执法过程中发现可能涉及犯罪或严重损害公共利益的行为时，也会及时移送检察机关处理，形成了监督与执法相互支持、相互促进的良好局面。

为了进一步提升公共利益保护的效果，检察机关与行政机关积极建立信息共享与联合执法机制，通过构建跨部门的信息交流平台，实现案件线索、执法信息、政策法规等资源的共享，为双方协同作战提供了有力支持。在此基础上，针对一些跨领域、跨部门的复杂公共利益保护问题，检察机关与行政机关还会联合开展专项行动，集中力量进行整治，有效打击了各类违法行为，维护了社会公共利益。

在处理涉及公共利益保护的行政争议时，检察机关也发挥着重要作用。当公民、法人或其他组织对行政机关的行政行为提出异议，认为其侵犯了公共利益时，检察机关可以依法介入调查，了解事实真相，评估争议双方的诉求与理由。在查明事实、分清是非的基础上，检察机关会积极协调双方进行协商解决，或者通过发出检察建议、督促行政机关依法履行职责等方式，推动争议得到妥善解决，从而保障公共利益。

（四）检察权在环境保护领域的公共利益保护实践

在环境保护领域，检察机关作为公共利益的重要守护者，其保护实践展现出了显著的成效与深远的意义。检察机关积极推进生态环境公益诉讼，针对破坏生态环境、损害公共利益的行为，依法向人民法院提起诉讼，要求违法者承担修复环境、赔偿损失等责任。这一制度的实施，不仅有效遏制了环境违法行为，还促进了受损生态环境的恢复与治理，为人民群众提供了更加优美宜居的生活环境。通过生态环境公益诉讼的成功案例，检察机关也进一步增强了社会公众的环保意识，推动了全社会形成共同保护环境的良好氛围。

检察权在环境保护中的实践还体现在对企业经营的监督上。检察机关通过加强对企业环境守法情况的监督检查，督促企业建立健全环保制度，严格遵守环保法律法规，防止环境污染事故的发生。对于存在环境违法行为的企业，检察机关不仅依法追究其法律责任，还注重引导企业开展环境整改，实现绿色、低碳、循环发展。这种监督与引导相结合的方式，既惩罚了环境违法行为，又促进了企业的转型升级和可持续发展。[1]

检察机关还积极参与环境治理工作，为促进可持续发展贡献力量。检察机关通过参与生态环境治理规划、政策制定等工作，为政府决策提供法律支持与建议；通过加强与环保部门、司法机关等单位的协作配合，共同推动生态环境治理体系的完善与治理能力的提升。在治理过程中，检察机关注重发挥自身优势，运用法律手段解决环境治理中的难点问题，为构建生态文明、实现可持续发展目标提供了有力保障。

---

[1] 王林：《论"垦荒精神"与"四大检察"的全面充分协调发展》，载《牡丹江大学学报》2022 年第 12 期。

（五）消费者权益保护中的检察权作用

在消费者权益保护领域，检察权以立体化、多层次的履职模式构筑起坚实的法律防线。

在刑事打击层面，检察机关聚焦消费市场的"毒瘤"问题。面对制售假冒伪劣商品的行为，办案人员深入生产窝点与流通渠道，通过固定电子交易记录、检验产品成分等方式，将隐蔽的犯罪链条完整揭露。例如，在某跨省保健品诈骗案中，检察机关提前介入侦查，指导公安机关锁定犯罪团伙通过直播带货实施虚假宣传、价格欺诈的证据，最终以诈骗罪提起公诉，涉案人员均获刑。这种"全链条打击+精准定性"的办案模式，形成了强大的法律震慑效应。

在公益诉讼支持方面，检察机关建立了"线索筛查—专家论证—联动维权"的全流程支持机制。当发现群体性消费侵权事件时，检察官主动走访受害消费者，协助收集聊天记录、支付凭证等维权证据。在某知名餐饮品牌使用过期食材事件中，检察机关支持消费者协会提起民事公益诉讼，不仅要求企业承担赔偿责任，还推动市场监管部门对涉事品牌全国门店开展专项检查。这种"个案维权+行业整治"的双重路径，让公益诉讼真正成为消费者的"维权利器"。

检察监督体系则通过"嵌入式"监督实现风险防控。在食品安全领域，检察官定期参与市场监管部门的联合抽检行动，对食品添加剂使用、冷链运输温度等关键环节进行监督；在产品质量领域，检察机关依托"两法衔接"平台实时掌握行政处罚信息，对可能涉及刑事犯罪的线索及时介入调查。某电动车锂电池爆炸事故发生后，检察机关迅速启动行政公益诉讼诉前程序，督促企业召回问题产品，推动行业标准修订，将安全隐患消灭在萌芽状态。[1]

通过刑事打击、公益诉讼、检察监督的三维联动，检察机关既当好消费市场的"守护者"，又做好社会治理的"助推器"，将法治保障切实转化为消费者的切身感受。

二、检察机关在环境保护、食品安全等领域的作用

（一）环境保护领域的检察监督与促进

在环境保护领域，检察机关以立体化监督网络构建起生态法治屏障。在执法监督层面，检察机关创新采用"线上+线下"双轨巡查机制，通过调取环保部门在线监测数据、无人机航拍巡查等技术手段，精准锁定排污企业的偷排漏排行为。2023 年某市检察机关在专项行动中，利用卫星遥感影像分析锁定非法占用耕地线索，联合公安部门开展突击检查，成功取缔多处违规采石场，及时制止生态破坏行为的持续恶化。

在公益诉讼实践中，检察机关突破传统办案模式，探索"诉前磋商+检察建议+诉讼追偿"的阶梯式救济路径。针对某化工园区土壤污染案件，检察机关在立案前多次组织环保专家、污染企业、村民代表召开圆桌会议，推动企业主动出资用于土壤修复工程。若磋商无果，检察机关则果断提起民事公益诉讼，要求污染企业承担直接经济损失赔偿，并支付生态服务功能损失费用，通过司法裁判明确环境损害赔偿标准。

在政策参与维度，检察机关建立"个案研判—类案分析—政策建议"的转化机制。某省检察院在办理系列非法捕捞案件后，深入分析渔业资源保护法规漏洞，向农业农村厅提交了包含六项立法建议的调研报告，推动修订渔业资源保护条例，增

---

[1]　赵晏民、岳文皓：《我国社会治理检察建议运行模式及其正当程序建构》，载《黑龙江省政法管理干部学院学报》2023 年第 1 期。

设生态补偿替代性责任条款。[1]检察机关还依托"两法衔接"平台建立环保执法案例数据库，定期发布典型案例，为政策制定提供实证参考。

在企业合规监管方面，检察机关推行"一企一档"动态管理模式，联合第三方机构对高污染企业开展环保合规体检。针对某钢铁企业存在的废气超标问题，检察机关协同环保部门制定"整改任务清单"，明确整改措施和时间节点，并引入环保合规承诺制，要求企业法定代表人签署环保合规承诺书。

（二）食品安全领域的检察保障与维权

在食品安全领域，检察机关以"全链条监管、全环节守护"为核心，构建起立体化检察保障与维权体系。在刑事打击层面，针对制售假冒伪劣食品的"黑作坊"，非法添加工业明胶、瘦肉精等有毒有害物质的违法行为，检察机关通过提前介入侦查、引导取证，确保案件证据链完整。某省检察机关曾在三个月内集中起诉多起利用病死畜禽加工肉制品的案件，对主犯依法提出十年以上量刑建议，形成强有力的震慑。依托"两法衔接"平台，检察机关与市场监管部门建立案件线索双向移送机制，实现行政执法与刑事司法无缝对接，将犯罪扼杀在萌芽阶段。

在公益诉讼方面，检察机关探索"支持起诉+督促履职"双轨模式。针对群体性食品安全事件，不仅协助消费者协会梳理证据、撰写诉状，还对监管部门怠于履职的行为发出检察建议。在某品牌奶粉重金属超标事件中，检察机关联动消费者协会提起民事公益诉讼，要求企业支付惩罚性赔偿金，并推动建立食品行业"黑名单"制度。此外，检察机关还通过典型案例发布、短视频普法等形式，将晦涩的法律条文转化为消费者易懂的维

---

〔1〕 王彦春、王月：《少捕慎诉慎押刑事司法政策下酌定不起诉制度研究》，载《辽宁公安司法管理干部学院学报》2023 年第 1 期。

权指南，增强公众依法维权的意识。

在生产流通环节监管上，检察机关创新建立"三查联动"机制：日常巡查聚焦校园周边、农村集市等重点区域，突击检查节假日等高风险时段，抽样检测则联合第三方机构开展"飞行检查"。在某次对预制菜企业的专项检查中，检察人员通过溯源系统倒查原料采购记录，发现供应商未按规定履行检疫程序，随即督促企业整改并对相关责任人立案调查。此外，检察机关还主动参与《食品添加剂使用标准》等法规修订，从法律层面明确新型食品业态监管责任，并组织专家对网络食品经营平台开展合规培训，推动行业自律。检察机关通过构建"打击—监督—预防"三位一体工作格局，真正实现食品从农田到餐桌的全流程守护。

（三）跨领域协作与综合治理机制

在构建跨领域协作与综合治理机制的攻坚阶段，检察机关如同精密齿轮组中的核心传动部件，以法律监督者的专业定位，精准对接不同领域的治理需求。在生态环境与市场监管的协同治理实践中，多地检察机关已形成"1+N"联动模式——以检察建议为牵引，联合环保部门开展工业污染源专项排查，与市场监督管理局建立食品生产企业"双随机"检查机制。通过搭建统一的信息共享平台，检察机关和相关部门实现环境监测数据、市场主体信用记录、行政处罚信息的实时互通，有效破解"信息孤岛"难题。在某起跨省非法倾倒危险废物案件中，检察机关通过提前介入，协调公安、环保部门组建联合专案组，仅用15天便锁定犯罪链条，查获多家涉案企业。

面对生态保护与食品安全的复合型治理难题，检察机关创新采用"问题清单+责任图谱"工作法。在长江流域禁渔专项整治行动中，检察人员联合渔政、海事部门深入码头、水产市场，通过实地走访、取样检测，精准定位非法捕捞、销售违禁渔获物等环节的监管漏洞。针对某大型连锁超市违规销售野生动物制品的线索，检察机关牵头召开由林业、市场监督管理、公安经侦等部门参与的联席会议，通过逐节剖析供应链条，明确各部门执法权责边界，最终形成涵盖溯源管理、联合惩戒、普法宣传的全链条解决方案。在此过程中，检察人员充分发挥法律专业优势，对执法程序规范、证据固定标准等关键问题进行现场指导，确保行政机关执法行为经得起法律的检验。

在社会治理的广阔维度中，检察机关着力打造"法治服务生态圈"，通过设立生态环境和食品药品安全领域的公益损害举报中心，畅通群众监督渠道；联合社区、学校开展"法律明白人"培训工程，培养基层法治宣传员；在农贸市场、电商平台等重点场所设立"检察联络点"，提供即时法律咨询。在某省开展的"守护舌尖上的安全"专项行动中，检察机关不仅依法办理了多起重大食品安全案件，更推动建立食品生产经营企业"红黑榜"制度，联合行业协会制定相关规定，将个案办理转化为行业治理效能。这种多元共治模式，既有效提升了公众参与社会治理的积极性，也通过法治赋能让食品安全防线从"监管者独管"升级为"全社会共管"。[1]

（四）检察机关在环境保护与食品安全教育中的角色

检察机关在环境保护与食品安全教育中扮演着举足轻重的角色。其通过一系列创新且扎实的举措，将法律知识转化为公众听得懂、用得上的实用信息，切实提升全民法治意识，为筑牢绿色、健康的社会环境防线提供有力保障。

在法治宣传层面，检察机关构建起"线上+线下"立体式传

---

〔1〕 周翔：《司法数字化中的法律专家地位和参与方法——以检察机关为例》，载《浙江大学学报（人文社会科学版）》2023 年第 3 期。

播网络。线下，检察官化身普法讲师，走进社区广场、校园礼堂、企业会议室，用通俗易懂的语言讲解《环境保护法》《食品安全法》的核心条款。例如在某社区普法讲座中，检察官通过模拟超市选购场景，现场演示如何识别食品标签、判断商品合规性；在工业园区开展的巡回宣讲中，检察官以企业排污许可办理流程为切入点，帮助企业明晰法律责任。线上，检察机关则打造新媒体普法矩阵，在微信公众号开设"法治小课堂"专栏，制作动画短视频解读典型案例，利用抖音平台发起"守护舌尖上的安全"话题互动，吸引大量网民参与讨论。

　　检察机关还建立案件筛选评估机制，从海量案件中筛选出具有代表性的环境破坏、食品造假案例，制作成图文并茂的警示教育手册。在某起非法倾倒工业废渣案件中，检察官深入剖析企业为降低成本铤而走险的心理，通过对比合规处理与违法代价的差距，直观展现法律红线不可触碰。[1]此外，检察机关还联合电视台制作专题访谈节目，邀请案件当事人现身说法，以其真实的忏悔与教训引发社会共鸣。

　　针对不同群体的专题培训工作更注重实用性。检察机关在为基层执法人员开设的"环境执法实务训练营"中，设置模拟执法场景演练环节，由资深检察官指导如何规范制作现场检查笔录、固定关键证据；在面向食品生产企业开展的"质量安全提升班"中，组织企业负责人实地参观食品检测实验室，了解从原料采购到成品出厂的全流程监管要点。每场培训后均设置答疑环节，将法律条文与企业实际经营问题结合，确保培训内容真正落地。

---

〔1〕蒋涤非：《社会治理检察建议刚性实现路径研究》，载《广西政法管理干部学院学报》2023 年第 2 期。

（五）技术创新在检察工作中的应用

在检察工作中，技术创新正成为推动工作效能提升、优化办案流程的重要驱动力。检察机关积极拥抱大数据、云计算等前沿技术，不断探索其在监督、预警及办案等方面的应用，以科技赋能检察工作，促进公平正义的实现。

首先，检察机关充分利用大数据和云计算的强大能力，构建智能化监督平台，实现对海量数据的快速分析与处理[1]。通过深入挖掘案件信息、关联分析数据线索，检察机关能够更加精准地发现潜在的环境污染与食品安全问题，提升监督效能。这些技术手段还有助于实现对案件办理流程的实时监控与评估，确保每一环节都符合规范，保障司法公正。

其次，检察机关积极建立环境污染与食品安全监测预警系统。该系统依托物联网、传感器等先进技术，实现对环境质量、食品生产流通等关键环节的实时监测与数据分析。一旦发现异常情况或潜在风险，系统将立即发出预警信号，为检察机关及时介入、迅速处置提供有力支持。这种预警机制有助于将问题扼杀在萌芽状态，保护人民群众的生命健康与财产安全。

最后，检察机关大力推动智慧检务建设，将信息技术深度融入检察工作的各个环节。通过建设智慧办案平台、智能辅助办案系统等，检察机关实现了办案流程的自动化、智能化，大大提高了办案效率与质量。智慧检务还提供了便捷的在线服务渠道，方便群众咨询、举报与监督，进一步增强了检察工作的透明度与公信力。

（六）国际视野下的环境保护与食品安全合作

在全球化浪潮席卷下，跨国界的环境保护与食品安全问题

---

〔1〕 王钰涵、柯阳友：《反电信网络诈骗检察公益诉讼制度的现实困境与完善路径》，载《河北法学》2025年第7期。

呈现出复杂交织的特点，跨国企业非法倾倒工业废料、跨境走私受污染农产品等现象屡见不鲜。这些问题不仅威胁生态安全与公众健康，更对传统司法管辖边界形成挑战。我国检察机关主动突破地域限制，深度参与联合国环境规划署、世界卫生组织框架下的"全球环境执法网络""国际食品供应链安全协作计划"等合作项目，通过定期举办跨境案件研讨会，与欧盟司法合作组织、美国联邦调查局、美国食品药品监督管理局等机构建立个案协查通道等方式，构建起覆盖全球的信息共享网络。

在制度革新层面，我国检察机关将国际经验与本土实践深度融合，以欧盟环境犯罪刑事立法为参照，推动国内增设"跨境污染连带责任"条款；借鉴日本"食品追溯数字化管理"模式，研发全国统一的食品安全溯源电子档案系统。我国检察机关还联合高校开设跨国司法协作研修班，邀请国际检察官联合会专家授课，培养既精通国际公约又熟悉国内法律的复合型检察人才。通过设立环境公益诉讼技术实验室，引入美国先进的环境损害评估模型，显著提升了我国污染案件的司法鉴定效率。

面对跨国犯罪的隐蔽性特征，我国检察机关创新构建"信息共享—联合侦查—司法互助"三位一体协作机制，在东南亚海域非法捕捞案中，与东盟国家检察机关共享卫星监测数据，锁定跨国犯罪团伙踪迹；针对非洲猪瘟疫情期间的走私冻肉案件，与国际刑警组织联合开展"清链行动"，通过跨境电子取证技术固定犯罪证据；在中欧联合打击"洋垃圾"走私专项行动中，建立起案件信息实时互通平台，实现海关、环保、公安等多部门协同作战，形成跨国犯罪打击闭环。这些实践既彰显了中国司法机关维护全球公共利益的坚定决心，也为构建多边司法合作新范式提供了鲜活样本。

（七）检察机关在绿色发展理念下的实践探索

在绿色发展理念的指引下，检察机关以生态司法专业化建设为抓手，积极探索守护绿水青山的司法实践路径，通过设立专门的环境资源检察机构，组建由刑事、民事、行政检察骨干构成的专业办案团队，构建起"专业化法律监督+恢复性司法实践+社会化综合治理"的生态检察模式。在办理某起非法倾倒危险废物污染土壤案件时，办案组不仅依法追究犯罪嫌疑人的刑事责任，还同步启动生态环境损害赔偿程序，协调环保部门对污染地块开展土壤修复，创新采用"替代性修复"机制，要求当事人在指定区域完成生态复绿，最终实现"办理一案、修复一片"的社会效果[1]。

在护航绿色产业发展方面，检察机关主动对接"双碳"目标，建立重点企业"法律体检"常态化机制。针对新能源企业面临的知识产权保护、商业秘密保护等法律问题，检察机关编制《绿色产业合规指引手册》，联合行业协会开展"送法进园区"活动，累计为多家企业提供定制化法律咨询。在某起跨省非法采矿案中，检察机关深挖背后产业链，通过公益诉讼督促行政机关取缔非法矿点，同时向当地政府发出检察建议，推动建立矿产资源联合监管平台，从源头上填补监管漏洞。

为推动绿色发展理念深度融入检察履职全流程，各地检察机关将生态保护要求嵌入案件质量评查标准，对涉及环境资源的案件实行"一案双查"，既审查案件办理的合法性，也评估生态修复的实际效果。在政策制定层面，检察机关明确环境公益诉讼调查取证规范、生态修复费用计算标准等实操细则，推动形成"打击、预防、修复、保护"一体化工作格局，切实将"绿水青山就是金山银山"的理念转化为司法实践效能。

---

〔1〕 孙全胜：《大数据技术赋能数字法治政府建设的作用机理、风险和应对策略》，载《河南社会科学》2025年第2期。

三、检察权的核心价值与公共利益保护

（一）核心价值定位

检察权作为现代法治国家权力体系的重要支柱，其核心价值深植于维护公共利益与社会公正的实践中。在刑事诉讼领域，检察机关通过严格审查起诉，从证据链完整性、法律适用准确性等维度把关，既防止错案发生，保障无辜者权益，又精准打击犯罪行为；在民事和行政诉讼中，检察机关以公益诉讼人身份介入，对环境污染、食品药品安全、国有资产流失等损害公共利益的行为提起诉讼，典型如针对某企业违规排放废水导致河流污染的公益诉讼，成功促使企业承担生态修复责任，实现"办理一案、治理一片"的效果。

这种权力运行机制具有双重监督属性：一方面，检察机关对公安机关的侦查活动进行监督，通过提前介入、退回补充侦查等方式规范取证行为，防止刑讯逼供、非法取证等问题；另一方面，检察机关对法院审判活动进行法律监督，针对确有错误的判决、裁定提出抗诉，维护司法裁判的公正性。以某起刑事案件为例，检察机关在审查中发现关键物证存在瑕疵，及时要求公安机关补充侦查，最终避免了一起冤假错案。

检察权的行使遵循严格的程序规范与价值导向。从案件线索受理、初查核实到立案调查，每个环节均设置明确的期限与标准，通过内部监督与外部制约相结合的方式，确保权力不被滥用。在司法责任制改革背景下，检察官需对案件质量终身负责，这种制度设计促使办案人员以客观中立的态度审查案件，从证据真实性、程序合法性、法律适用准确性等方面层层把关，真正让人民群众在每一个司法案件中感受到公平正义，夯实法治社会的信任根基。

（二）公共利益的界定

公共利益作为现代社会治理的核心概念，是指那些对全体社会成员具有普遍价值和重要性的权益集合，其内涵超越了个体或小团体的利益边界。从具体维度来看，国家安全领域涵盖军事防御、情报安全、网络空间防护等方面，例如国家通过部署防空识别区、建设信息安全防火墙等措施，为公民构筑起抵御外部威胁的安全屏障。在经济秩序方面，市场监管部门通过制定反垄断法、消费者权益保护条例等法规，既约束企业的不正当竞争行为，又为中小微企业提供税收优惠政策，形成良性的商业生态。在环境保护方面，从城市垃圾分类强制政策到国家级自然保护区的设立，再到新能源汽车产业补贴政策，每一项具体措施都在平衡发展需求与生态保护之间的关系。而公民基本权利的保障，不仅体现在宪法条文的明确规定中，更通过教育资源均衡分配、公共就业服务平台搭建等实际举措，让平等受教育权、就业权等落到实处。

这些权益相互交织、互为支撑，共同构成公共利益的完整图谱。无论是地方政府推进老旧小区改造工程，还是国家层面实施乡村振兴战略，本质上都是公共利益在不同治理场景中的具象化表达。作为法律与政策制定的基石，公共利益的实现需要政府、市场与社会形成合力，通过精细化治理手段，切实提升全体社会成员的生活质量与发展机会[1]。

（三）维护公共利益的职能

检察机关作为国家法律监督机关，在维护社会秩序与安全的体系中扮演着"守护者"与"纠错者"的双重角色。在刑事司法领域，其通过严谨的证据审查和精准的法律适用，对盗窃、

---

〔1〕 陈海锋：《检察机关"提前"介入侦查再检视》，载《政治与法律》2025年第3期。

诈骗、暴力犯罪等传统刑事案件提起公诉，将犯罪嫌疑人送上审判席，以法律的威严震慑潜在违法者。

而在公共利益保护层面，公益诉讼机制成为检察机关主动作为的"利器"。以生态环境领域为例，当某化工企业违规排放未经处理的废水，致使周边河流出现大面积污染、鱼类死亡时，检察机关迅速启动调查程序，通过现场勘查、取样检测、走访证人等方式固定证据，随后以公益诉讼的形式起诉该企业，要求其立即停止排污行为，并承担生态修复责任，包括河道清淤、投放鱼苗恢复水生态系统等具体措施。在消费者权益保护场景中，面对商家虚假宣传、销售假冒伪劣产品等侵害众多消费者权益的行为，检察机关突破个体维权的局限性，以公益诉讼形式追究责任方。例如某网红直播间售卖的"三无"保健品，经鉴定存在安全隐患，检察机关通过诉前检察建议督促市场监管部门履职[1]；若问题仍未解决，则提起诉讼，要求商家赔偿消费者损失、公开赔礼道歉，并推动建立行业准入黑名单制度。

这种"打击+预防"的双轨模式，既能通过个案办理实现"一案一纠正"，又能通过司法建议推动行业监管漏洞的填补。如在某食品添加剂超标案件审结后，检察机关向市场监管部门发出完善食品抽检标准的建议，促使相关部门出台更严格的行业规范，从源头上减少违法行为的发生，真正实现"办理一案、治理一片"的社会效果。

四、检察权在公共利益保护中的具体职能

（一）提起公诉以维护社会公共秩序与安全

在扫黑除恶斗争中，某地检察机关曾办理一起暴力垄断物

---

[1]　石雨阳：《数字人民币国际化的法治困境及对策》，载《湖南师范大学社会科学学报》2025 年第 2 期。

流行业的涉黑案件。办案团队连续三个月驻扎在案件发生地,逐户走访上百名商户收集证言,针对犯罪团伙多年来通过暴力收保护费、强迫交易等违法行为形成完整证据链。在审查起诉阶段,检察官发现部分犯罪嫌疑人存在自首情节,立即启动补充侦查程序,核实相关证据后依法认定自首情节,既彰显法律的刚性又体现司法的温度。

这类案件的办理过程,正是检察机关履行法律监督职能的生动实践。在证据审查环节,检察官会逐页核对讯问笔录,对比不同证人的陈述细节;在法律适用阶段,检察官会邀请法学专家对新型网络犯罪的法律定性进行论证,确保每一份起诉书都经得起法律推敲;在公开庭审时,检察官不仅要准确指控犯罪事实,还需回应辩方提出的每一个质疑,通过举证、质证将复杂案情清晰地呈现给合议庭。

在未成年人犯罪案件中,检察机关更展现出司法温情的一面。某地检察院针对未成年人盗窃团伙,在依法提起公诉前联合社工组织开展社会调查,发现这些孩子大多因家庭监护缺失误入歧途。最终在庭审中,检察官提出附条件不起诉建议,并为涉案未成年人制定个性化帮教方案,既维护了法律尊严,又为失足少年打开重新回归社会的大门。这种刚柔并济的司法实践,让法律监督既有力度又有温度,切实守护着社会的公平正义防线。

(二) 通过公益诉讼救济受损的公共利益

在社会生活中,部分损害公共利益的行为常因缺乏明确受害者或个人维权成本过高,陷入无人追责的困境。例如化工企业违规排放废水污染河流,周边居民虽深受其害,但因取证困难、诉讼成本高昂等问题难以单独提起诉讼。又如餐饮商家使用过期食材,虽威胁众多消费者健康,但因个体损失不显著难以形成集体诉讼。检察机关作为公共利益的代表，正是为破解此类困局而生。

依据《民事诉讼法》和《行政诉讼法》赋予的公益诉讼职能，检察机关通过调查取证、专家论证等方式固定违法事实，以国家名义向法院提起诉讼。在环境公益诉讼中，检察机关不仅会要求污染企业停止侵害、赔偿环境修复费用，还会推动建立生态环境损害赔偿磋商机制。面对食品安全隐患，检察机关可以联合市场监管部门开展专项整治，通过制发检察建议、提起民事公益诉讼等方式，督促企业落实主体责任，规范行业经营秩序。

这种"检察主导＋多方协同"的公益诉讼机制，打破了"谁受损谁起诉"的传统诉讼模式。通过建立线索举报平台、跨区域协作机制，检察机关主动筛查网络舆情、群众投诉中的公益损害线索，实现从被动受理到主动监督的转变。例如针对网络外卖平台商户资质审核不严问题，检察机关通过公益诉讼推动平台完善准入机制，既维护了消费者的知情权，又促进了行业健康发展，真正实现了法律监督与社会治理的有机统一。

（三）发出检察建议以预防公共利益受损

检察机关在履行法律监督职责过程中，通过案件办理、线索摸排等多种渠道，敏锐捕捉潜在风险。当发现市场监管部门对食品安全抽检频次不足、环保部门对企业排污监管存在盲区或供水公司水质检测流程存在漏洞等履职不到位情形，以及企业安全生产责任制度缺失、医疗机构药品管理台账不规范等制度性缺陷时，只要这些问题存在损害公共利益的现实风险，检察机关就会迅速启动检察建议程序。

检察建议并非简单的书面通知，而是以调查取证为基础，融合专业法律分析的监督文书。例如在校园周边食品安全专项监督中，检察机关不仅列明商家无证经营、食材储存不合规等具体问题，还会附上《食品安全法》中的对应条款，提出整改期限、验收标准和长效管理建议[1]。收到检察建议后，被监督单位需在规定时限内书面回复整改方案，并定期报送整改进度。

这种监督机制通过"发现问题—精准建议—跟踪问效"的闭环流程，推动问题实质性解决。某地检察机关针对快递驿站消防通道堵塞问题发出检察建议后，联合应急管理部门开展"回头看"，督促企业增设智能烟感报警器、组织消防演练，同时推动行业主管部门出台快递末端网点安全管理规范，从个案监督延伸至行业治理，切实维护社会公共安全。在日常监督中，检察建议还会引导相关单位从完善岗位责任制度、优化业务操作流程、加强人员培训考核等维度，构建起防止问题反弹的制度防线。

五、检察权与行政权在公共利益保护中的互动

(一) 监督与执法的协同作用

检察机关作为我国法律监督体系的核心机关，以《宪法》赋予的法律监督权为基础，构建起对行政权力运行的立体化监督网络。在实际履职中，检察监督并非抽象概念，而是通过行政公益诉讼、行政违法行为监督等具体制度，将法律监督渗透进行政决策、行政执法、行政救济等各个环节[2]。例如在环境监管领域，检察机关通过调阅行政处罚卷宗、现场勘查等方式，核查生态环境部门是否依法履行污染防治监管职责，对怠于履

---

〔1〕 秦前红、王雨亭：《数字时代的"表达"：算法推荐的信息干预及其法治化因应》，载《法治研究》2024 年第 5 期。

〔2〕 常保国、胡雨晴：《论监察从宽处罚建议制度的正当性及其与司法的衔接》，载《河北法学》2025 年第 4 期。

职行为发出检察建议督促整改。

根据《刑事诉讼法》及行政执法与刑事司法衔接机制要求，行政机关一旦发现涉刑案件线索，需在法定期限内移送检察机关，并附现场笔录、检验报告等完整证据材料。检察机关收案后，会组建由检察官、侦查监督骨干构成的专门审查组，通过证据链分析、询问证人等方式，判断是否达到刑事立案标准。在某市场监管部门移送的食品添加剂超标案件中，检察机关通过复核检验数据、追溯原料来源，最终以生产、销售不符合安全标准的食品罪提起公诉。

这种"行政发现—检察审查—刑事追诉"的协同机制，通过个案办理实现监督效能的最大化。在安全生产领域，检察监督促使行政机关完善监管制度，推动建立联合执法机制。更重要的是，检察机关通过制发社会治理类检察建议，针对行政监管漏洞提出系统性解决方案，实现从个案监督到类案治理的跨越，让法律监督真正成为法治政府建设的助推器。

（二）信息共享与联合执法机制

为了进一步提升公共利益保护的效果，检察机关与行政机关创新构建了"双轮驱动"信息共享与联合执法机制。该机制依托数字化政务平台，打造了集线索研判、数据协同、流程追踪于一体的跨部门信息中枢系统[1]。系统设置案件线索智能分拣、执法数据动态更新、法规政策实时推送等功能模块，实现案件办理全流程信息的可视化管理，执法记录仪视频、现场勘查报告等资料可通过加密通道即时上传至云端共享库。

在实际运行中，该平台形成了"日沟通、周研判、月总结"的常态化协作模式。双方可指定联络员通过平台在线会商，梳

〔1〕 张杰：《涉企异地刑事司法的法理甄辨与场景规制》，载《中国刑事法杂志》2025 年第 1 期。

理前 24 小时发现的线索；定期开展联合案情分析会，利用大数据分析模型对高频投诉区域、新型违法形态进行预警研判；每月末则汇总执法数据，形成典型案例分析报告。

这种深度协作机制打破了传统部门壁垒，形成"线索互移、证据互认、程序衔接"的闭环工作链条。在环保领域，生态环境局现场执法时发现企业偷排行为，可即时通过平台发起联合调查申请，检察机关同步启动公益诉讼线索初查程序；在知识产权保护方面，市场监管部门查获侵权产品后，平台自动触发案件分流机制，将刑事侦查线索推送至公安机关，民事维权线索转交检察机关。通过明确各环节责任主体与办理时限，行政执法与法律监督实现无缝对接，缩短案件平均办理周期。

（三）处理涉及公共利益保护的行政争议

当公民、法人或其他组织对行政机关的行政行为提出异议，认为这些行为侵犯了公共利益时，检察机关可以依法介入调查。检察机关首先会深入了解事实真相，评估争议双方的诉求与理由，确保调查工作的全面性和客观性。在查明事实、分清是非的基础上，检察机关会积极协调双方进行协商，努力达成双赢或多赢的结果。如果协商未能解决问题，检察机关还可以通过发出检察建议的方式，指导行政机关依法履行职责，纠正不当行为。在必要时，检察机关也会采取其他法律手段，如提起公益诉讼等，确保争议得到妥善解决，从而维护公共利益[1]。这种机制不仅体现了检察机关在维护法律尊严和促进社会和谐稳定方面的积极作用，也为公民和法人提供了有效的救济途径，确保其合法权益得到充分保护。

---

〔1〕 潘剑锋：《检察公益诉讼立法重点问题探讨》，载《中国法律评论》2025年第1期。

第二节　检察权与社会矛盾化解

检察权作为国家法律监督体系的重要组成部分，在化解社会矛盾、维护社会稳定中发挥着不可替代的作用。检察机关通过构建"排查—研判—化解—预防"的全链条工作机制，成为连接政府与民众、法律与社会的桥梁。

在处理社会矛盾时，检察机关坚持司法为民、公正司法的原则，形成"诉求响应、证据核查、法律指引"三位一体的工作模式。面对群众反映的征地补偿纠纷，检察官会实地勘查现场，调取土地审批文件，约谈涉事企业负责人，通过交叉比对多方证据，精准定位矛盾症结。检察机关根据矛盾特性灵活运用法律手段，对存在监管漏洞的行业领域，制发社会治理类检察建议，督促相关部门完善制度；对民事纠纷当事人，引入心理咨询师介入进行情绪疏导，推动司法和解；对弱势群体维权困难的案件，通过支持起诉帮助其进入司法程序，实现矛盾分层过滤、精准化解。

一、参与社会治安综合治理

检察机关作为法律监督体系的核心枢纽，始终以精准监督筑牢社会稳定防线。在社会治安综合治理实践中，各级检察机关依托"捕诉一体"办案机制，对重大刑事案件提前介入侦查，通过个案引导证据收集、规范侦查程序，从源头减少错案隐患。针对电信网络诈骗、非法集资等新型犯罪，检察机关主动联合公安部门开展专项研判，剖析犯罪手法演变规律，推动建立"线索共享—联合督办—风险预警"的闭环治理模式。

在部门协同层面，检察机关深度参与社会治理网格化建设，与民政部门共建未成年人保护联动机制，对涉案困境儿童进行心理疏导、法律援助、家庭教育指导的"一站式"帮扶；联合教育部门开展"法治进校园"活动，通过模拟法庭、案例巡讲等形式，将预防校园欺凌、性侵害等内容融入日常普法教育。在社区治理中，检察机关依托派驻检察室，与基层司法所共同搭建社区矫正人员帮教平台，针对交通肇事、轻微盗窃等初犯人员，制定个性化矫正方案，将法律教育与职业技能培训相结合，帮助其顺利回归社会。

这种综合治理模式注重标本兼治：在打击犯罪方面，检察机关严格落实认罪认罚从宽制度，对轻微刑事案件快审快结，既彰显法律威严又体现司法温度；在预防犯罪方面，检察机关通过制发检察建议督促行业主管部门填补监管漏洞，近两年针对快递物流、网络直播等新兴领域发出的建议，推动了实名登记、内容审核等行业规范的建立。这种"惩治—预防—修复"的全链条治理，有效实现了个案办理向类案监督、行业治理的延伸，切实将法律监督效能转化为社会治理效能。

（一）构建多元共治格局

在推进社会治安综合治理的攻坚进程中，检察机关锚定"主动融入"的行动坐标，通过构建"检察+多元主体"协作，将法律监督精准嵌入社会治理。在矛盾纠纷排查化解环节，检察干警化身"社区治理观察员"，联合网格员逐户走访排查，运用"法律风险三色预警机制"，对家庭纠纷、租赁矛盾等潜在风险进行分级标注。例如在老旧小区改造项目中，检察人员会同街道办、社区法律顾问组成专项调解小组，针对拆迁补偿、施工扰民等问题开展"法律门诊"，将群体性纠纷化解在萌芽状态。

在特殊人群服务管理领域，检察机关探索建立"一人一档一方案"的个性化帮扶机制，针对社区矫正对象，联合心理咨询机构开展心理测评，为有再犯风险的人员定制包含职业技能培训、家庭关系修复在内的矫正方案；对刑满释放人员，协同人社部门、企业搭建"阳光就业基地"，通过定向岗位推荐帮助刑满释放人员实现稳定就业[1]。在重点行业整治方面，检察机关针对外卖骑手、网约车司机等新兴职业群体，联合行业协会推出"法律护航"专项行动，通过案例巡展、线上普法课堂等形式提升从业者的法律意识。

作为法律监督的重要主体，检察机关创新构建覆盖事前预警、事中处置、事后溯源的"全链条协同机制"。在打击新型网络犯罪时，检察机关与公安网安部门建立"云端取证实验室"，通过区块链存证技术解决电子证据易篡改、难固定的问题。在一起跨省网络诈骗案中，双方运用联合取证平台 72 小时内完成电子数据固化，为案件快速侦破提供关键证据。针对未成年人保护，检察机关与教育部门、妇联共同开发"未成年人成长护航系统"，整合校园欺凌举报、心理测评、家庭教育指导等功能模块，对存在严重不良行为的未成年人实施"红黄蓝"三色动态管理，形成从发现问题到跟踪帮扶的完整闭环。

依托智慧检察系统，检察机关打破部门间的数据孤岛，建立社会治理"数字驾驶舱"。通过对 12309 检察服务热线、信访数据、网络舆情等多维度信息的智能分析，系统可自动生成治安风险热力图，精准识别出传销活动活跃区域、非法集资高发领域等重点防范领域。在某次因征地补偿引发的群体性事件预警中，检察机关提前介入，联合属地政府召开协商会议，推动建立补偿方案听证制度，将矛盾化解在政策制定阶段。这些实

---

〔1〕　张迪：《数字检察的逻辑、风险及其治理》，载《云南社会科学》2025 年第 1 期。

践不仅构建起立体化的协同治理网络，更通过标准化流程再造，让法律监督成为破解社会治理难题的精准利器。

（二）强化犯罪预防与矫治

强化犯罪预防与矫治是检察机关履行法律监督职责的核心命题。面对社会转型期复杂的治安形势，检察机关突破传统"重打击、轻预防"的工作模式，将犯罪防控体系建设纳入法律监督全流程。在社会治安风险评估环节，检察人员依托大数据平台建立犯罪预警模型，对重点区域、高发领域进行动态监测，例如针对电信网络诈骗犯罪，通过分析犯罪手段迭代规律，向公安、金融等部门发出风险提示函，推动源头治理。

在构建社会化预防体系过程中，检察机关主动搭建多方协同平台，与教育部门联合开展"法治进校园"系列活动，针对校园欺凌、网络沉迷等青少年成长痛点，编制情景式普法教材[1]；与社区、社会组织合作，建立"检察+网格"联防机制，通过社区检察官定期走访、设置法律服务站等方式，将预防触角延伸至基层治理末梢。在社区矫正工作中，检察机关创新实施"一案一策"个性化矫治方案，联合职业技术学校为有劳动能力的矫正对象提供技能培训，引入心理咨询师团队开展认知行为疗法，帮助矫正对象修复社会关系，降低再犯风险。

针对未成年人犯罪治理，检察机关构建起"捕、诉、监、防、教"一体化工作机制。在办案环节，检察机关严格落实未成年人特殊检察制度，通过合适成年人到场、心理测评等程序保障涉案未成年人合法权益；在帮教环节，检察机关联合共青团、妇联打造"彩虹观护基地"，为涉罪未成年人提供学业辅导、职业体验等服务；针对监护失职问题，全国多地检察机关

---

〔1〕 张梁：《数字检察建构的信息权力基础及其法治风险防控》，载《上海交通大学学报（哲学社会科学版）》2025年第2期。

探索发出"督促监护令"，要求监护人接受家庭教育指导，形成家庭、学校、社会协同保护的闭环体系，切实守护未成年人健康成长。

（三）推动矛盾纠纷化解

检察机关在推动矛盾纠纷化解中，始终以"将矛盾化解在源头、将问题解决在基层"为行动准则，以看得见的实践诠释司法为民的责任担当。在浙江某社区物业纠纷调解现场，检察官通过连续三周走访业主委员会、物业公司及社区网格员，将居民反映的停车管理混乱、公共收益不透明等问题整理成可视化台账，最终以检察建议推动辖区统一出台《物业服务企业规范化管理指引》，该案例成为运用检察职能参与社会治理的典型样本。

在化解矛盾的具体实践中，检察机关构建起"预防—调解—救济"三位一体工作模式。在预防层面，检察机关依托"巡回检察室""社区联络站"等实体平台，联合司法、信访部门开展"矛盾隐患大排查"专项行动，通过大数据分析梳理出征地拆迁、劳资纠纷等高频矛盾领域，提前介入并制定风险防控预案。在调解环节，检察机关创新设立"检察+人民调解"联动机制，在江苏某劳动争议案件中，检察官邀请工会代表、行业专家组建调解小组，通过背对背沟通、面对面协商，促使企业补发拖欠的多名农民工工资，并签订长期用工规范协议。

对于依靠调解无法解决的矛盾，检察机关果断亮剑，以司法救助守护公平正义最后一道防线。在湖北某赡养纠纷案件中，面对拒不履行赡养义务的子女，检察机关不仅支持八旬老人提起民事诉讼，还联合民政部门为老人申请临时救助金，并协调社区提供定期上门照料服务[1]。这种"支持起诉+多元救助"

---

〔1〕　陈海嵩、张新：《环境行政公益诉讼履行判决的再审视与完善》，载《河海大学学报（哲学社会科学版）》2025年第1期。

的组合方式，真正实现了法律效果与社会效果的有机统一。

（四）加强法治宣传教育

加强法治宣传教育是检察机关在推进全面依法治国进程中的重要发力点。这不仅关乎法律条文的普及，更是培育全社会法治信仰的关键。检察机关通过立体化、分众化的宣传策略，将专业法律知识转化为群众听得懂、用得上的生活指南，在基层社会治理中架起法治与民生的连心桥。

在传统普法阵地，检察机关持续打造"行走的法治课堂"，每周定期在社区文化广场、乡村集市开设流动普法站，检察官们手持图文并茂的案例手册，用方言俚语解答有关邻里纠纷、婚姻财产等常见的法律问题。针对企业合规经营需求，检察机关组建由经济犯罪检察部门骨干构成的宣讲团，深入工业园区开展"法律体检"，通过剖析商业诈骗、合同违约等典型案例，帮助企业筑牢风险防控堤坝。校园普法则采用情景模拟、法律知识竞赛等互动形式，让青少年在角色扮演中理解《未成年人保护法》。

在内容生产上，检察机关创新推出"法律盲盒"式宣传资料，以漫画形式绘制《民法典百问百答》，将高空抛物、网络侵权等热点案例转化为趣味故事；针对老年群体制作防诈骗手册，通过手绘插图拆解保健品、养老投资等常见骗局的套路。此类宣传品摒弃了法律条文的简单堆砌，转而聚焦真实案例，详析其前因后果、处理流程和防范建议，旨在让群众在阅读中掌握维权路径。

在新媒体传播领域，检察机关组建专业运营团队，构建"两微一端一抖"矩阵，开设"检察官说法"短视频专栏，以情景剧形式还原"套路贷"全过程，用分镜解说揭露犯罪手法；在微信公众号推出"法律日历"，每日推送与节气、节日相关的法律小知识。针对年轻群体关注的电竞纠纷、虚拟财产保护等前沿问题，检察机关邀请青年检察官进行直播答疑，通过实时互动解决法律困惑。检察机关通过构建"线上+线下"的普法生态圈，让法治宣传真正走进群众生活场景。

（五）运用科技手段提升治理效能

在推动社会治安综合治理的进程中，检察机关正以科技创新为支点，撬动司法效能提升的杠杆。面对新型犯罪手段迭代加速、数据爆炸式增长的治理挑战，检察机关打破传统办案模式桎梏，将大数据、云计算、人工智能等前沿技术深度融入业务流程，构建起立体化、智能化的治理新范式。

在智慧检务建设的实践中，各地检察机关通过整合司法办案全流程数据，打造出"一网通办"的智能平台。该平台以案件管理系统为中枢，串联起电子卷宗自动分类、证据链智能校验、量刑建议辅助生成等功能模块。例如，在某省试点运行的系统中，检察官通过扫描纸质卷宗，运用光学字符识别（OCR）技术自动提取案件信息，配合语义分析模型完成初步案情梳理，将案件受理到分案的时间大幅缩短。

数据分析的应用已成为精准治理的"导航仪"。检察机关依托海量司法数据资源，构建起涵盖犯罪高发区域热力图、犯罪嫌疑人行为轨迹分析、犯罪诱因关联模型等工具的智能研判体系。在某市开展的涉众型经济犯罪专项治理中，检察机关通过对近三年同类案件的资金流向、受害人分布等数据的聚类分析，提前锁定了多个潜在风险区域，并配合公安部门开展联合排查，成功预防了涉案金额超千万元的非法集资案件[1]。

人工智能技术在司法场景的应用更带来了颠覆性变革。智

---

[1]　母光栋：《论检察公益诉讼法的基本原则》，载《行政法学研究》2025年第2期。

能辅助办案系统能够实时比对相似案例裁判文书，自动生成类案检索报告；语音识别技术实现讯问笔录的实时转换，将人工录入时间大幅缩短；文书纠错系统通过机器学习司法文书的行文规范，可精准识别逻辑矛盾与法律条文引用错误。这些技术的落地，让检察官得以从机械性事务中解放，将更多精力投入复杂案件的证据审查与法律适用研判。如今，科技已不再是司法工作的"附加项"，而是贯穿案件办理全生命周期的"基础设施"，持续为社会治安综合治理注入智慧动能。

（六）强化监督制约机制

检察机关在参与社会治安综合治理的实践中，将强化监督制约机制作为贯穿司法工作的主线。这种监督体系既体现为刀刃向内的自我革新，也包含对外执法活动的刚性约束，是维护司法公正、守护社会公平正义的重要屏障[1]。

在自我监督层面，检察机关以"打铁必须自身硬"为行动纲领，构建起立体化监督网络。案件质量评查制度会随机抽取已办结案件，组织资深检察官组成评查小组，从事实认定、证据采信、法律适用到文书规范进行全流程"体检"。例如在某起涉黑案件评查中，评查组发现讯问笔录存在程序瑕疵，随即启动个案倒查机制，不仅对相关责任人进行警示谈话，还针对共性问题开展专项整改。执法过错责任追究则明确划定责任边界，对故意或重大过失导致错案的，实行终身追责。

在外部监督层面，人民监督员制度实现对拟不起诉、羁押必要性审查等案件的全覆盖监督，监督员可通过查阅卷宗、参与听证等方式发表独立意见；检务公开平台除定期发布典型案例、办案数据外，还开通"案件程序性信息公开"功能，当事

---

〔1〕 韩旭至：《数字司法与人工智能治理的中国方案》，载《华东政法大学学报》2025 年第 1 期。

人凭密码即可实时查询案件进展[1]。某地检察机关试点的"检察开放日直播"活动，通过镜头展示案件办理全流程，单场直播吸引超万名网友在线监督，切实将检察权运行置于阳光下。

在履行法律监督职能时，检察机关重点构筑全链条监督防线。审查逮捕环节实行"三查三看"工作法，即查卷宗证据链、查同步录音录像、查社会危险性评估，看事实是否清楚、看程序是否合法、看强制措施是否必要；审查起诉阶段建立重大疑难案件"捕诉一体"机制，由同一办案组全程跟进侦查监督与审查起诉，避免监督断层。针对某基层法院在民事执行中的消极履职问题，检察机关通过制发检察建议、约谈部门负责人、联合纪委开展专项督查"组合拳"，推动建立执行案件定期通报制度。这种内外兼修的监督模式，既保障了法律的正确实施，也筑牢了司法公信力的根基。

二、通过检察建议等方式促进社会和谐

检察机关在促进社会和谐的进程中，正以检察建议为有力抓手，构建起预防社会矛盾的"前哨站"。在办理一起涉及未成年人网络诈骗的案件时，办案检察官敏锐发现某直播平台存在实名认证形同虚设、打赏功能监管缺失等问题。其通过走访行业协会、约谈企业负责人、调取后台数据等方式，历时两周完成深度调研，最终向该平台制发检察建议书，不仅精准指出实名认证流程漏洞、资金流向监管盲区等七项具体问题，还附上某省已成功实践的"人脸识别+公安系统数据核验"双认证模式作为参考方案。

---

〔1〕　武静：《大数据在检察案例指导制度中的适用路径研究》，载《法学杂志》2025 年第 1 期。

这种靶向治疗式的检察建议，正成为推动社会治理精细化的重要动力。在食品药品安全领域，检察机关通过梳理近三年的行政处罚案卷，锁定某连锁药店存在处方药违规销售、执业药师在岗率低等问题，因此向市场监管部门和涉事企业同步发出检察建议。建议书中不仅包含对典型违规案例的详细剖析，还参照《药品经营质量管理规范》提出建立"电子处方审核系统+定期飞行检查"的长效机制[1]。在检察建议落实过程中，检察机关创新采用"建议送达+现场回访+整改评估"的闭环监督模式，邀请人民代表大会代表、行业专家组成联合督导组，确保整改措施落地见效。

检察建议的辐射效应还体现在跨部门协同治理层面。在某老旧小区改造引发的群体性纠纷中，检察机关主动介入，向住建、城管、街道办等部门分别发出检察建议，推动建立"居民议事会+法律顾问+职能部门"的三方协商机制。通过搭建常态化沟通平台，检察机关不仅妥善解决了当前纠纷，更推动辖区出台《老旧小区改造民意征集与反馈工作指引》，从制度层面规范改造流程。这种"办理一案、治理一片"的工作模式，让检察建议成为连接司法实践与社会治理的桥梁，既能推动个案矛盾化解，又能促进社会治理体系的整体优化。

在法治社会建设进程中，检察建议还承担着法治启蒙的重要使命。在处理某起广场舞噪音扰民行政公益诉讼案件时，检察机关不仅督促相关部门加强管理，还联合社区开展"噪音扰民法律边界"主题普法活动。通过模拟法庭、案例宣讲等形式，用群众听得懂的语言解释相邻权与娱乐权的法律平衡，引导公众学会依法维权。这种"检察建议+普法宣传"的组合模式，让

---

〔1〕 胡骋：《国家治理体系现代化语境下的数字检察》，载《华东政法大学学报》2025 年第 1 期。

法治理念真正融入百姓日常生活，有效减少了因法律认知盲区引发的社会矛盾，为社会和谐注入法治基因。

（一）精准制发检察建议

面对高空抛物频发危及群众"头顶安全"、老旧小区电动车违规充电暗藏消防隐患、校园周边商户向未成年人售烟等社会治理中的突出问题，以及医疗美容行业虚假宣传、教育培训领域预付费跑路等行业乱象，甚至是部分领域因法规滞后、监管职责交叉形成的制度性缺陷，检察机关坚持问题导向，摒弃"等靠要"思维。检察官们戴着安全帽深入建筑工地排查安全生产漏洞，走进社区党群服务中心翻阅 12345 热线投诉台账，联合市场监管部门调阅企业经营流水，运用大数据碰撞分析模型锁定风险高发区域，同时邀请法学专家、行业代表开展多轮论证，确保每一份检察建议都精准锚定病灶。

这些凝结着检察智慧的建议文书，如同量身定制的"法律处方"。在处理某物流园区消防通道长期堵塞问题时，检察建议不仅列举了园区内货物堆积导致消防通道被占的具体点位，还通过追溯园区建设规划审批流程、物业管理合同条款，直指多部门权责边界模糊、安全检查流于形式的制度症结[1]。建议中明确提出"建立消防设施联合巡检制度""引入第三方安全评估机构"等 12 条细化措施，并附上同类园区整改范例作为参考，指导相关单位从场地规划、人员管理、监督考核等多维度织密安全防护网，切实将社会治理的"痛点"转化为法治建设的"支点"。

（二）建立跟踪问效机制

为了确保检察建议能够真正落地生根、发挥实效，检察机

---

〔1〕　金成波：《行刑反向衔接的制度构造》，载《北京大学学报（哲学社会科学版）》2025 年第 1 期。

关构建起一套全流程、闭环式的跟踪问效机制。从检察建议发出之日起，就通过"线上+线下"双轨并行的模式，对建议采纳情况及后续实施效果展开持续动态监测。线上依托检察业务应用系统，建立专门的建议跟踪台账，实时记录被建议单位的反馈时间、整改措施及阶段性成果；线下则组建由业务骨干、专家顾问组成的专项工作组，定期开展实地回访。

回访过程中，工作组采取"望闻问切"四步工作法：不仅通过查阅会议纪要、整改方案等文件资料"望"整改痕迹，深入生产车间、社区街道等一线场所"闻"实际成效，还会与相关负责人、群众代表面对面交流"问"实施难点，最后通过数据分析、案例对比"切"关键症结。例如，在某环境污染治理检察建议落实回访中，工作组在企业驻点三天，查看废水处理设备运行记录，随机访谈周边居民，最终形成翔实的评估报告。

在跟踪问效的奖惩机制设计上，检察机关采取差异化管理策略。对于主动认领问题、创新整改模式的单位，通过制发检察建议落实成效通报、组织经验交流会等方式树立标杆。某区市场监管局在收到食品安全检察建议后，不仅快速整改问题，还联合多部门建立"智慧监管平台"，其经验被全市推广。而对于消极应对的单位，检察机关会精准施策：首次逾期未回复的，发送附整改清单的书面催办函；对整改不力的，由分管领导带队约谈，同步抄送其上级主管部门，必要时启动公开宣告送达程序，通过法律文书的刚性约束，切实维护检察建议的权威性。

（三）参与社会治理创新

检察机关作为法治建设的重要力量，始终将"服务大局、司法为民"理念贯穿工作全过程，以"主动融入"的姿态投身社会治理现代化实践。在某市老旧小区改造引发的集体纠纷中，检察机关提前介入，联合住建部门、街道办成立专项工作组，通过走访居民、调取规划文件的方式，仅用两周时间就化解了持续数月的矛盾，这正是其创新实践的缩影。

这种创新体现在突破传统司法边界的协作模式上。检察机关主动与应急管理局建立安全生产领域线索双向移送机制，针对危险化学品运输违规问题，联合开展专项检查；与市场监管部门搭建食品药品安全信息共享平台，实现风险预警实时互通。此外，检察机关还通过联合调研形成的相关调研报告，推动人社部门出台行业规范。这种跨部门协作已形成常态化工作机制。

在矛盾纠纷化解方面，检察机关打造"检察+网格"服务模式，将检察官编入社区网格，每月开展"法律门诊"活动[1]。针对常见的邻里纠纷、物业矛盾，检察机关建立"调解前置"程序，引导当事人优先选择人民调解、行业调解。在处理某商业综合体租赁合同纠纷时，检察官联合律师协会、商会调解员，通过"背对背调解"和法律释明，促使双方达成和解协议，避免了冗长的诉讼程序。同时，检察机关依托 12309 检察服务中心，开通农民工欠薪、未成年人权益保护等绿色通道，为群众提供免费法律咨询和援助服务。在推进社会治理创新的进程中，检察机关始终将目光聚焦于特殊群体与弱势群体的权益保障，以司法温度填补社会治理的"情感缺口"[2]。针对残疾人、老年人等行动不便群体，检察机关开通"上门服务直通车"，主动深入社区、家庭，为其提供法律咨询、司法救助申请指导等服务。在处理一起残疾人遭恶意欠薪案件时，检察机关不仅支持起诉帮助当事人追回薪资，还联合劳动监察部门开展专项整治，

---

〔1〕 郭金良：《数字金融包容审慎监管法治论》，载《北方法学》2025 年第 2 期。

〔2〕 秦前红、刘平华：《数字时代背景下行政检察监督范式的转型及规范路径》，载《河北法学》2025 年第 5 期。

推动建立农民工工资保证金制度，从源头上保障弱势群体的合法权益。

（四）关注特殊群体与弱势群体

检察机关始终将司法温度精准投射到社会治理中最需要关怀的特殊群体与弱势群体上。在未成年人保护领域，各地检察机关依托"一站式"办案，将询问取证、心理疏导、医疗检查等环节集中设置，最大限度避免二次伤害。针对校园欺凌、网络诈骗等青少年高发案件，检察官化身"法治副校长"，用情景剧、漫画手册等青少年喜闻乐见的形式，科普《未成年人保护法》《预防未成年人犯罪法》。在留守儿童集中地区，检察机关通过"云课堂"定期开展线上法治教育，为无法到校参与活动的孩子送去法律知识。

面对老年人、残疾人等行动不便群体，检察机关创新打造"移动检察室"，携带便携式设备深入社区、养老院开展法律服务。在处理涉及老年人的赡养纠纷、保健品诈骗案件时，检察机关除了依法办案，还联动社区网格员开展回访，确保判决执行到位。针对视障群体，检察机关推出盲文版法律文书和语音导览服务，同时为听障人士配备手语翻译，在12309检察服务中心设立无障碍服务窗口。

针对农民工、低收入家庭等经济困难群体，检察机关建立"快速响应机制"。在处理欠薪案件时，不仅支持农民工提起诉讼，还主动协调劳动监察部门开展联合调查[1]。在某建筑工地欠薪案中，检察官通过调取考勤记录、银行流水等证据，帮助32名农民工在春节前追回了全部工资。同时设立司法救助专项基金，对因案致贫、因案返贫的家庭，除了发放救助金，还协

---

〔1〕 袁航、李娜薇：《社会共治视阈下食品安全行政公益诉讼审前程序优化分析》，载《食品与机械》2025年第3期。

调民政部门落实低保、医疗等社会保障政策，构建起立体化的帮扶体系。

第三节 检察权与国际合作

在全球化浪潮的持续冲击下，跨国犯罪呈现出组织化、智能化与隐蔽化交织的新特征。暗网交易形成跨国犯罪产业链，利用虚拟货币结算逃避监管；电信网络诈骗集团通过跨境服务器实施精准诈骗，涉案资金秒级跨境转移；人口贩卖犯罪更是形成"招募—运输—控制"的跨国网络，受害者难以获得有效法律救济。与此同时，数据泄露、网络攻击等新型犯罪突破传统司法管辖边界，某国政府数据库遭境外黑客攻击后，千万公民个人信息在暗网公开售卖。

这些犯罪形态的演变，对各国检察机关的跨境侦查取证、法律适用与司法协作能力构成严峻考验。面对跨国犯罪"实施地、服务器、受益人"分处多国的复杂局面，传统属地管辖原则难以有效应对。为破解困局，检察机关需构建多层次、立体化的国际合作体系：在基础协作层面，通过国际刑警组织渠道建立 24 小时信息共享机制，确保犯罪线索的即时互通；在制度建设层面，积极参与国际公约谈判，推动制定统一的电子证据认定标准和跨境执法程序规则[1]；在实战层面，组建跨国联合专案组，运用区块链技术实现跨境证据链存储，通过司法互助条约开展同步调查取证。

某跨国洗钱案的成功侦破便是范例。多国检察机关通过国际司法协助调取银行流水，运用大数据分析锁定犯罪资金流向，

---

〔1〕 付鉴宇：《类 ChatGPT 大模型赋能数字政府的合比例性控制》，载《科技与法律（中英文）》2025 年第 2 期。

最终突破管辖权壁垒，将涉案资金成功冻结并追回。这种深度合作模式不仅提升了个案侦破效率，更在全球范围内形成震慑效应，推动构建跨境犯罪治理的长效机制，切实筑牢维护国家安全和公民权益的法治防线。

一、跨国犯罪案件中的检察合作

在全球化浪潮的持续冲击下，跨国犯罪已呈现多维度渗透态势。暗网交易平台成为新型犯罪的温床，不法分子利用加密货币实施跨境洗钱；东南亚网络诈骗园区通过"杀猪盘"等套路，精准锁定多国被害人实施远程诈骗；毒枭集团则借助冷链物流、无人机运输等手段，构建起覆盖全球的毒品走私网络[1]。这些犯罪活动突破地理边界，往往涉及多国法律管辖权冲突、证据跨境调取障碍以及不同司法体系间的程序差异。

检察权在跨国犯罪治理中的枢纽作用日益清晰。以某跨国电信诈骗案为例，检察机关不仅需要协调国际刑警组织启动红色通报，还需与涉案国检方建立联合侦查小组，通过司法协助条约获取电子证据链。面对犯罪手法迭代升级，检察权的国际合作正从传统的个案协查，转向构建"信息共享——联合研判——同步执法"的全链条机制。具体而言，这种协作策略包含三个核心维度。

（一）信息共享的深度与广度

检察机关目前正在积极推进和构建一个高效且安全的国际信息交流平台。这一平台的核心目标是确保关键信息，如案件线索、犯罪嫌疑人背景资料、资金流向等，能够实现及时共享和交流。这不仅包括传统的文件交换方式，还涵盖了利用大数

---

〔1〕 余圣琪：《公共大模型决策的法治化约束》，载《国家检察官学院学报》2025 年第 1 期。

据、人工智能等先进技术进行的数据挖掘与分析工作。

通过这些先进的技术手段，检察机关能够迅速地识别出犯罪模式，追踪犯罪网络，从而显著提高办案的效率和准确性。大数据分析可以帮助检察机关发现潜在的犯罪，而人工智能技术则可以辅助检察官在海量信息中快速筛选出有价值的数据。

这样的国际信息交流平台不仅能够加强各国检察机关之间的合作，还能提升全球范围内的司法协作水平。各国检察机关可以通过这一平台共享情报、协调行动，共同打击跨国犯罪，维护社会的公平与正义。此外，这样的平台还有助于各国在法律框架、执法标准等方面达成共识，进一步促进国际司法合作的深入发展。打造这一高效且安全的国际信息交流平台，将为全球范围内的司法协作提供强有力的技术支持和信息保障，为打击跨国犯罪、维护社会公平正义作出重要贡献。

面对跨国犯罪的隐蔽性和流动性，各国检察机关通过联合侦查小组、跨境行动协调会议等形式，实现侦查策略的同步制定与实施。在证据收集方面，应注重跨国取证程序的合法性与效率，利用国际司法协助协议，确保证据链的完整性和可采性。

（二）联合起诉的协同努力

当跨国犯罪案件逐步进入起诉阶段，检察机关的工作重心就会转向更为紧密的国际合作，通过多维度协作机制确保对犯罪分子的全面追责与公正审判。在这一关键时期，各国检察机关打破地域壁垒与司法差异，依托国际刑警组织协调平台，运用加密通信系统建立 24 小时联动机制，从起诉时序规划到证据标准统一，逐步构建起覆盖全球的立体化追诉网络。

在起诉时序协调方面，各国检察机关建立案件进度共享数据库，运用时间轴比对技术，精确计算不同司法管辖区的诉讼周期差异。针对跨国洗钱、网络诈骗等犯罪，会提前三个月召开战略会议，结合各国法律程序耗时特点，制定"核心国家优先起诉、关联国家阶梯跟进"的差异化方案。例如在某国际贩毒案中，主犯所在国率先提起诉讼，运输中转国同步启动证据移交程序，最终实现了全球范围内对犯罪链条的同步打击。

面对跨国犯罪行为的复杂性与多样性，我国检察机关组建了由国际法专家、资深检察官构成的联合工作组，针对数字货币犯罪、数据跨境窃取等新型犯罪形态，建立了"三审三议"罪名认定机制。工作组通过案例库比对分析，梳理出不同国家法律体系中的核心分歧点，明确以"犯罪行为发生地为主、服务器所在地为辅"的判定原则，确保对同一犯罪行为的司法定性在全球范围内保持统一。

在证据协同层面，我国检察机关创新采用区块链存证技术，搭建跨国证据管理平台。每个参与国的侦查机关都能通过数字指纹技术上传证据，系统会自动生成不可篡改的哈希值[1]。以某跨国走私案为例，检察官们运用该平台同步调取了多个国家海关的监控录像、航运日志等百余份电子证据，并通过 AI 图像识别技术完成交叉验证。同时，我国检察机关还建立了"双轨质证"机制，既遵循各自主权国家的证据规则，又通过国际司法协助渠道建立证据审查共识，确保证据链在不同法域均具备法律效力。

（三）引渡与司法协助的高效执行

引渡与司法协助的高效执行是确保犯罪分子无处遁形的关键。我国检察机关深知，唯有通过国际合作，才能跨越国界限制，将罪犯绳之以法。因此，它们积极投身于国际引渡程序和司法协助请求的复杂工作，与全球伙伴携手并肩，共同应对挑

---

〔1〕 孙洪坤、张飘：《反电信网络诈骗检察公益诉讼的双重观察——兼论〈反电信网络诈骗法〉第47条之完善》，载《安徽大学学报（哲社版）》2025年第1期。

战。面对各国法律体系间的差异与程序上的障碍，我国检察机关展现出卓越的专业素养与灵活的应变能力，深入研究国际公约与双边协议，精准把握法律条款，为引渡和司法协助请求提供坚实的法律支撑。通过加强与国际刑警组织、联合国等国际组织的合作，我国检察机关能够更高效地协调各国司法资源，推动引渡和司法协助的顺利进行。

在实际操作中，我国检察机关注重与外国司法机关的沟通与合作，通过定期会晤、信息交流等方式，增进了解与信任，为合作奠定坚实基础。在引渡过程中，我国检察机关精心准备引渡文件，确保材料齐全、证据确凿，以说服外国司法机关接受引渡请求；密切关注引渡程序的进展，及时应对可能出现的法律挑战与程序延误，确保引渡工作的顺利进行。我国检察机关还充分利用现代科技手段，提高引渡与司法协助的效率。通过电子文档传输、视频会议等远程协作方式，我国检察机关能够跨越地理界限，实现与外国司法机关的即时沟通与信息共享。这种高效的工作模式不仅缩短了办案周期，还降低了成本，为跨国犯罪治理注入了新的活力。

二、操作层面

我国检察机关正以前所未有的积极姿态，构建立体化国际司法协作网络。在跨境电信诈骗、洗钱犯罪等新型跨国犯罪治理中，我国最高人民检察院与多国司法机构建立定期联席会议机制，通过互派检察官开展个案协作、共享犯罪情报数据库等方式，实现跨国犯罪线索的快速响应与联合侦破。在国际司法合作框架下，我国检察机关参与制定相关国际规则，将"宽严相济"等中国司法经验转化为可操作的国际标准。

面对外逃腐败分子资产追缴难题，我国检察机关联合国际刑警组织，运用资产冻结令、跨境证据调取等法律手段，成功追回多起重大案件涉案资产。我国检察机关还定期举办"一带一路"司法合作论坛，与共建国家共享办案技术规范，推动构建区域性司法互助体系。这些实践既彰显了我国检察机关维护国际法治秩序的专业能力，也通过规则制定与经验输出，为全球治理贡献了中国智慧，成为构建人类命运共同体的司法实践样本。

（一）签订并履行合作协议

签订并履行与多国检察机关之间的双边或多边合作协议，已成为破解国际司法协作困局的关键密钥。这类协议以法律文本为载体，通过模块化条款构建协作体系：在合作范围方面，精准界定洗钱、网络犯罪、跨境腐败等典型跨国犯罪类型；在程序规范方面，细化案件移送、证据调取、联合侦查等环节的操作流程，例如明确跨国取证需在多少个工作日内完成文书转递；法律责任条款则采用"行为—后果"对应模式，对泄露案件信息、拖延执行等违约行为制定阶梯式惩处措施。

这种基于协议的深度合作，正在重塑国际司法协作的运行逻辑。从信息共享时的数据加密标准，到跨国庭审的视频连线规范，每个细节都在协议中得到明确。各国检察机关严格遵循协议框架开展工作，不仅能实现对跨国犯罪的精准打击，更能在实践中积累互信，推动国际司法协作从"临时应对"转向"常态治理"，最终形成覆盖全球的法治防护网络。

（二）利用现代科技手段

现代科技正在重塑跨国犯罪侦查的底层逻辑。各国检察机关通过国际刑警组织搭建的全球犯罪情报数据库，能够即时调取犯罪嫌疑人的生物特征信息、出入境记录与资产转移轨迹。例如，在追踪跨国洗钱案件时，检察官可通过数据库交叉比对不同国家的金融交易流水，快速锁定可疑账户。

视频会议系统突破了地域壁垒。检察官借助加密的云端会议平台，能与海外司法机构同步展示物证照片、监控录像等关键证据，通过标注工具实时圈画重点信息。在某跨国人口贩卖案中，检察官通过多方视频会议与东南亚警方连线，直接向证人展示犯罪团伙聊天记录截图，即时完成跨国质证。

云计算与边缘计算技术构建起弹性数据处理网络。办案团队可根据案件复杂程度动态分配算力，对海量电子证据进行并行分析。曾有一起涉及 20TB 数据的跨国网络诈骗案，通过云平台的分布式处理技术，仅用 72 小时便完成数据清洗与特征提取。区块链技术则为证据链条装上"数字保险箱"，每个电子证据自生成起便被赋予唯一哈希值，任何修改操作都会触发全网验证，确保证据从采集到庭审的全流程可信。

这些技术创新形成了完整的智能办案生态：无人机航拍技术协助锁定跨国走私现场，电子数据取证车能在犯罪现场即时完成硬盘镜像，司法区块链平台则实现了跨国证据的实时存证与验真。这种"云端侦查+链上存证"的新模式，使得传统跨国案件平均办案周期缩短，让跨境犯罪无处遁形。

（三）加强人员培训与交流

在深化跨国犯罪治理的进程中，加强人员培训与交流成为提升检察队伍整体实力、促进国际合作的关键一环。我国检察机关深谙"人才是第一资源"的道理，因此，其致力于构建一个持续学习、开放交流的平台，以不断提升检察人员的专业素养与国际视野。

为此，检察机关定期组织跨国犯罪治理领域的专业培训，精心策划课程内容，邀请来自世界各地的国际专家、学者及资深检察官授课。这些培训不仅涵盖了跨国犯罪的最新趋势、法律适用、证据收集与审查等实务技能，还深入探讨了国际合作机制、司法协助程序等国际法议题。通过系统的学习与研讨，检察人员得以拓宽知识边界，深化对跨国犯罪治理复杂性的理解。

同时，我国检察机关还高度重视国际检察官的交流与互访活动。它们积极搭建交流平台，鼓励检察人员走出国门，与不同国家和地区的同行面对面交流经验、分享心得。这些互访活动不仅增进了彼此之间的了解和信任，还为后续的合作奠定了坚实的情感基础[1]。在交流中，检察人员能够学习不同司法体系下的办案理念与技巧，拓宽国际视野，为应对跨国犯罪挑战提供更加多元化的解决方案。

通过持续的人员培训与交流活动，检察机关不仅提升了自身队伍的专业素养与国际竞争力，还进一步推动了跨国犯罪治理领域的国际合作与发展。这种开放包容、互利共赢的合作模式，为构建更加安全、和谐、有序的国际社会提供了人才保障与智力支持。

三、国际司法协助中的检察角色

在国际司法协助的复杂网络中，我国检察机关凭借法律监督的核心职能深度嵌入跨国司法合作链条。当跨国犯罪集团利用跨境金融账户转移赃款时，我国检察机关通过刑事司法协助程序进行证据调取，协调双边执法部门冻结涉案资产；面对国际追逃追赃难题，检察官以法律文书为媒介，与他国司法机构就引渡条件、司法管辖权等核心问题展开谈判。在这些具体实践中，我国检察机关既遵循我国加入并认可的国际规则和国内

---

〔1〕 林轲亮、李兴确：《数字政府背景下行政备案监管的法治化调适》，载《重庆社会科学》2025 年第 3 期。

法等国际公约，也依据双边司法互助条约，在证据转化、程序衔接等技术环节进行精准对接。从起草司法协助请求书的专业表述，到组织跨国联合取证的现场协调，检察人员均以法律专业素养为支撑，将抽象的国际司法合作原则转化为可操作的具体行动，在确保司法程序合规性的同时持续强化跨境法律协作的实践效能。

（一）协调者：搭建跨国合作的坚固桥梁

我国检察机关在国际司法协助领域中，扮演着无可替代的协调者角色，其首要且核心的任务便是构建一座连接各国司法机构的坚实桥梁。这一桥梁不仅是信息的快速流通渠道，更是各国法律与司法实践深度融合的通道。在促进信息流通方面，我国检察机关充分利用官方渠道确保信息的权威性与准确性，同时也不忘通过非正式交流渠道，搭建起更加灵活、高效的沟通平台。这些努力共同确保了跨国犯罪案件相关信息的即时传递，为案件侦办工作提供了至关重要的线索。

面对各国法律体系与司法程序的差别，我国检察机关更是展现出高度的专业性与协调能力。其深入研究不同国家的法律解释、证据标准以及诉讼程序，精心策划与协调，力求在尊重各国司法主权的基础上，实现程序对接的无缝衔接。这种跨文化的法律智慧与努力，为国际司法协助的顺利进行铺平了道路。检察机关还承担着推动协议执行的重要职责。在国际公约、双边或多边司法协助协议的框架下，其不仅是规则的守护者，更是执行的推动者。通过严密的监督与不懈的努力，我国检察机关确保了协议内容得到全面执行，让每一份合作承诺都转化为实实在在的行动与成果。这种对协议精神的坚守与践行，不仅增强了国际司法协助的权威性与公信力，更为全球打击跨国犯罪、维护法治秩序注入了强大的动力。

（二）推动者：引领司法协助机制的创新与实践

在跨国犯罪手段日新月异的背景下，我国检察机关挺身而出，成为国际司法协助机制创新与实践的领航者。它们深知，唯有不断创新，方能应对复杂多变的犯罪形态，维护国际社会的安全与稳定。

首先，我国检察机关勇于探索新型合作模式，针对网络犯罪、恐怖主义融资等新型跨国犯罪，积极倡导并建立专项合作机制。这些机制以问题为导向，聚焦犯罪特点与治理难点，通过信息共享、联合侦查、协同起诉等方式，实现了对特定类型犯罪的精准打击与有效遏制，显著提升了跨国犯罪治理的效能与水平。

其次，我国检察机关高度重视技术合作在司法协助中的重要作用。它们紧跟科技发展趋势，积极引入区块链、人工智能等现代科技手段，为证据收集、传输与保全等关键环节提供强有力的技术支持。这些技术的应用不仅提高了工作效率，还增强了证据的真实性与安全性，为国际司法协助的顺利进行提供了坚实的技术保障。

最后，我国检察机关还致力于推动跨国犯罪治理领域的法律研究。它们积极参与或主导相关课题的研究工作，深入剖析犯罪现象背后的法律问题与治理难题，为司法协助实践提供有力的理论支撑与指导[1]。通过法律研究的深入开展，我国检察机关不仅推动了国际法治的完善与发展，还为全球跨国犯罪治理贡献了中国智慧与中国方案。

（三）监督者：确保司法协助的公正与透明

作为监督者，我国检察机关在国际司法协助的广阔舞台上，

---

〔1〕 高景峰：《检察机关深化司法责任认定、追究的实践路径》，载《国家检察官学院学报》2025年第1期。

坚守着公正与透明的原则，为合作过程筑起了一道坚实的防线。对于检察机关而言，监督不仅是职责所在，更是维护国际法治尊严与公信力的关键。

在监督程序合法性方面，我国检察机关以严谨的态度，对每一份国际司法协助请求进行细致入微的审查，确保这些请求严格遵循国内法及国际法的各项规定，坚决防止权力被滥用或人权遭受侵犯。通过这一环节，我国检察机关为国际司法协助的合法性提供了坚实的保障，让每一份合作都建立在稳固的法律基础上。

我国检察机关还积极维护司法公正，确保在引渡、司法协助等程序中，被请求国及涉案人员的合法权益得到充分保障。司法协助活动必须尊重各国的司法主权与独立，不得损害任何一方的正当权益。因此，我国检察机关在合作过程中始终保持中立与公正，努力平衡各方利益，确保司法协助活动在公正、公平的轨道上稳步前行。我国检察机关还注重增强透明度，通过公开报告、新闻发布会等多种形式，及时向公众通报国际司法协助的进展与成果。透明度是提升司法公信力与民众信任度的重要途径，因此，我国检察机关在与他国合作过程中始终保持开放与透明的态度，让公众了解司法协助的真相与成效，共同见证国际法治的力量与魅力。

（四）教育者：提升国际司法协助的认知与能力

我国检察机关定期组织国际司法协助专题培训班，这些培训不仅涵盖了理论知识的讲解，还注重实务操作的演练。通过邀请国内外知名专家授课，检察人员得以接触到最前沿的司法理念、法律动态以及实务技巧，不断提升自身的专业素养与实务能力。这些培训为检察人员搭建了一个学习交流的平台，让他们在国际司法协助的道路上不断前行。

我国检察机关还积极促进国际经验分享与交流，搭建国际交流平台，鼓励各国检察机关分享成功案例、交流工作经验。这种跨越国界的智慧碰撞，不仅让各国检察人员能够相互学习、取长补短，还促进了国际司法协助机制的完善与发展。通过分享与交流，各国检察人员共同提升了国际司法协助的能力与水平，为打击跨国犯罪、维护国际法治秩序贡献了重要力量。我国检察机关还注重培养具有国际视野和熟悉国际规则的检察人才，通过制定国际化人才培养计划、提供海外学习交流机会等方式，努力培养一批既精通本国法律又熟悉国际规则的检察人才。这些人才将成为国际司法协助领域的佼佼者，为国际司法协助的长远发展提供人才保障和智力支持。

四、提升我国检察权的国际影响力

在全球化浪潮下，世界各国司法体系的联系愈发紧密，跨国犯罪呈现组织化、技术化、跨地域的复杂态势。提升我国检察权的国际影响力，不仅关乎国家司法主权与法治尊严的维护，更成为破解国际司法合作困局的关键钥匙。在主权层面，在涉外司法案件中，专业高效的法律监督与诉讼能力能使我国检察机关有效抵御外部势力对司法主权的不当干涉；在合作层面，依托国际检察联盟等平台，检察机关以个案协查、经验共享等方式，推动构建更均衡的司法对话机制；面对跨国洗钱、网络犯罪等新型挑战，我国检察系统通过建立跨境证据调取规则、联合侦查机制，与国际司法力量形成打击合力，真正将"人类命运共同体"理念融入司法实践，为全球法治秩序的稳定贡献中国力量。

（一）加强国际司法交流与合作

我国检察机关以开放包容的姿态构建国际司法合作网络，

在具体实践中创新合作路径。例如，在与东南亚某国的协作中，针对跨境电信诈骗案件频发的情况，双方通过紧急磋商机制，快速搭建证据交换平台，仅用三个月便成功打击多个跨国犯罪窝点[1]；在与欧洲某国检察机关合作时，双方通过建立联合办案组，对跨国洗钱案件实现了从资金追踪到资产冻结的全链条协作。这些具体实践不仅涵盖引渡、司法文书送达等传统领域，更在网络犯罪电子证据调取、经济犯罪跨境资产追缴等新兴领域取得突破，形成了"一案一策"的定制化合作模式，显著提升了跨国案件的侦办效率。

在深度参与国际司法治理体系建设上，我国检察机关主动作为。在国际检察官联合会年度会议上，中国代表团提出的"建立跨国犯罪预警信息共享平台"提案，经多轮研讨被纳入国际司法合作指南；在国际刑事法院的相关议题讨论中，中国专家以国内扫黑除恶斗争的成功经验为蓝本，分享了犯罪组织分级打击与涉案资产处置的实践路径，引发与会代表高度关注。这种将本土实践转化为国际规则的探索，既丰富了国际司法合作内涵，又推动了我国从规则的执行者逐步转变为规则的共建者。

在推动国际司法交流常态化方面，我国检察机关打造了多层次、立体化的交流平台。我国每年举办的"国际检察合作论坛"设置模拟法庭、案例复盘等实操环节，邀请各国检察官现场推演跨国案件办理流程；不定期举办的"网络犯罪治理专题研讨会"，通过线上线下相结合的方式，组织技术专家与司法实务人员就区块链犯罪取证、暗网侦查等前沿问题展开跨界对话。这些活动打破了传统会议"单向输出"的模式，通过情景模拟、

---

〔1〕 梁鸿飞：《数字检察赋能行政公益诉讼：从技术嵌入到制度融合》，载《兰州大学学报（社会科学版）》2024 年第 2 期。

圆桌辩论等形式，促使各国司法工作者在互动中形成合作共识，为构建更具韧性的全球司法治理体系注入活力。

（二）展示我国检察工作的成效与特色

我国检察机关高度重视与国际社会的沟通，定期发布跨国犯罪典型案例白皮书，这些案例不仅展示了我国在打击跨国犯罪、维护国际安全稳定方面的坚定决心和卓越成效，还体现了我国检察工作的专业性和创新性。我国还发布关于检察工作发展、司法改革等方面的综合性白皮书，全面介绍我国检察制度的历史沿革、现状特点以及未来展望，向国际社会生动展现了中国检察的独特魅力和时代风采。

为了进一步提升国际社会对我国检察工作的认知与认同，我国充分利用多种媒体渠道，包括但不限于官方网站、社交媒体、国际通讯社等，加强对检察工作的国际宣传与报道，通过精心策划的新闻报道、专题访谈、纪录片等形式，向世界讲述中国检察故事，传递中国检察声音，展现中国检察形象。

我国还积极通过文化交流、司法考察等方式，搭建起各国检察人员之间的友谊桥梁。国家组织国际检察文化交流活动，邀请外国同行来华参观访问，深入了解我国检察文化和司法实践，也积极派出我国检察人员赴国外学习交流，亲身体验不同国家的司法制度和文化传统。这些活动不仅增进了各国检察人员之间的友谊，还促进了不同司法文化和价值观的相互理解和尊重，为推动形成共同的司法价值观奠定了坚实基础。

（三）提升检察人员的国际素养与能力

为了应对全球化背景下日益复杂的国际司法挑战，我国检察机关高度重视国际法律人才的培养与储备，定期组织检察人员参加国际法律培训、研修班等活动。这些课程不仅涵盖国际刑法、国际人权法、跨国诉讼程序等核心内容，还融入最新国际司法实践案例和前沿法律理论，旨在全面提升检察人员的国际法律素养和实务能力。通过与国际顶尖法学专家、资深检察官的交流互动，参训人员能够深入了解国际法律体系的运作机制，掌握处理跨国案件的专业技能。

我国还积极鼓励检察人员走出国门，参与海外学习交流项目。这些项目包括赴国外知名大学深造、在国际组织实习、参与国际司法合作项目等，为检察人员提供了亲身体验不同国家司法制度和文化的宝贵机会。在海外学习交流中，检察人员能够拓宽国际视野，增进对多元法律文化的理解和尊重，为将来在国际舞台上发挥更大作用奠定坚实基础。

为了构建长效的人才保障机制，我国还建立了国际化人才库，专门选拔并培养一批具有国际化视野、熟悉国际规则的高素质检察人才。这些人才不仅具备深厚的法学功底和丰富的实务经验，还具备出色的外语沟通能力和跨文化交流能力。通过为他们提供定制化的培养方案、优先的职业发展机会以及国际化的交流平台，我国旨在打造一支能够代表中国检察水平，参与国际司法事务的精英团队，为我国检察权的国际影响力提升提供人才保障。

（四）推动检察制度的国际化发展

面对我国国情与国际形势的变化，我国检察机关始终保持敏锐的洞察力和前瞻性，致力于不断完善涉外检察工作机制。在全球化的浪潮中，涉外案件日益增多且复杂多变，这对检察机关的专业能力提出了更高要求。因此，检察机关积极调整工作策略，优化资源配置，确保涉外检察工作能够高效、精准地应对各类挑战，不断提升处理涉外案件的能力和水平。

参与国际司法标准制定与修改也具有重要性。这不仅关乎我国在国际司法事务中的话语权和影响力，更是将我国检察工作的成功经验和做法推向世界舞台的宝贵机会。我国检察机关积极参与国际司法标准的讨论与协商，努力将我国在打击跨国犯罪、维护司法公正等方面的实践经验转化为国际共识，为国际司法标准的完善贡献中国智慧和中国方案。

在保持我国检察制度独特优势的基础上，我国也秉持开放包容的态度，积极借鉴国际先进经验。我们深知，检察制度的创新与改革是推动检察工作高质量发展的关键[1]。因此，我国密切关注国际司法动态，学习借鉴国外检察机关在案件管理、技术应用、人才培养等方面的先进做法，结合我国实际情况进行消化吸收和再创新。我国旨在通过这些努力，构建更加科学、高效、公正的检察制度，以更好地适应全球化背景下跨国犯罪治理的新需求。

---

〔1〕 李晓明、刘舒婷：《数字赋能检察侦查：场景、逻辑、困境及发展》，载《犯罪研究》2024 年第 6 期。

第七章

检察权在未成年人司法保护中的功能分析

第一节　刑事司法保护功能

一、对未成年人犯罪案件审查逮捕的特殊考量因素

在未成年人司法保护体系中，检察权扮演着至关重要的角色，其刑事司法保护功能直接关系到未成年人的权益保障与未来发展。在处理未成年人犯罪案件时，审查逮捕环节需秉持特殊理念，充分考量多方面特殊因素，这不仅是对未成年人特殊保护原则的践行，更是实现司法公正与社会和谐稳定的必然要求。

对未成年人犯罪案件进行审查逮捕时，犯罪行为的性质与情节是首要考量因素。与成年人犯罪不同，未成年人由于身心发育尚未成熟，认知和控制能力相对较弱，对其犯罪行为的评判不能简单等同于成年人。例如，同样是盗窃行为，若未成年人是出于好奇或受他人教唆，且盗窃金额较小、情节较轻，与成年人有预谋、以非法占有为目的的盗窃行为在性质和危害程

度上显然存在差异。检察机关在审查逮捕时，综合考虑其犯罪情节轻微，主观恶性较小，且是初犯、偶犯，最终作出不批准逮捕的决定。这体现了对未成年人犯罪行为性质与情节的精准判断，避免了对轻微犯罪未成年人过度刑事追诉，给予他们改过自新的机会。

未成年人的身心特点和成长环境也是审查逮捕时不可或缺的考量要点。未成年人正处于身心快速发展的阶段，其心理状态不稳定，容易受到外界因素的影响。成长环境对他们的价值观、行为模式的形成起着关键作用。家庭关爱缺失、学校教育不当、社会不良风气影响等，都可能导致未成年人走上犯罪道路。例如，某同学在学校经常受到其他同学的欺负，逐渐产生自卑和叛逆心理，最终因参与打架斗殴被公安机关移送审查逮捕。检察机关在办理此案时，深入调查了该同学的成长环境和心理状态，发现他本质并不坏，只是缺乏正确的引导和关爱。考虑到他的特殊情况，检察机关决定对他进行社会观护，通过引入专业心理咨询师和社工对其进行心理疏导和行为矫正，帮助他回归正轨，而不是简单地批准逮捕。

此外，未成年人的主观恶性和再犯可能性也是审查逮捕决策的核心考量因素之一。主观恶性反映了未成年人对犯罪行为的认知和态度，再犯可能性则关乎其未来的行为走向。对于那些主观恶性较小，如因一时冲动、无知而犯罪，且事后能深刻认识错误、积极悔罪的未成年人，若有良好的家庭监管和社会帮教条件，再犯可能性较低，应尽量避免逮捕。

二、对未成年人刑事侦查活动的监督要点

在未成年人刑事侦查活动中，检察权的监督职能对于保障未成年人合法权益、确保侦查活动依法依规进行至关重要。检

察机关需明确监督要点，从多方面入手，实现对侦查活动的有效监督。

侦查程序的合法性是首要监督重点。未成年人由于身心发育尚未成熟，在刑事侦查程序中处于弱势地位，更易受到非法侵害。因此，检察机关要重点监督侦查机关是否严格遵守法定程序，杜绝刑讯逼供、威胁引诱等非法取证行为。例如，在讯问未成年人时，侦查人员必须严格依照法律规定，通知其法定代理人或合适成年人到场，确保未成年人在讯问过程中的合法权益得到保障。这凸显了检察机关对侦查程序合法性监督的重要性，确保了侦查活动在法治轨道上进行，维护了未成年人的基本诉讼权利。

对证据收集与审查的监督是关键环节。侦查机关收集的证据直接关系到案件的定性和处理结果，对于涉及未成年人的案件，证据的真实性、合法性和关联性尤为重要。检察机关要审查证据的来源是否合法、收集程序是否规范、有无瑕疵证据或非法证据。对于以非法手段获取的证据，应坚决予以排除，防止其影响案件公正处理。同时，要关注证据是否充分、确凿，能否形成完整的证据链条，以准确认定案件事实。检察机关通过细致审查，确保案件事实清楚、证据确实充分，为后续的诉讼活动奠定坚实基础[1]。

侦查机关对未成年人特殊保护制度的落实情况也是监督重点。法律针对未成年人制定了一系列特殊保护制度，如分案处理、法律援助、社会调查等，侦查机关必须严格执行。分案处理能够避免未成年人在诉讼过程中受到成年人的不良影响；法律援助确保未成年人在诉讼中获得专业法律帮助；社会调查有助于全面了解未成年人的成长背景、犯罪原因等，为精准帮教

---

〔1〕 万毅：《论法律监督效能》，载《国家检察官学院学报》2025 年第 1 期。

提供依据。检察机关要监督侦查机关是否对未成年人与成年人共同犯罪案件进行了合理分案，是否及时为未成年犯罪嫌疑人、被害人提供法律援助，是否依法开展社会调查并将调查结果作为处理案件的参考依据。一旦发现侦查机关的行为不符合要求，检察机关应及时督促其纠正，要求其按照特殊保护制度重新办理案件，保障未成年人的合法权益。

此外，对侦查活动中未成年人权益保障的监督还体现在对未成年人隐私保护、心理疏导等方面。侦查机关在办案过程中要注意保护未成年人的隐私，避免因不当宣传或信息泄露给未成年人造成二次伤害。对于遭受犯罪侵害的未成年被害人，侦查机关应及时提供心理疏导等必要的救助措施，帮助其恢复身心健康。检察机关要监督侦查机关在这些方面的工作是否到位，确保未成年人在侦查活动中得到全方位的保护。

三、对未成年人刑事审判活动的监督途径与方式

检察机关对未成年人刑事审判活动的监督是保障未成年人司法公正的关键环节，其通过多种途径与方式确保审判活动依法依规进行，切实维护未成年人合法权益。

法律文书审查是基础且重要的监督途径。检察机关需对法院送达的未成年人刑事案件判决书、裁定书等法律文书进行细致审查，重点关注审判程序是否合法、判决结果是否公正合理、法律适用是否准确等方面。如果发现问题，检察机关则通过依法提出抗诉的方式，促使法院重新审理，对被告人作出公正的判决，保障未成年人的合法权益。

庭审监督是直接且有效的监督方式。检察机关应派员出席未成年人刑事案件的庭审，对庭审过程进行全程监督。监督内容包括审判人员是否严格遵守法定程序；是否保障了未成年人

的各项诉讼权利，如是否通知法定代理人或合适成年人到场；是否为未成年人提供法律援助；是否充分听取未成年人及其辩护人、法定代理人的意见等。同时，检察机关应关注庭审中的举证、质证环节是否规范，法庭辩论是否充分，以确保庭审活动在公平、公正、公开的环境下进行。

此外，检察机关还可通过与法院建立沟通协调机制来强化对未成年人刑事审判活动的监督，如定期与法院召开联席会议，就未成年人刑事审判中的法律适用、量刑标准、特殊程序的执行等问题进行交流探讨，统一执法尺度和司法认识。针对审判活动中发现的问题，检察机关应及时向法院发出检察建议，督促其整改落实。例如，在某一阶段，检察机关发现部分法院在未成年人刑事案件审判中对社会调查报告的重视程度不够，未将其作为量刑的重要参考依据。因此，检察机关通过与法院沟通协调，发出检察建议，促使法院在后续审判中充分考虑社会调查报告的内容，根据未成年人的具体情况作出更加精准的判决，实现了法律效果与社会效果的有机统一。

案例指导与经验总结也是监督的重要方式之一。检察机关应收集、整理未成年人刑事审判典型案例，通过发布指导性案例、开展案例研讨等活动，为法院审判提供参考，引导法院正确适用法律，规范审判行为[1]。同时，检察机关应对监督过程中发现的问题和取得的经验进行总结分析，不断完善监督工作机制和方法，提高监督的针对性和实效性。

四、强化刑事执行监督，保障未成年罪犯合法权益

刑事执行监督是检察权在未成年人司法保护中发挥作用的

---

[1] 黄宝跃：《大数据：检委会案件类议题决策科学化路径》，载《数字法治》2024年第6期。

重要方式，对于保障未成年罪犯合法权益、促进其顺利改造和回归社会意义重大。检察机关需从多方面入手，强化刑事执行监督工作。

对未成年人刑罚执行的监督是关键内容。检察机关要监督刑罚执行机关是否严格按照法律规定执行未成年人刑罚，确保刑罚执行的公正性和合法性。检察机关应及时提出纠正意见，督促执行机关为未成年犯安排符合其身心特点和发展需求的教育课程和职业技能培训，保障未成年犯接受教育和改造的权利，为其回归社会打下基础。

在未成年人社区矫正监督方面，检察机关要确保社区矫正机构依法履行职责，对未成年社区矫正人员进行有效监管和帮扶。监督内容包括是否对未成年社区矫正人员与成年社区矫正人员分别管理，是否根据未成年人的特点制定个性化的矫正方案，是否落实教育、心理辅导、就业指导等帮扶措施。检察机关应积极协调教育部门和学校，为未成年矫正人员争取相关资助和教育支持，同时督促社区矫正机构加强对未成年矫正人员的教育和心理疏导，帮助他们顺利完成社区矫正，重新回归校园。

此外，检察机关还应关注未成年罪犯在刑罚执行和社区矫正期间的权益保障情况，如人身安全、人格尊严是否得到尊重，是否存在体罚、虐待等情况；加强与执行机关、社区矫正机构的沟通协调，建立健全信息共享和工作联动机制，及时发现和解决问题；通过定期走访、查看档案、与未成年罪犯谈话等方式，全面了解其改造和生活状况，对发现的问题及时发出检察建议，督促相关部门整改落实。

五、附条件不起诉制度在未成年人犯罪预防中的作用

附条件不起诉制度作为未成年人刑事司法领域的一项重要

创新，在犯罪预防方面发挥着独特且关键的作用，体现了对未成年人特殊保护与教育挽救的司法理念。

从教育矫正角度来看，附条件不起诉为涉罪未成年人提供了个性化的教育矫正机会。在考验期内，检察机关联合专业社工机构，根据未成年人的具体情况制定详细的教育矫正方案，包括法治教育、道德教育、职业技能培训等；通过定期组织法治讲座、心理辅导课程，帮助未成年人增强法律意识，认识到自己行为的错误性；安排职业技能培训，提升未成年人的就业能力，为回归社会做好准备。附条件不起诉制度能够针对涉罪未成年人的个体差异，实施精准教育矫正，帮助他们改过自新，避免其在犯罪道路上越走越远。

附条件不起诉制度还能有效避免涉罪未成年人因进入刑事审判程序而产生的"标签化"负面影响[1]。一旦涉罪未成年人被起诉并定罪，将背负犯罪记录，这可能会对他们未来的学习、就业、生活等方面造成阻碍，甚至可能导致他们自暴自弃，进一步走向犯罪深渊。附条件不起诉制度给予涉罪未成年人一个改过自新的机会，在考验期内若能遵守相关规定，就不会留下犯罪记录，有助于他们顺利回归社会，重新融入正常生活。

此外，附条件不起诉制度在节约司法资源方面也发挥着积极作用。对于一些情节较轻的未成年人犯罪案件，若一律进入审判程序，将耗费大量的司法资源，包括人力、物力和时间成本。而附条件不起诉制度可以将这些案件在审查起诉阶段进行分流处理，让司法机关能够将更多的资源集中在处理重大、复杂案件上，提高司法效率。同时，对涉罪未成年人的教育矫正工作可以在社区等社会环境中进行，充分利用社会资源，降低

---

〔1〕　原美林、王雪晴：《论数字时代的协作互动侦查监督模式》，载《浙江工商大学学报》2024年第6期。

司法成本。

第二节　民事、行政司法保护功能

一、在涉未成年人抚养权、监护权等案件中的支持起诉实践

在未成年人成长过程中，抚养权与监护权是保障其权益的关键所在。当涉及这些权益的纠纷发生时，检察机关通过支持起诉，为未成年人撑起法律保护伞，助力他们在健康、稳定的环境中成长。

在某地就有这样一起典型案例。石某与黄某原系夫妻，离婚后孩子由黄某抚养。然而，黄某在生活上对孩子关心照顾不周，学习上也疏于教育管理，孩子的成长受到严重影响。石某出于对孩子未来的担忧，向法院起诉请求变更抚养权，并向检察院申请法律援助。检察机关受理后，立即展开细致的调查核实工作。检察官走访了孩子的班主任，深入了解孩子在学校的学习和生活状况以及黄某的监护情况。同时，检察机关充分尊重孩子本人的真实想法，将其意愿作为重要参考。在掌握了充分证据后，检察机关向法院发出支持起诉意见书。庭前调解时，检察官从情、法、理的角度出发，向被告及被告家属详细阐述支持起诉的理由，以孩子的利益为核心，耐心劝解双方当事人。最终，双方达成一致，孩子由石某抚养，黄某每周可以探视孩子。这一调解结果既保障了孩了能够得到更好的照顾和教育，也维护了其与父母双方的亲情关系。

再如，在宋某申请变更监护人案件中，宋某的儿子于2009年意外去世，儿媳代某留下女儿后离开，此后宋某与妻子一直抚养着孙女。但代某长期未能有效履行监护义务，为充分保障

孙女的合法权益，宋某向法院申请变更监护人，检察院依法支持宋某起诉。庭审时，检察机关派员出庭宣读支持起诉意见，指出应依法充分保障未成年人的合法权益，从更有益于其健康成长的角度考量，叮嘱代某在条件允许的情况下多探视孩子，同时告诫宋某积极履行配合探视的义务。法院经审理，查明宋某在经济、家庭、健康等各方面具备监护条件，在听取代某关于同意变更监护权的意愿后，采纳检察建议，依法作出判决，将孩子的监护人变更为宋某。这一案例体现了检察机关在支持起诉过程中，不仅关注监护权的变更，更注重保障未成年人在新的监护环境下的权益，以及维护其与原监护人之间合理的亲情关系。

这些案例充分显示了检察机关在涉未成年人抚养权、监护权案件中的支持起诉实践具有重要意义。首先，从法律层面看，检察机关的介入确保了法律规定在这类案件中的准确适用，维护了法律的严肃性和权威性。在抚养权和监护权纠纷中，法律明确规定要以未成年人利益最大化为原则进行裁决，检察机关通过调查取证、提出支持起诉意见等方式，促使法院依法作出公正判决，保障了法律的正确实施[1]。其次，从社会层面看，检察机关的支持起诉有助于化解家庭矛盾，促进社会和谐稳定。这类纠纷往往涉及家庭关系的破裂和重组，如果处理不当，可能引发更多社会问题。检察机关通过调解、释法说理等工作，在保障未成年人权益的同时，尽量平衡各方利益，防止家庭矛盾的激化，维护了社会的和谐秩序。最后，对于未成年人个体而言，检察机关的支持起诉为他们提供了一个公平、公正的司

---

〔1〕　王燕鹏：《以数字之力提升监督之质以检察之智助力社会之治》，载《人民检察》2024 年第 17 期；张富利：《数字法治政府的治理效能悖论与破解之道》，载《河北法学》2025 年第 6 期。

法救济途径，让他们能够在法律的保护下，获得稳定的生活和成长环境，避免因家庭纠纷而遭受身心伤害，有利于他们的身心健康发展。

二、行政违法行为监督功能

在未成年人保护的广阔领域中，行政机关承担着重要职责，其执法行为直接关系到未成年人的权益保障。然而，实践中部分行政机关在未成年人保护工作中存在不作为、乱作为的现象，这就凸显了检察权的行政违法行为监督功能的重要性。检察机关通过多种方式，充分发挥这一功能，为未成年人健康成长筑牢坚实防线。

在现实中，行政机关在未成年人保护方面的不作为、乱作为情况时有发生。例如，一些地方的文化市场监管部门对网吧、游戏厅等场所违规接纳未成年人的行为监管不力，未能及时制止和处罚，导致未成年人沉迷其中，影响其身心健康和学业发展；教育行政部门在落实控辍保学政策时存在漏洞，对辍学未成年人的劝返复学工作不够积极主动，致使部分未成年人过早脱离学校教育，失去受教育的机会；市场监管部门对校园周边食品安全监管不到位，一些小商店、小摊贩销售"三无"食品、过期食品，严重威胁未成年人的身体健康。这些问题不仅损害了未成年人的利益，也反映出行政机关在履行未成年人保护职责时存在的不足。

针对这些问题，检察机关积极履行行政违法行为监督职责，通过检察建议等方式推动行政机关完善未成年人保护措施。检察建议是检察机关开展行政违法行为监督的重要手段之一，具有灵活性和针对性。以某检察院为例，其在办理涉未成年人盗窃案时，发现辖区内部分网吧存在违规接纳未成年人上网问题。

该院未检工作室迅速行动，依法开展检察监督，向相关部门制发检察建议。检察建议中明确指出网吧违规接纳未成年人上网的危害，不仅影响未成年人的学习和身心健康，还可能诱发未成年人违法犯罪，同时详细阐述了相关部门在监管方面存在的漏洞和不足，如对网吧的巡查频次不足、对违规行为的处罚力度不够等，并提出了具体的整改建议，包括加强日常巡查力度、建立长效监管机制、加大对违规网吧的处罚力度等。相关部门收到检察建议后，高度重视，立即开展行动，联合文旅局对辖区网吧进行专项治理行动。在专项治理行动中，相关部门对网吧是否接纳未成年人上网、是否在显著位置张贴"未成年人禁止入内"警示标志等进行全面细致检查。对排查发现存在违规接纳未成年人上网问题的网吧，文旅局依法予以行政处罚，并要求其限时整改。这次专项治理行动有效遏制了网吧违规接纳未成年人上网的现象，为未成年人营造了健康的网络环境。

　　除了制发检察建议，建立行政执法与刑事司法衔接机制也是检察权行政违法行为监督功能的重要体现。行政执法与刑事司法衔接机制能够整合行政机关和司法机关的力量，形成未成年人保护的强大合力。在实践中，一些侵害未成年人权益的行为可能同时涉及行政违法和刑事犯罪，如向未成年人销售烟酒、毒品，非法雇用童工等行为。如果行政执法机关和刑事司法机关之间缺乏有效衔接，则可能导致对这些违法行为的打击不力，无法充分保护未成年人的权益。建立行政执法与刑事司法衔接机制后，行政执法机关在执法过程中发现涉嫌犯罪的线索，能够及时移送公安机关立案侦查，检察机关则对移送过程进行监督，确保案件依法进入刑事诉讼程序。同时，检察机关还可以提前介入引导侦查，为公安机关收集、固定证据提供专业指导，提高案件办理质量和效率。例如，在办理一起向未成年人销售毒品案件中，市场监管部门在日常检查中发现某商店有向未成年人销售疑似毒品的行为，立即将线索移送公安机关，并通知检察机关。检察机关提前介入，引导公安机关全面收集证据，包括现场勘查、询问证人、固定销售记录等。最终，犯罪嫌疑人被依法追究刑事责任，同时检察机关还针对市场监管部门在监管中存在的漏洞，向其制发检察建议，督促其加强对辖区内商店的监管，防止类似违法行为再次发生。通过这种方式，行政执法与刑事司法衔接机制实现了对侵害未成年人权益违法行为的全方位打击，有效保护了未成年人的合法权益。

三、未成年人权益保护领域公益诉讼范围

未成年人权益保护领域公益诉讼的范围广泛，涵盖多个关键领域，对保障未成年人的健康成长意义重大。

在食品药品安全领域，未成年人的身体处于生长发育阶段，对食品药品的安全需求更为迫切。校园餐、校园周边食品卫生以及儿童疫苗等方面的安全问题，直接关系到未成年人的身体健康。例如，校园周边一些小摊贩销售的"三无"食品，可能含有大量有害添加剂，长期食用会严重影响未成年人的身体发育。检察机关在这一领域积极开展公益诉讼，通过监督食品药品生产、销售环节，对违法行为提起诉讼，促使相关部门加强监管，保障未成年人的饮食用药安全。如某县人民检察院办理的陈某某在校园门口销售使用非法添加剂的"红糖馒头"案件，检察机关不仅对陈某某以涉嫌生产、销售不符合安全标准的食品罪提起公诉，还同时提起刑事附带民事公益诉讼，要求其支付公益损害惩罚性赔偿金并在媒体公开赔礼道歉，有力打击了危害未成年人食品药品安全的违法行为。

网络保护领域也是未成年人权益保护公益诉讼的重点。随

着互联网的普及，未成年人接触网络的机会日益增多，网络环境对他们的影响不容忽视。网络平台存在的不良信息传播、网络欺凌、侵犯未成年人个人信息等问题，严重危害未成年人的身心健康。一些短视频平台未遵循"正当必要、知情同意、目的明确、安全保障、依法利用"原则，违法违规收集、使用儿童个人信息，对未成年人的隐私和安全构成威胁[1]。检察机关针对此类问题提起公益诉讼，推动网络平台加强自律，规范运营，净化网络环境。如浙江省杭州市余杭区人民检察院办理的某公司侵犯儿童个人信息民事公益诉讼案，检察机关通过调查取证，认定该公司在收集、存储、使用儿童个人信息过程中存在违法违规行为，遂向杭州互联网法院提起民事公益诉讼。该公司根据检察机关要求进行整改，细化出多项整改措施，突出落实"监护人明示同意"等规则，建立专门的儿童信息保护池等制度机制，有效保护了未成年人的个人信息安全。

校园安全领域同样至关重要，具体涉及校园设施安全、校园周边环境安全以及校园内的教育教学秩序等方面。学校的体育设施、教学楼建筑质量等若存在安全隐患，可能导致未成年人在校园内受到意外伤害。校园周边的交通秩序混乱、存在危险物品售卖点等问题，也会对未成年人的安全造成威胁。检察机关通过公益诉讼，督促学校和相关部门加强校园安全管理，排查整改安全隐患。例如，某检察院发现辖区内部分学校的消防设施配备不足，存在严重安全隐患，遂向相关部门发出检察建议，要求其督促学校整改。相关部门高度重视，迅速开展校园消防安全专项整治行动，为未成年人创造了安全的校园环境。

---

[1] 武东方、赵康博：《数字检察战略的实践反思、逻辑基础及实践设计》，载《中国检察官》2024年第17期。

第三节　检察权在未成年人保护中的实践创新

一、未成年人检察业务统一集中办理机制

未成年人检察业务统一集中办理机制是检察权在未成年人保护领域的一项重要实践创新，旨在打破传统检察业务条块分割的格局，实现对未成年人案件的全面、综合、专业办理，提升未成年人司法保护质效。

这一机制的内涵丰富且意义深远。它整合了刑事、民事、行政、公益诉讼检察"四大检察"职能，将涉及未成年人的各类案件集中由未成年人检察部门办理。以往，未成年人案件分散在不同的检察业务部门，由于各部门工作重点和办案理念的差异，难以形成对未成年人权益保护的合力。统一集中办理机制改变了这一局面，使未成年人检察部门能够从整体上把握未成年人案件的情况，全面考量未成年人的权益保护和犯罪预防[1]。例如，在办理一起未成年人遭受性侵害的刑事案件时，未成年人检察部门不仅要追究犯罪嫌疑人的刑事责任，还要关注未成年被害人的民事赔偿问题，通过支持起诉等方式帮助其获得应有的赔偿。若发现行政机关在监管方面存在漏洞，如对学校安全管理监督不力，未成年人检察部门可通过行政公益诉讼督促其整改；若涉及网络平台传播未成年人隐私等问题，未成年人检察部门还可运用公益诉讼手段推动网络环境治理。这种多维度、全方位的办理模式，能够更好地满足未成年人司法保护的特殊需求，避免因部门之间的沟通不畅或职能交叉而导致的保护

---

〔1〕　刘子聪：《〈档案法〉法律责任条款的检视与完善》，载《档案学通讯》2025 年第 2 期。

缺位。

从实践效果来看，未成年人检察业务统一集中办理机制取得了显著成效。在山东省济宁市，检察机关通过这一机制成功办理了一系列涉及未成年人权益保护的案件。在某起未成年人盗窃案件中，检察机关在审查起诉过程中，发现该未成年人的家庭监护存在严重问题，父母长期对其疏于管教，导致其走上犯罪道路。检察机关随即启动民事支持起诉程序，向法院提出撤销其父母监护权的建议，并为该未成年人申请法律援助，指定合适成年人参与诉讼。同时，针对案件中暴露的学校法治教育缺失问题，未成年人检察部门向教育部门发出检察建议，督促其加强对学生的法治教育。此外，检察机关还通过公益诉讼监督，推动相关部门加强对校园周边环境的整治，为未成年人营造良好的成长环境。通过这一机制的运用，检察机关实现了对涉罪未成年人的教育挽救、对未成年被害人的权益保护以及对社会治理漏洞的有效填补，达到了法律效果与社会效果的有机统一。

在实际运行中，未成年人检察业务统一集中办理机制也面临一些挑战和问题。一方面，这一机制对检察人员的专业素养提出了更高要求。办理未成年人案件不仅需要扎实的法律知识，还需要了解未成年人的身心特点、教育规律、心理辅导等多方面知识。检察人员需要不断学习和提升自身能力，以适应这一机制的工作需求。另一方面，检察机关与其他部门的协作配合还需进一步加强。未成年人保护是一个系统工程，需要检察机关与公安、民政、教育、团委、妇联等多个部门以及法院密切合作。在实践中，虽然各部门在未成年人保护方面都有一定的职责，但在信息共享、工作衔接等方面还存在一些障碍，需要进一步完善协作机制，形成更加紧密的工作合力。

二、未成年人司法社会支持体系建设

未成年人司法社会支持体系建设是一项系统工程，对于加强未成年人司法保护至关重要。引入专业社工、心理咨询师等社会力量参与帮教，以及建立未成年人观护基地等举措，能够为未成年人提供全方位、多层次的帮助和支持，促进其健康成长。

引入专业社工、心理咨询师等社会力量参与帮教，是提升未成年人司法保护质效的重要途径。专业社工具有丰富的社会服务经验和专业知识，能够深入了解未成年人的生活背景、家庭环境和心理状态，为其提供个性化的帮扶服务。心理咨询师则可以运用专业的心理知识和技能，对涉罪未成年人或未成年被害人进行心理评估、疏导和干预，帮助他们缓解心理压力，消除心理障碍，恢复心理健康。某人民检察院办理的一起未成年人盗窃案中，社工通过定期家访、组织参加公益活动等方式，帮助涉罪未成年人增强社会责任感，树立正确的价值观和人生观；心理咨询师则针对该未成年人因犯罪产生的自卑、焦虑等心理问题，进行了多次一对一的心理辅导，帮助他走出心理阴影，重新树立生活信心。这种专业社会力量的参与，弥补了检察机关在专业领域的不足，使帮教工作更加精准、有效，能够更好地满足未成年人的特殊需求，提高他们回归社会的成功率。

建立未成年人观护基地是未成年人司法社会支持体系建设的关键环节。未成年人观护基地为涉罪未成年人提供了一个相对稳定、安全的环境，让他们在接受教育和矫治的同时，能够获得技能培训与心理辅导，提升自身能力和素质，为重新融入社会做好准备[1]。例如，青海省"未爱·守心"未成年人观护

---

〔1〕 张伟：《法律监督诉讼论之提倡》，载《中共山西省委党校学报》2021年第5期。

基地主要针对检察机关作出附条件不起诉等涉案罪错未成年人进行"1+N"联合帮教救助，为他们提供专业学习场所和"订单式"职业技能培训，通过引入司法社工、心理咨询师、青年志愿者等参与观护帮教、教育矫治，帮助他们学习相关技能、重拾信心，顺利回归社会。在观护基地，涉罪未成年人可以学习一门实用技能，如烘焙、汽修、计算机操作等，为将来就业打下基础；同时，通过心理辅导，他们能够认识到自己的错误，调整心态，积极面对生活。观护基地还注重对涉罪未成年人进行法治教育和道德教育，增强他们的法律意识和道德观念，防止再次犯罪。

三、数字检察在未成年人保护中的应用

在数字化时代，数字检察为未成年人保护工作带来了新的机遇和变革。通过开发未成年人保护大数据平台，整合多部门数据资源，实现信息共享与风险预警，能够更精准、高效地保护未成年人权益，预防侵害未成年人权益事件的发生。

某区检察院未检团队在办案中敏锐地发现，网约房、电竞酒店等新业态住宿场所逐渐成为未成年人犯罪和未成年人遭受侵害的"高发地"。为了有效解决这一问题，该院依托未成年人综合保护中心，搭建了未成年人综合保护大数据平台。该平台聚焦与未成年人联系紧密的电竞酒店、民宿、网约房等痛点难点问题，通过收集、整合公安、工商、文旅等多部门的数据资源，实现了对这些场所的全方位动态监管。例如，平台可以实时获取未成年人入住相关场所的登记信息，一旦发现未成年人单独入住或与可疑人员一同入住，系统便会自动发出预警，相关部门能够及时介入调查，确保未成年人的安全。同时，通过对大数据的分析，还可以发现这些场所存在的监管漏洞和问题，

为检察机关发出检察建议提供有力依据，促进相关部门加强监管，堵塞漏洞，形成监管合力。

某市运用大数据搭建的智慧未成年人保护系统同样成效显著。该系统对家庭保护、学校保护、社会保护、网络保护、政府保护、司法保护"六大保护"进行整合，通过基层定期走访，实时更新基本数据，统计分析需求，让未成年人保护工作实现一键报告、及时处置，并构建起严密的未成年人关爱保护网络。在家庭保护方面，系统可以收集未成年人家庭的基本信息、监护人的监护情况等，对于发现的监护缺失、监护侵害等问题及时预警，使相关部门能够及时介入，为未成年人提供必要的保护和帮助。在学校保护方面，系统可以整合学校的学生管理信息、校园安全信息等，对校园欺凌、校园安全隐患等问题进行实时监测和预警，保障未成年人在学校的安全和健康[1]。在社会保护方面，系统可以对接社会服务机构、志愿者组织等的数据资源，为未成年人提供多元化的社会支持和服务。通过该系统的运行，某市在未成年人保护工作中实现了信息的快速传递和共享，大大提高了工作效率和精准度，为未成年人的健康成长提供了更加坚实的保障。

这些成功案例充分展示了未成年人保护大数据平台在实现信息共享与风险预警方面的强大功能和积极作用。通过整合多部门数据资源，打破数据壁垒，检察机关能够实现对未成年人权益保护相关信息的全面掌握和动态分析，及时发现潜在的风险和问题，并采取有效的干预措施。同时，大数据平台的应用也有助于加强各部门之间的协作配合，形成未成年人保护的工作合力，共同为未成年人创造一个安全、健康的成长环境。

---

〔1〕 何佳曼：《我国检察机关的法律监督职能研究》，西南政法大学 2021 年硕士学位论文。

第八章

大数据技术与检察智能化的深入发展

第一节　大数据技术提升法律监督功能

一、侦查监督功能拓展

（一）构建违法违规线索智能分析体系

在传统侦查监督模式下，违法违规线索的发现往往依赖人工筛查卷宗，效率低且易出现监督盲区。而依托大数据技术，检察机关能够将海量侦查数据进行结构化处理，构建起覆盖立案、强制措施适用、证据收集等全流程的智能分析模型。例如，通过对历年侦查案件数据的机器学习，系统可以精准识别异常数据模式：若某侦查机关在某一时间段内的刑事拘留转行政处罚比例骤升，或同一侦查人员经手案件的退查率远超平均水平，系统将自动触发预警机制。此外，大数据还能实现跨区域、跨部门的数据关联分析，打破信息壁垒。当不同地区相似案件的证据链存在高度雷同，或犯罪嫌疑人供述存在矛盾时，系统可快速锁定潜在的违法违规线索，为监督人员提供精准的审查方向，大幅提升线索发现的及时性与准确性。

（二）实现侦查活动全流程动态追踪

传统侦查监督多为事后审查，检察机关难以在侦查活动发生偏差时及时介入。大数据技术的应用则彻底改变了这一局面，通过在侦查系统中嵌入智能监督模块，检察机关可对侦查活动的每个环节进行实时监控。从立案环节的案件受理时间、犯罪构成要件审查，到侦查取证过程中的讯问笔录制作、搜查扣押程序，再到强制措施的适用期限等，系统均会自动抓取关键节点数据，生成可视化的侦查活动轨迹图。一旦发现侦查活动超期、程序倒置等问题，系统将立即发送预警信息，并通过智能算法分析可能存在的风险。同时，动态追踪还能实现对侦查措施的效果评估，例如通过分析侦查手段与案件侦破效率的关联性，为后续侦查工作提供科学决策依据，确保侦查活动始终在合法、规范的轨道上运行。

（三）提升监督精准度的多维数据融合策略

大数据时代的侦查监督，本质上是对多源异构数据的深度挖掘与整合。除了侦查机关内部的案件数据，还需融合检察机关的监督数据、审判机关的裁判数据，甚至社会信用、舆情信息等外部数据。例如，在对侦查机关进行立案监督时，不仅应分析案件本身的证据材料，还可结合信访举报数据、网络舆情动态，判断是否存在应立未立或不当立案的情形。此外，建立监督案例数据库可将同类案件的监督经验转化为可量化的评价指标。当新案件出现时，系统可通过案例匹配算法，自动比对当前案件与历史监督案例的相似度，为监督人员提供参考建议，避免主观判断偏差[1]。这种多维数据融合策略，使监督工作从经验驱动转向数据驱动，有效提升了监督结论的科学性与权

---

[1] 桂万先、姜奕：《新时代中国特色社会主义检察制度的特色与优势》，载《法治现代化研究》2021年第3期。

威性。

（四）构建侦查监督效能评估与优化机制

大数据不仅可用于发现问题，还能助力监督工作的自我完善。通过建立侦查监督效能评估指标体系，检察机关可对监督线索的发现率、整改落实率、案件质量提升幅度等核心指标进行量化分析。例如，通过追踪某类违法违规线索整改后的同类问题发生率，可直观评估监督措施的实际效果；对比不同监督人员或不同地区的监督效能数据，能够发现监督工作中的薄弱环节。此外，利用大数据的预测分析功能，可提前预判侦查活动中可能出现的风险点，针对性地制定预防措施。例如，检察机关可根据历年办案数据预测特定时间段内非法证据排除风险高发的案件类型，提前对相关侦查机关进行风险提示，推动侦查监督从被动应对转向主动防控，形成"发现问题—整改落实—效果评估—机制优化"的闭环管理模式，持续提升侦查监督的整体效能。

二、审判监督功能深化

在数字化时代浪潮的推动下，司法领域依托大数据技术实现审判监督功能的深化，为司法公正筑起更为坚实的防线。这一变革主要体现在两个关键层面：大数据比对分析审判结果，精准挖掘司法不公线索；对审判程序中的违法行为实施动态监督与及时纠正。

（一）大数据比对分析审判结果，发现司法不公线索

传统的司法监督模式依赖人工筛查与事后审查，存在效率低、覆盖面窄、主观性强等局限，难以在海量案件中精准定位潜在的司法不公问题。而大数据技术的应用，为司法监督工作带来了全新的解决思路。通过构建智能化的数据分析平台，司

法机关能够将海量历史审判数据进行整合与清洗，建立起涵盖案件类型、当事人信息、证据材料、裁判文书等多维度的数据库。

在此基础上，运用机器学习算法和自然语言处理技术，系统可以对新审结的案件与历史同类案件进行全方位比对。从案件事实认定、法律适用，到裁判结果、量刑幅度，任何细微的差异都能被精准捕捉。例如，在合同纠纷案件中，通过对比同类合同条款的违约判定标准、赔偿金额计算方式等，若发现某一案件裁判结果与历史相似案件存在显著偏差，系统将自动触发预警机制，提示监督人员进行深入核查。

大数据分析不仅能够发现个案中的异常，还能从宏观层面揭示司法领域的系统性问题。通过对某一地区、某一时间段内的案件数据进行聚类分析，监督部门可以识别出特定领域案件裁判尺度不统一、同案不同判等现象[1]。例如，在劳动争议案件中，若大数据显示某一法院在认定工伤赔偿标准时，与其他法院存在较大差异，且缺乏合理的法律依据，这就可能暴露出该法院在法律适用上存在不规范的情况，进而成为深挖司法不公线索的重要突破口。此外，大数据还可以关联分析案件审理流程中的各个环节，发现案件久拖不决、超审限等问题背后可能存在的人为干预因素，为司法监督提供更具针对性的线索。

（二）对审判程序中的违法行为进行监督纠正

审判程序的公正性是司法公正的重要保障，任何程序违法都可能动摇司法公信力的根基。大数据技术的介入，使审判程序监督从"被动应对"转向"主动防控"，实现对违法行为的全流程、实时化监控。首先，通过在案件管理系统中嵌入智能监督模块，可将法律规定的审判程序节点转化为可量化、可监控

---

〔1〕 马秀梅：《我国检察建议的适用检视与效力提升路径》，广西大学2021年硕士学位论文。

的数据指标。从立案受理、证据交换、开庭审理，到裁判文书制作、送达执行，每个环节的时间节点、操作规范都被纳入监督范围。一旦出现超期未立案、未按法定程序组织质证、裁判文书错误等程序违法行为，系统将立即发出预警，并自动记录相关责任人信息，为后续追责提供依据。

其次，大数据技术能够整合不同来源的监督数据，形成立体化的监督网络。除了案件管理系统中的数据，还可以接入庭审录音录像、电子卷宗、当事人反馈等多源信息，对审判程序进行全方位复盘。例如，通过对庭审录音录像进行语音识别和语义分析，系统可以检测法官是否存在诱导性发问、限制当事人辩论权利等不当行为；通过对电子卷宗的智能审查，系统能够发现证据材料缺失、卷宗装订不规范等程序性瑕疵。对于发现的违法行为，监督部门可以通过系统及时向承办法官发送整改通知，并跟踪整改落实情况，形成"发现问题—督促整改—效果评估"的闭环管理机制。

最后，大数据还为审判程序监督提供了决策支持。通过对历史程序违法案例的分析，系统可以总结出违法行为发生的规律和特点，预测潜在的程序风险点。例如，在某类复杂案件中，若历史数据显示证据交换环节更容易出现程序违法，监督部门就可以提前介入，加强对该环节的重点监控，从而实现对违法行为的源头预防[1]。同时，大数据生成的监督报告和分析结论还可以为司法管理部门完善审判程序规则、优化审判流程提供数据支撑，推动审判程序监督工作从个案纠正向制度完善的方向发展，从根本上保障审判程序的合法性与公正性。

---

〔1〕 孟星宇、李旭：《新时代中国国家制度与法律制度的理论与实践——中国法治现代化暨中国法治实践学派 2020 年智库论坛综述》，载《法治现代化研究》2021 年第 1 期。

三、执行监督功能优化

运用大数据监测执行活动，构建起全流程、智能化的监督体系，能够有效规避执行过程中的疏漏与偏差，切实提升司法执行的公正性与权威性。具体可从以下维度展开阐述：

（一）大数据驱动的动态监测机制革新

在传统执行监督模式下，监督工作往往依赖人工巡查与事后审查，存在信息滞后、覆盖面窄等问题。而借助大数据技术，可实时采集执行案件的立案时间、执行进度、财产查控结果等多维数据，构建起动态化的执行数据看板。以某省法院系统为例，其通过整合全省法院执行案件的电子卷宗、网络查控系统反馈数据，形成覆盖财产调查、控制、处置全链条的可视化监督平台。系统不仅能自动抓取超期未结案件、未及时采取强制措施等异常数据，还可通过机器学习算法对执行风险进行预警，提前识别可能存在的消极执行、选择性执行等问题。这种动态监测机制将监督关口前移，将被动应对转化为主动防控，使执行监督工作从"事后纠错"转变为"事中干预"，显著提升监督效能。

（二）财产刑执行领域的精准监督实践

财产刑执行涉及罚金、没收财产等刑罚执行，直接关系到司法裁判的权威性与国家刑罚权的实现。大数据技术通过建立财产刑执行数据库，对被执行人的银行账户、不动产、股权等财产信息进行交叉比对与深度挖掘。例如，某地司法机关利用大数据平台，发现多名被执行人存在"隐匿财产"行为：表面上银行账户余额不足，但通过关联分析其消费记录、资金往来流水，锁定了其通过他人账户转移财产的线索。系统还可对财产刑执行案件进行分级分类管理，根据被执行人的财产状况、履行能力生成个性化的执行方案。同时，通过对历史财产刑执行数据的分析，系统能总结出不同类型案件的执行规律，为执行法官提供参考，有效破解"空判""执行难"等难题，保障国家财产刑执行到位率稳步提升。

（三）社区矫正执行环节的智能监督体系

社区矫正作为非监禁刑罚执行方式，其监督管理的有效性直接影响社会稳定与司法公信力。大数据技术通过整合社区矫正对象的基本信息、矫正档案、定位数据、奖惩记录等信息，构建起全方位的动态评估模型[1]。例如，系统利用 GPS 定位数据与电子围栏技术，实时监控矫正对象的活动范围，一旦出现越界行为立即触发预警。同时，系统可对矫正对象的日常报到、教育学习、社区服务等表现进行量化分析，结合其心理测评数据，预测再犯罪风险等级。某社区矫正中心通过大数据监督系统，发现部分矫正对象存在参与非法活动的苗头，及时采取干预措施，有效预防了矫正对象再次违法犯罪。此外，大数据还能实现跨部门数据共享，与公安、民政、人力资源等部门进行数据对接，全面掌握矫正对象的社会关系与生活状况，为精准监督与个性化矫正方案制定提供有力支撑，推动社区矫正工作从"粗放管理"向"智慧矫正"转型。

第二节　司法办案效能提升

一、案件线索发现与排查

（一）利用大数据挖掘潜在案件线索，拓宽案件来源渠道

在数字化时代，各类社会活动都在产生海量数据，这些数

---

〔1〕　王新颖：《在国家治理现代化中深化检察职能》，载《人民检察》2020 年第 23 期。

据如同一座蕴藏着丰富案件线索的宝库，而大数据技术便是开启宝库的钥匙。传统案件线索来源往往局限于群众举报、现场勘查等有限渠道，存在覆盖面窄、时效性差等问题。相比之下，大数据技术凭借其强大的数据采集和整合能力，能够突破这些局限。

以公安系统为例，其通过整合交通监控、通信记录、社交媒体、金融交易等多源异构数据，构建起庞大的数据库。交通监控数据可用于追踪犯罪嫌疑人的行动轨迹，例如在某起盗窃案件中，通过对案发地周边道路监控数据的分析，系统能够快速锁定在案发时间点前后经过特定路段的可疑车辆，进而获取车辆的行驶路线、车主信息等关键线索。通信记录数据则可挖掘案件相关人员的联系网络，从频繁的通话记录、短信内容中发现异常沟通行为，例如在诈骗案件中，分析犯罪团伙成员之间的通信频率和时间规律，可能会找到他们的联络模式和隐藏据点。

社交媒体数据同样具有巨大价值，犯罪嫌疑人可能会在不经意间在社交平台上留下与案件相关的信息。如在某些网络暴力案件中，检察机关通过对社交平台用户的言论、图片、视频等内容进行文本挖掘和图像识别，能够发现煽动性言论、威胁性信息，从而提前介入，预防更严重事件的发生。金融交易数据更是打击经济犯罪的重要突破口，利用大数据分析技术，可对海量的银行转账、支付记录进行筛查，识别出异常的资金流动模式，例如洗钱案件中频繁且分散的小额转账，或者资金在短时间内的跨地域、跨账户快速转移等特征，能够帮助执法部门及时发现犯罪线索，拓宽案件线索来源渠道，提升对各类案件的主动发现能力。

（二）对案件线索进行智能分析与筛选，提高办案效率

在获取大量案件线索后，如何从繁杂的信息中快速准确地筛

选出有价值的内容，成为提高办案效率的关键。传统人工排查线索的方式不仅耗时耗力，还容易受到主观因素影响，导致线索遗漏或误判。而智能分析与筛选技术的应用，有效解决了这些问题。

基于人工智能的机器学习算法能够对案件线索进行深度分析。例如，通过训练分类模型，可将线索自动归为不同类型，如盗窃、诈骗、暴力犯罪等，使办案人员能够迅速聚焦到特定类型的案件线索上[1]。同时，利用自然语言处理技术，系统可对文本类线索进行语义分析，提取关键信息，如在群众举报的文字材料中自动识别出案件发生的时间、地点、涉及人员、事件经过等要素，避免人工阅读时因信息量大而出现疏漏。

此外，智能分析系统还可通过建立线索关联模型，挖掘线索之间的潜在联系。在系列案件中，看似独立的案件线索可能存在隐藏的关联，通过分析作案手法、时间规律、目标特征等要素，智能系统能够自动识别出具有相似特征的线索，将原本分散的案件线索串联起来，为破案提供更全面的视角。在筛选线索时，系统可根据预设的权重和优先级规则，对线索进行评分排序，优先推送高价值线索给办案人员，使他们能够集中精力处理重要案件，避免在无效线索上浪费时间。例如，在处理网络犯罪案件时，智能系统能够快速从大量的网络日志和数据流量中筛选出与犯罪行为相关的异常操作记录，将其作为优先级线索推送，帮助办案人员及时掌握犯罪动态，快速制定侦查策略，显著提高办案效率，缩短案件侦破周期。

二、证据收集与审查

（一）借助大数据技术收集电子证据，丰富证据种类

在数字化时代，传统证据收集方式已难以满足复杂案件对

---

〔1〕　魏鹏：《检察建议制度研究》，吉林大学 2020 年博士学位论文。

证据广度与深度的需求。大数据技术凭借其海量数据抓取、多源数据整合能力，为电子证据收集开辟了全新路径。以互联网金融诈骗案件为例，犯罪行为常常通过网络平台、移动支付、即时通信工具实施，涉及交易流水、聊天记录、登录日志等大量碎片化电子数据。大数据技术可通过网络爬虫、数据接口对接等手段，从银行系统、第三方支付平台、社交软件服务器等多个数据源中自动采集相关数据，将分散在不同系统中的"数据孤岛"串联成完整的证据链。

此外，大数据的非结构化数据处理能力尤为关键。视频监控片段、音频通话记录、网页截图等非结构化数据占电子证据总量的大部分，传统方法难以高效提取有效信息[1]。而大数据技术通过图像识别、语音转文字、自然语言处理等算法，能够快速解析视频中的人物行为、语音内容中的关键信息，将非结构化数据转化为可被司法系统采信的结构化证据。例如，在某网络诽谤案中，检察机关通过大数据分析技术从数万条微博评论中筛选出包含攻击性言论的内容，并结合 IP 地址溯源、用户注册信息交叉验证，最终形成完整的侵权证据链。这种多元化的电子证据收集方式，极大地拓展了证据种类，为司法实践提供了更全面的事实依据。

（二）运用大数据分析证据关联性，提高证据审查质量

证据审查的核心在于判断证据间的逻辑关系与证明力，而大数据分析技术的介入显著提升了这一过程的精准度与效率。传统人工审查在面对海量证据时，易受主观认知局限与信息处理能力影响，难以发现隐蔽的证据关联。大数据分析通过机器学习算法，能够对证据数据进行深度挖掘。例如，在合同诈骗

---

〔1〕 郝铁川、包来友：《构建社会治理检察建议制度的理论基础》，载《人民检察》2020 年第 21 期。

案件中，系统可自动比对数千份合同的条款细节、签约时间、交易金额等信息，通过聚类分析识别出异常合同特征，发现合同签订主体间的隐性关联，甚至挖掘出被刻意掩盖的资金流向。

此外，大数据技术可构建证据关系图谱，以可视化形式呈现证据间的关联网络。通过将案件涉及的人物、时间、地点、事件等要素进行结构化处理，生成动态关系图谱，审查人员能够直观观察证据间的因果关系、时序关系与从属关系。例如，在某涉黑案件中，通过分析犯罪嫌疑人的通话记录、银行转账记录、出行轨迹等数据，大数据系统生成的关系图谱清晰展现出犯罪团伙的组织结构、资金往来脉络与作案规律，为审查人员快速锁定关键证据、判断证据链完整性提供了有力支持。这种数据驱动的证据关联性分析，有效避免了人工审查的疏漏，显著提升了证据审查的科学性与权威性。

（三）建立电子证据大数据库，规范证据管理与运用

随着电子证据数量呈指数级增长，传统分散存储、人工管理的模式已无法适应司法需求。建立统一的电子证据大数据库，通过标准化、流程化管理，可有效解决证据存储混乱、调用困难、安全隐患等问题。该数据库采用分布式存储架构，结合区块链技术实现数据的加密存储与时间戳固化，确保电子证据的真实性、完整性与不可篡改性。例如，在知识产权侵权案件中，权利人可将原创作品的创作过程记录、版权登记信息、使用授权记录等实时上传至数据库，区块链技术自动为每份数据生成唯一哈希值，形成不可篡改的电子存证。

在证据运用层面，电子证据大数据库支持跨地域、跨部门的数据共享与协同。通过建立统一的数据接口与权限管理机制，公检法机关、鉴定机构、律师事务所等不同主体可在授权范围内调取、分析证据数据，打破信息壁垒。例如，某地检察机关

在办理系列电信诈骗案时，通过电子证据大数据库快速调取涉案人员的通话记录、资金流水、设备使用信息等数据，结合大数据分析模型进行串并案处理，将分散在不同地区的同类案件关联分析，成功捣毁犯罪窝点。同时，数据库可通过数据标签化、关键词检索、智能推荐等功能，实现证据的快速定位与高效利用，大幅提升司法办案效率，推动证据管理向规范化、智能化方向发展。

三、案件质量评估与风险预警

（一）通过大数据构建案件质量评估指标体系，对案件质量进行量化评价

在司法实践中，传统的案件质量评估往往依赖于人工经验与定性判断，难以实现对案件复杂情况的全面覆盖与精准分析。随着大数据技术的成熟应用，构建科学化、系统化的案件质量评估指标体系成为可能。这一体系通过整合案件办理过程中的海量数据，如案件类型、审理周期、证据完整性、法律适用准确性、当事人满意度等多维度信息，运用机器学习算法和数据挖掘技术，提炼出具有代表性的量化指标。例如，在刑事诉讼案件中，可将证据链完整度、程序合规性、量刑建议采纳率等作为核心评估指标；在民商事案件中，则重点关注事实认定清晰度、调解成功率、执行到位率等数据。

通过大数据分析，这些指标能够形成动态化的评估模型，将原本抽象的案件质量转化为可量化、可比较的数值评分。法院或相关机构可据此对案件进行横向与纵向的对比分析，既可以对同一时间段内不同法官、不同部门的办案质量进行客观评价，也能够追踪某一案件从立案到结案全流程的质量变化趋势。此外，量化评估结果还能为司法资源的优化配置提供依据，例

如将资源重点倾斜至案件质量待提升的领域，或针对高频出现的质量问题开展专项培训，从而推动司法体系的整体效能提升。

（二）利用大数据分析预测办案风险，提前采取防范措施

办案过程中潜藏着诸多风险，如证据瑕疵引发的改判风险、当事人矛盾激化导致的信访风险、超期未结引发的程序违法风险等。大数据分析技术可对历史案件数据进行深度挖掘，识别出风险发生的规律与关键触发因素[1]。例如，通过分析大量改判案件的特征，发现证据收集不规范、法律条款援引错误等因素与改判结果存在显著关联；通过研究信访案件数据，能够锁定当事人情绪波动较大、争议焦点未妥善解决等风险信号。

基于这些规律，可建立风险预测模型，利用实时案件数据进行动态风险评估。当系统监测到某一案件出现类似风险特征时，立即发出预警提示，并根据风险等级提供相应的应对策略。例如，对于证据风险较高的案件，系统可自动推送补充调查建议；对于可能引发信访的案件，检察机关提前启动多元调解机制，协调社会力量介入化解矛盾。这种"数据驱动"的风险防控模式，改变了检察机关以往被动应对的局面，将风险防范关口前移，不仅有效降低了案件办理过程中的不确定性，还能减少因风险事件发生而带来的司法资源浪费，提升司法公信力与社会稳定性。

（三）开发案件质量评估与风险预警大数据系统，实现智能化管理

为了将案件质量评估与风险预警功能落地，开发一套集成化、智能化的大数据系统至关重要。该系统需具备数据采集、分析处理、可视化展示及智能决策支持等核心功能。首先，系统应通过与法院审判系统、执行系统、信访系统等多平台的数

---

〔1〕　邓佑娟：《论我国检察机关在宪法实施中的困境与出路》，宁波大学 2020 年硕士学位论文。

据对接，实现案件全流程数据的自动采集与实时更新，确保数据的完整性与时效性。其次，系统应利用分布式计算、自然语言处理等技术对海量数据进行清洗、分类与建模，快速生成案件质量评分报告与风险预警清单。

在系统交互层面，应采用直观的可视化界面，将复杂的数据以图表、热力图等形式呈现，便于管理者与办案人员快速掌握案件整体态势。例如，通过案件质量分布地图，办案人员可直观查看不同区域、不同类型案件的质量差异；通过风险预警仪表盘，办案人员可实时追踪高风险案件的动态变化。此外，系统还可嵌入智能辅助决策模块，根据案件数据自动匹配相似案例及处置经验，为办案人员提供法律依据、程序指引与风险化解建议，实现从"经验办案"到"数据办案"的转变。通过这一智能化管理系统，司法机构能够构建起全流程、闭环式的案件质量管控体系，推动司法管理向精细化、智慧化方向迈进。

第三节　提升社会治理参与度

一、犯罪态势分析与预防

（一）运用大数据分析犯罪类型、趋势与规律，为犯罪预防提供决策依据

在数字化时代，犯罪行为呈现出隐蔽化、跨区域化、智能化等特征，传统犯罪预防模式已难以应对复杂多变的治安形势[1]。依托大数据技术构建犯罪态势分析体系，能够深度挖掘海量数据中的潜在规律，为精准防控提供科学依据。可以通过整合公安、

---

〔1〕　柯丹静：《监察体制改革背景下派驻检察室的职能定位与发展路径研究》，陕西师范大学 2020 年硕士学位论文。

交通、金融、通信等多源数据，建立犯罪数据资源池，涵盖案件类型、案发时间、地理位置、作案手法、涉案人员特征等信息。

借助机器学习算法对犯罪数据进行建模分析，能够发现传统研判难以察觉的关联性。以电信网络诈骗为例，通过分析受害者的通话记录、转账行为、浏览网页等数据，可识别出诈骗分子常用的话术、资金转移路径和作案周期，进而绘制出犯罪行为的动态演化图谱。某省公安厅即通过构建诈骗风险评估模型，提前预警高危受害人群，成功拦截潜在诈骗案件数千起。此外，大数据可视化技术能够将犯罪态势以热力图、时序图、关系网络等直观形式呈现，帮助决策者快速掌握重点区域、高发时段和高危人群，为警力部署和资源调配提供可视化支撑。

（二）联合相关部门开展犯罪预防专项行动，形成防控合力

犯罪预防是一项系统性工程，需打破部门壁垒，构建"政府主导、部门协同、社会参与"的多元共治格局。首先，应建立常态化跨部门协作机制，由公安部门牵头，联合司法、教育、民政、市场监管等部门成立犯罪预防工作领导小组，定期召开联席会议，制定统一的行动方案。例如，在打击非法集资专项行动中，金融监管部门提供企业资金异常流动数据，市场监管部门排查违规经营主体，公安部门负责案件侦办，形成从线索发现到打击处置的全链条闭环。

其次，应针对重点领域和突出问题开展专项整治。以校园暴力防治为例，教育部门负责开展法治教育课程，公安部门加强校园周边巡逻防控，民政部门为受侵害学生提供心理疏导和法律援助，多部门协同施策有效降低了校园暴力发生率。

最后，应鼓励社会组织、企业和公众参与犯罪预防。通过"平安志愿者""反诈宣传员"等形式，发动群众提供线索；利用互联网平台开发举报小程序，实现全民监督；引入科技企业

提供技术支持，如某科技公司为社区免费部署智能安防系统，通过人脸识别、行为分析等技术实时预警异常行为。通过整合各方资源，形成全社会共同参与、协同联动的犯罪防控网络，最大限度消除犯罪滋生的土壤。

二、促进行业监管与治理

（一）依托大数据分析精准定位监管漏洞与风险隐患

在数字化时代，行业运行产生的海量数据蕴含着丰富的监管线索。构建多维度、跨平台的大数据分析体系，能够对特定行业领域的运营数据、交易记录、舆情信息等进行深度挖掘。以金融行业为例，通过对银行流水、证券交易、保险理赔等数据的实时监测与智能分析，系统可以精准识别异常交易模式，如高频小额转账、集中时段资金异动等。在食品药品安全领域，借助物联网设备采集的生产、流通、销售环节数据，结合区块链技术确保数据真实性，系统能够快速锁定原材料来源不明、生产环境不达标、运输储存条件异常等安全隐患。

大数据分析不仅能够处理传统结构化数据，还能借助自然语言处理技术解析社交媒体评论、投诉举报文本等非结构化数据，从中提炼公众关注的热点问题与行业乱象。例如在教育培训行业，系统通过抓取在线评价平台、论坛讨论内容，可分析出机构虚假宣传、退费困难等普遍问题，为监管部门提供靶向监管方向。这种基于大数据的风险预警机制，改变了传统监管依赖人工抽查、被动响应的模式，实现了从"事后追责"向"事前预防"的转变，大幅提升监管效率与精准度。

（二）以检察建议为抓手推动行业主管部门强化监管效能

检察建议作为检察机关参与社会治理的重要手段，在推动行业监管的完善中发挥着关键作用。当大数据分析揭示出行业监管的漏洞后，检察机关通过制发检察建议，以法律监督者的身份向行业主管部门提出整改要求。检察建议的内容具有极强的针对性与专业性，它不仅指出问题所在，还会结合法律规定、行业标准提出具体可行的解决方案。例如，针对互联网平台经济中存在的"二选一"垄断行为，检察机关在充分调研分析平台数据、用户反馈及市场竞争态势后，向市场监管部门发出检察建议，建议完善反垄断审查机制，建立平台企业数据合规审查制度，并加强对算法推荐、大数据杀熟等新型垄断行为的监管。

检察建议的落实过程注重多方协同，检察机关会联合纪检监察机关、行业协会等机构，通过定期回访、专项督查等方式，确保行业主管部门对检察建议"真重视、真整改"[1]。同时，检察机关还通过典型案例发布、经验交流等形式，将有效的监管措施与治理模式进行推广，形成"办理一案、治理一片"的社会效果。这种以检察建议为纽带的监督机制，既强化了法律监督的刚性，又提升了行业主管部门的履职能力，推动行业监管从"被动应对"向"主动治理"转变。

（三）构建行业监管大数据协作机制实现信息共享与协同治理

面对跨区域、跨行业的复杂监管难题，单一部门的"信息孤岛"模式已难以满足治理需求。建立行业监管大数据协作机制，搭建统一的数据共享平台，能够整合市场监管、税务、公安、金融等多部门的数据资源，打破部门间的数据壁垒。例如，在打击电信网络诈骗领域，通过建立跨部门数据协作平台实现的银行账户信息、通信运营商用户数据、互联网平台交易记录的实时共享，使公安部门能够快速追踪诈骗资金流向，金融机构及时冻结涉案账户，通信部门迅速封堵诈骗电话与网站，形

---

[1] 张乾：《我国检察民事公益诉讼制度完善研究》，华东政法大学 2020 年博士学位论文。

成全链条打击合力。

在机制运行层面，检察机关通过制定统一的数据采集标准、安全管理规范及协同响应流程，确保各参与主体在数据共享与协作过程中有章可循；同时，引入人工智能技术对共享数据进行智能分析与风险预警，当发现某行业出现系统性风险苗头时，平台自动触发协同处置流程，各相关部门依据职责分工迅速采取行动；此外，建立数据安全防护体系与责任追溯机制，运用加密技术、访问权限控制等手段保障数据安全，对违规操作行为依法追责，在保障数据共享效率的同时守住安全底线。这种大数据协作机制，实现了行业监管从"单兵作战"向"协同共治"的跨越，显著提升了综合治理效能。

三、公共利益保护

（一）利用大数据监测公共利益受损情况，及时启动公益诉讼程序

在数字化时代，公共利益面临的威胁呈现出隐蔽性、复杂性和动态性的特点。传统的人工监测手段受限于人力、时间和空间的约束，难以实现对公共利益损害行为的实时追踪与预警。而大数据技术凭借其强大的信息采集、分析与挖掘能力，能够突破这些局限，构建起全方位、多层次的公共利益监测网络。

大数据可以整合来自政府部门、企业、社会组织、社交媒体等多个渠道的海量数据。以生态环境领域为例，气象部门的气候数据、环保部门的监测数据、卫星遥感影像数据以及公众在社交媒体上发布的环境问题线索等，都能成为大数据分析的基础。通过机器学习算法对这些数据进行深度挖掘，系统可以识别出数据中的异常模式。比如，当某一区域的工业废水排放数据在短时间内频繁超出正常阈值，同时周边居民在社交平台

频繁反馈水体异味、鱼类死亡等问题时，大数据监测系统就能够快速捕捉到这些信号，综合研判该区域可能存在环境污染风险，进而触发预警机制。

及时发现公共利益受损只是第一步，更为关键的是快速响应并启动公益诉讼程序。大数据的实时性和自动化特性，使得公益诉讼的启动更加高效。一旦监测系统确认存在公共利益受损情况，就可以将相关数据、分析报告和预警信息同步推送至检察机关、环保组织等具有公益诉讼主体资格的机构。这些机构能够基于大数据提供的详细证据和风险评估，迅速作出是否启动公益诉讼的决策。此外，大数据还可以辅助制定诉讼策略，通过分析以往类似公益诉讼案件的审判结果、争议焦点和胜诉关键，为即将开展的诉讼提供参考，提高诉讼效率和成功率。

（二）在公益诉讼中运用大数据调查取证，增强办案效果

公益诉讼案件往往涉及范围广、证据链条长，调查取证难度极大。传统的取证方式如现场勘查、询问证人、调取文件等，不仅耗时耗力，而且在面对复杂的跨地域、跨行业侵权行为时，难以全面获取关键证据。大数据技术的应用为公益诉讼调查取证开辟了新路径，显著提升了证据收集的效率和质量，增强了办案效果。

大数据能够实现多维度证据的整合与关联分析。在食品安全公益诉讼中，通过对接市场监管部门的食品生产经营许可数据、产品抽检数据、企业信用数据，以及电商平台的销售记录、消费者评价数据等，系统能够构建起完整的食品生产销售链条。利用数据可视化技术，可以直观呈现问题食品的流向、涉及的生产环节和销售渠道，快速锁定责任主体[1]。例如，当发现某

---

[1] 韩静茹：《公益诉讼领域民事检察权的运行现状及优化路径》，载《当代法学》2020 年第 1 期。

批次食品存在质量问题时，通过大数据分析可以追踪到该食品从原材料采购、生产加工、仓储运输到终端销售的全过程，找到问题产生的具体环节和责任人，为诉讼提供确凿的证据支持。

大数据还可以借助人工智能技术对证据进行深度挖掘和验证。在知识产权公益诉讼中，面对海量的文献、专利和互联网信息，利用自然语言处理技术对这些数据进行语义分析，能够快速识别侵权行为[1]。例如，通过比对涉嫌侵权产品的技术文档与已有专利的技术特征，判断是否存在侵权。同时，大数据能够对证据的真实性和关联性进行验证，通过分析证据数据的时间戳、来源渠道、传播路径等信息，排除虚假证据，确保证据链的完整性和可靠性。此外，在法庭质证环节，大数据分析生成的可视化图表和数据报告，可以更加直观、清晰地向法官展示证据之间的逻辑关系和侵权事实，增强证据的说服力，提高公益诉讼案件的胜诉率，从而更有效地保护公共利益。

---

〔1〕 张相军：《加强理论研究为做实行政检察提供引领和支撑》，载《人民检察》2019 年第 15 期。

第九章

依法履职背景下检察权运行的挑战与对策

在依法履职的背景下，检察权运行正面临着结构性变革与技术迭代带来的双重挑战，亟需构建系统化应对策略。从刑事检察领域来看，新型网络犯罪呈现技术化、跨境化特征——虚拟货币洗钱案件中，犯罪团伙通过去中心化交易平台隐匿资金流向，涉及区块链技术分析与多国司法管辖权冲突；电信网络诈骗则衍生出"AI换脸"诈骗等新形态，要求检察机关掌握电子证据固定、大数据建模分析等专业技能。而在民事、行政检察领域，公益诉讼案件范围持续拓展，生态环境损害赔偿案件需运用环境科学知识评估污染程度，食品药品安全案件涉及复杂的检验检测标准认定，对检察人员的跨学科知识储备提出了更高的要求。

国际司法协作层面，跨国犯罪组织利用各国法律差异与技术壁垒实施犯罪，如在跨境数据窃取案件中，犯罪链条涉及多个司法管辖区的数据调取与法律适用。在此背景下，检察机关需建立与国际刑警组织、海外执法机构的常态化协作机制，包括签订司法互助协议、组建多语种办案团队、搭建跨国证据调取绿色通道等。实践中，部分检察机关已通过建立涉外案件专家库、引入专业翻译人才等方式，提升跨境办案能力。

针对上述挑战，检察机关应构建"内外协同"的现代化履职体系。在内部管理方面，可推行"专业人才+项目制"培养模式，设立网络犯罪检察、涉外法律事务等专业化办案团队，定期开展模拟电子取证、跨境庭审演练等实训。在外部协作层面，需深化与公安、高校及科技企业的合作：与公安共建犯罪大数据分析平台，共享犯罪趋势研判成果[1]；与高校联合开展新型犯罪课题研究；引入科技企业的智能辅助办案系统，实现法律文书自动生成、类案推送等功能。建议推动《刑事诉讼法》《人民检察院组织法》等法律法规的修订，明确跨境电子证据效力认定标准、完善检察技术侦查权限边界，为检察权依法高效运行提供制度保障。通过以上举措，检察机关将在数字时代与全球化浪潮中，持续提升法律监督质效，筑牢社会公平正义防线。

第一节　面临的挑战

在数字化浪潮席卷全球的当下，新型犯罪的形态正以惊人速度迭代升级。在跨境犯罪中，犯罪分子利用各国法律差异与海关监管盲区，通过虚拟货币洗钱、国际物流走私违禁品[2]；在网络犯罪领域，暗链交易、AI 换脸诈骗、深度伪造证据等技术手段层出不穷，犯罪团伙常依托境外服务器搭建钓鱼网站，实施精准诈骗。金融犯罪则呈现出更为隐蔽复杂的特征，不法分子将非法资金包装成理财产品，通过嵌套多层 SPV（特殊目的载体）进行资产证券化，使得案件侦查难度指数级上升。这些新型案件往往涉及多法域、跨学科知识，要求检察官不仅要

---

〔1〕　吕志祥、付秋池、陶星：《效力证成与能动检察：检察机关服务优化营商环境的法理分析》，载《昆明理工大学学报（社会科学版）》2022 年第 4 期。

〔2〕　吴超：《民事检察制度的运行困境与完善路径研究》，广西大学 2022 年硕士学位论文。

精通刑事法律，还需掌握区块链、大数据分析等前沿技术。

与此同时，社会公众对司法公正的感知愈发敏锐。在某起社会关注度极高的网络侵权案件中，检察机关不仅通过提前介入引导侦查，固定电子证据链，更在庭审中运用可视化技术拆解复杂的技术逻辑，最终以完整证据闭环赢得诉讼。这一案例折射出民众对司法过程透明度与专业性的双重期待——既要在实体层面实现罪责刑相适应，又要在程序上确保每一个证据收集、每一次权利告知都符合法律规范[1]。特别是在涉众型经济犯罪案件中，被害人不仅关注追赃挽损结果，更在意办案流程是否公开、权益是否得到充分保障。

司法体制改革带来的转型压力同样不容忽视。员额制改革后，检察官独立办案责任制全面落地，"谁办案谁负责、谁决定谁负责"的机制倒逼办案质量管控模式重构。以往依靠行政层级审批的案件，如今需由检察官联席会议集体研讨，这对检察人员的专业研判能力与团队协作水平提出了新要求。新型办案系统的推广应用虽然提升了流程规范化程度，但也带来了电子卷宗审查效率、跨部门数据共享等新课题。某省级检察院试点建立的"案件质量智能监测平台"，通过算法模型自动抓取文书瑕疵，预警超期办案风险，这一实践表明，检察机关亟须将科技赋能与制度创新深度融合，在保障司法亲历性原则的同时构建符合新时代需求的检察权运行体系。

一、司法改革对检察权的影响

司法改革对检察权的重塑呈现出立体化、系统性的变革特征。在职能定位层面，改革通过构建"捕诉一体"办案机制，

---

〔1〕 王林：《论"垦荒精神"与"四大检察"的全面充分协调发展》，载《牡丹江大学学报》2022 年第 12 期。

压缩重复办案环节，使检察机关能够将监督触角延伸至侦查活动全过程[1]。例如，在刑事诉讼中，检察官可提前介入重大、疑难案件的侦查活动，通过引导取证、纠正程序瑕疵等方式，将法律监督从"事后审查"转变为"全程参与"，切实提升监督效能。

在运行机制革新方面，司法改革以员额制改革为突破口，通过建立检察官权力清单，明确各类案件的审批权限与责任边界。这种"谁办案谁负责、谁决定谁负责"的制度设计，不仅优化了案件办理流程，还通过定期业务培训与案例研讨机制，推动检察队伍专业化水平显著提升。数据显示，某省检察机关在员额制改革后，案件平均办理周期明显缩短，法律文书说理质量明显提高。

独立性与权威性的强化则体现在双重领导体制的优化上。一方面，司法改革通过省级以下检察院人、财、物统一管理，减少地方行政干预；另一方面，建立检察官员额动态调整机制，确保优秀人才向办案一线倾斜。在某起重大职务犯罪案件办理中，跨区域检察协作机制的启用，有效规避了地方保护主义干扰，彰显了改革后检察权运行的独立性优势。

国际合作领域的突破更为显著。司法改革推动检察机关深度参与国际刑事司法协助，在追逃追赃、跨国犯罪调查等领域发挥关键作用。例如，通过建立"国际司法协助快速响应通道"，检察机关与多国建立常态化协作机制，在打击电信网络诈骗、金融犯罪等跨国案件中实现信息互通、证据互认，有力维护了司法主权与国际法治秩序。

---

[1] 赵晏民、岳文皓：《我国社会治理检察建议运行模式及其正当程序建构》，载《黑龙江省政法管理干部学院学报》2023年第1期。

（一）检察权配置的调整与优化

在司法改革的浪潮中，检察权的职权范围经历了深刻的重塑与界定。一方面，检察机关被赋予了新的职责与使命，如公益诉讼的正式确立，标志着检察机关在维护社会公共利益、促进生态文明建设等方面迈出了坚实步伐。这一新增职权不仅拓宽了检察权的边界，也体现了检察机关作为国家法律监督机关的积极作为和责任担当。另一方面，司法改革强化了检察机关的既有职权，尤其是在侦查监督领域，通过加强检察机关对侦查活动的监督，确保侦查行为合法、规范，有效防止了侦查权的滥用，维护了犯罪嫌疑人的合法权益[1]。这种强化不仅提升了检察权的权威性和公信力，也为构建以审判为中心的刑事诉讼制度奠定了坚实基础。

司法改革还对检察权的部分职权进行了调整，如部分案件不起诉权的扩大或限制。这一调整旨在更好地平衡打击犯罪与保障人权的关系，提高司法效率与公正。通过细化不起诉标准、完善不起诉程序，检察机关能够更加审慎地行使不起诉权，确保案件处理的公正性和合理性。

在检察机关内部机构设置方面，司法改革也进行了重大调整。通过优化内设机构，检察机关实现了专业化、精细化分工。例如，成立专门的公益诉讼部门、侦查监督部门等，使各项检察工作能够由更加专业的团队来承担。这种分工不仅提高了办案效率，也使得检察权的行使更加精准、有效。内部监督机制的完善也确保了检察权在行使过程中的合法性和规范性，进一步提升了办案质量。

---

〔1〕 王彦春、王月：《少捕慎诉慎押刑事司法政策下酌定不起诉制度研究》，载《辽宁公安司法管理干部学院学报》2023年第1期。

（二）检察职能履行的强化与拓展

司法改革作为法治中国建设的重要引擎，显著强化了检察机关的法律监督职能。在刑事诉讼中，检察机关通过严格审查逮捕、起诉标准，加强对侦查活动和审判程序的监督，确保案件质量，防止冤假错案的发生。对于侦查机关的不当行为，检察机关敢于亮剑，及时纠正，保障了犯罪嫌疑人和被告人的合法权益，维护了刑事诉讼的公正性[1]。在民事诉讼和行政诉讼中，检察机关依法履行抗诉、检察建议等监督职责，对确有错误的生效裁判和损害国家利益、社会公共利益的调解书提出抗诉或检察建议，促进了司法公正，增强了司法权威。

司法改革背景下，检察机关积极融入经济社会发展大局，成为社会治理的重要力量。通过参与社会治理创新，检察机关不仅打击犯罪，还注重预防犯罪，推动源头治理。例如，在环境保护、食品药品安全、安全生产等领域，检察机关依法开展公益诉讼，督促行政机关依法履职，保护公共利益，维护社会稳定。此外，检察机关还积极参与矛盾纠纷化解，通过提供法律咨询、司法救助等方式，帮助群众解决实际困难，促进社会和谐。

为了更好地服务群众，检察机关在司法改革中不断创新工作机制，加强信息化建设，运用大数据、人工智能等现代科技手段，提高办案效率和质量，让人民群众感受到司法的便捷与高效；深化检务公开，主动接受社会监督，通过案件信息公开、法律文书上网等方式，增强司法透明度，保障人民群众的知情权、参与权和监督权。

---

〔1〕 周翔：《司法数字化中的法律专家地位和参与方法——以检察机关为例》，载《浙江大学学报（人文社会科学版）》2023 年第 3 期。

（三）监督机制的完善与创新

司法改革在深化过程中，着重加强了检察机关的内部监督制约机制，以确保检察权的规范行使。案件管理制度的完善，实现了对检察办案全过程的动态监控和有效管理，确保案件处理的及时性和规范性。质量评查制度的建立，通过定期或不定期地对已办案件进行质量评估，促进了检察人员办案水平的持续提升，减少了瑕疵案件和错案的发生。而对错案追究制度的严格执行，则对违法违纪、办案不公的检察人员进行了严肃处理，起到了强大的震慑作用，进一步增强了检察队伍的纪律性和责任感[1]。

改革还积极推动检察机关接受多元化监督，包括人民代表大会监督、民主监督、社会监督和舆论监督，以提升司法透明度和公信力。检察机关主动向人民代表大会报告工作，接受人民代表大会的审议和监督；加强与人民代表大会代表的沟通联系，认真听取并落实代表的建议和意见。通过公开听证、邀请人民监督员参与办案监督等方式，检察机关拓宽了民主监督的渠道，保障了人民群众的知情权、参与权和监督权[2]。此外，检察机关还积极回应社会关切，通过新闻发布、媒体采访等形式，主动接受社会监督和舆论监督，增强了司法工作的透明度和公信力。

在司法改革背景下，科技手段在检察监督中的应用日益广泛，为检察监督的精准化、智能化提供了有力支持。大数据技术的运用，使得检察机关能够高效整合和分析各类案件信息，

---

〔1〕　蒋涤非：《社会治理检察建议刚性实现路径研究》，载《广西政法管理干部学院学报》2023 年第 2 期。

〔2〕　吴昊：《社会治理类检察建议的实践困境与优化路径》，重庆工商大学 2023年硕士学位论文。

快速发现案件线索和办案规律，提高了监督的针对性和实效性。人工智能技术的引入，则通过智能辅助办案系统、法律文书自动生成功能等，减轻了检察人员的工作负担，提高了办案效率和质量。科技手段还助力检察机关实现了对办案流程的全程留痕和可追溯，为错案追究和责任倒查提供了有力依据。

（四）司法改革对检察权影响的综合评价

司法改革显著提升了检察机关的办案质效。通过优化办案流程、强化内部监督制约机制、引入科技手段等举措，检察机关的办案效率得到大幅提升，案件质量也明显提高。这不仅增强了司法公信力，使人民群众对检察工作的信任度不断提升，还促进了社会公平正义的实现[1]。人民群众对检察工作的满意度显著提高，司法为民的理念在实践中得到了生动体现。

然而，在司法改革过程中，检察权也面临着一些新的挑战。职权调整带来的适应性问题不容忽视，如新增职权的熟悉与掌握、既有职权的强化与调整等，都需要检察机关和检察人员不断学习、适应和提升。监督机制的完善也是一项复杂而艰巨的任务，如何在保障检察权独立行使的同时加强对权力的监督制约，防止权力滥用，是司法改革需要持续关注和解决的问题。

二、公众对检察工作的期待与要求

随着社会经济的蓬勃发展与法治意识的全面渗透，公众对检察工作的期待正呈现出鲜明的时代特征。在刑事诉讼领域，群众不仅关注个案办理中的程序正义监督，更聚焦庭审过程的规范性与证据审查的严谨性；在公益诉讼领域，从江河湖泊的生态修复监管，到学校周边小摊贩的食品安全检查，再到网络

---

〔1〕 李轲：《检察建议权的理论重述及实效化路径展开》，载《青少年犯罪问题》2023年第3期。

平台上虚假广告的法律规制，每一个民生细节都成为检察履职的关注点。在企业合规改革中，检察机关不再局限于事后监督，而是主动深入工业园区，为企业量身定制法律风险防控方案，帮助完善内部合规制度；在未成年人保护方面，除了依法办理涉未案件，检察机关还通过建立观护基地、开展法治进校园等活动，为涉案未成年人提供心理疏导、学业帮扶和职业规划指导。这些变化充分表明，民众诉求已从单纯的案件处理，转向涵盖法律监督、权益保障、社会治理等在内的多元化、精细化需求。他们期待检察机关不仅能公正裁判案件，还能在执法过程中传递人文关怀，成为维护社会公平正义、保障民生福祉的坚实屏障。

为积极回应群众期待，检察机关多维度创新工作方式。在线上，依托微信公众号、12309 检察服务平台等载体，开通 24 小时民意反馈通道，群众可随时上传线索、提出建议；在线下，通过设立社区检察联络点、开展"法治夜市"等活动，将法律服务延伸到群众家门口。检察机关还每月定期举办"检察开放日"，邀请人民代表大会代表、社区居民、企业职工走进检察机关，实地参观办案场所，观摩模拟庭审，直观感受检察工作流程。"检察长接待日"则由检察长亲自坐班，面对面倾听群众诉求，现场协调解决问题[1]。针对群众反映的执法办案透明度不足问题，各地检察机关对案件信息公开系统进行深度优化：在官网首页设置醒目的"案件查询"专栏，当事人凭借身份证号和案件查询码，即可实时获取案件受理、审查逮捕、提起公诉等程序性信息。对于重大复杂案件，建立"一案一回访"全流程跟踪机制，检察官在结案后主动联系当事人，通过电话回访、

---

〔1〕　秦前红、王雨亭：《检察建议类型的制度反思及功能性重构》，载《中南民族大学学报（人文社会科学版）》2023 年第 6 期。

上门走访等方式，详细解释裁判依据，耐心解答法律疑问，同时收集对办案质量、服务态度等方面的改进建议。

在提升履职能力方面，检察机关聚焦新形势下的执法需求，开展针对性培训。每周组织的案例研讨会，选取新型网络犯罪、金融诈骗等典型案例，从证据收集、法律适用、办案技巧等方面进行深度剖析；跨区域协作培训打破地域限制，邀请全国检察业务专家、高校学者授课，分享前沿理论与实践经验；加大数字检察技术投入，在基层检察院设立数字检察实验室，组织干警学习大数据分析、电子证据提取等技术，通过实战演练提升运用数字工具发现线索、分析研判的能力，确保以更加专业、高效的履职方式，回应群众对公平正义的热切期待。

（一）公众对检察机关透明度与公开性的期待

在当今信息爆炸的时代，公众对检察机关工作透明度的关注已从"被动接收"转向"主动监督"。这种转变不仅体现在对重大刑事案件进展的实时追踪上，更延伸至司法文书公开、办案程序规范等细节层面。以未成年人案件为例，社会普遍期待检察机关在保护未成年人隐私的前提下，通过典型案例解读、普法短视频等形式，将司法逻辑转化为通俗易懂的公众语言，让法律不再是晦涩的条文，而是看得见的公平。

为满足这一需求，检察机关需构建立体化信息公开体系，除依托官方网站发布权威文书、公告外，可利用短视频平台开设"检察官说法"专栏，针对社会热点案件进行法律解析；同时在政务微博建立"案件进度查询"功能，当事人通过身份认证即可实时查看案件办理节点。此外，检察机关还可在定期举办"检察开放日"活动时，设置模拟庭审体验区，邀请市民扮演检察官、辩护人，沉浸式感受司法流程；针对企业和社区群体，开展"送法进基层"活动，围绕企业合规、邻里纠纷调解等主题，提供法律咨询与风险防范建议。

这种互动式公开不仅有助于消除公众对司法工作的陌生感，更能通过具体案例的深度剖析，引导公众理解法律适用逻辑。例如在办理环境污染公益诉讼案件时，检察机关可同步发布证据收集过程、专家鉴定意见等资料，让公众直观了解公益诉讼的启动机制与执行效果。当公众能清晰感知司法工作的严谨性与专业性时，对检察机关的信任自然得以深化，进而形成"司法公信促进社会共治"的良性循环，真正实现法治社会建设中"全民参与、全民监督"的目标。在构建透明公开体系的过程中，检察机关还需注重数据安全与隐私保护的平衡。针对公众日益关注的个人信息安全问题，在推进信息公开时，应建立严格的信息脱敏与审核机制，确保公开内容既满足公众知情权，又不侵犯公民隐私[1]。检察机关还应通过定期发布检察工作白皮书、召开新闻发布会等形式，系统性地向社会汇报工作成果与发展规划，进一步增强公众对检察工作的整体认知与信任基础，筑牢舆论基石。

（二）公众对检察机关公正性和责任感的期望

在当今社会，公众对检察机关的公正性和责任感抱有极高的期望。随着依法治国理念的深入人心，人们普遍希望检察机关能够坚守公平正义的核心原则，严格按照法律规定来处理每一起案件。这不仅要求检察机关在调查和审查过程中保持独立，不受任何外部因素的干扰，还要求其始终保持客观公正的态度，确保每一个案件都能得到公正处理。

公众对检察机关的高度责任感也有着强烈的期待。他们希望检察机关能够认真对待每一个案件，特别是那些涉及民众切

---

〔1〕　赵炳尧：《马克思人民主权理论视域下的新时代中国检察制度建设研究》，河北师范大学 2023 年博士学位论文。

身利益的重大案件，确保每一个案件都能得到妥善的处理和公正的裁决。这种责任感不仅体现在对案件的处理上，还体现在检察机关对社会公众的回应和沟通上[1]。

为了满足公众的这些期望，检察机关必须加强内部管理，提升检察人员的职业道德和法律素养。这包括定期进行专业培训，提高检察人员的业务能力和法律知识水平，确保他们在处理案件时能够严格遵守法律规范和程序。此外，检察机关还应建立健全内部监督机制，确保所有决策和行动都符合法律规范和社会伦理标准，防止任何形式的滥用职权和腐败现象发生[2]。通过这些努力，检察机关不仅能够赢得公众的信任和支持，还能在社会中树立起公正、廉洁、高效的形象。这将有助于检察机关更好地履行其职责，有效维护社会的公平正义，促进社会的和谐稳定。检察机关只有真正成为公众信赖的法律守护者，才能在依法治国的进程中发挥出应有的作用，为社会的长治久安提供坚实的法治保障。

（三）社会对检察机关参与社会治理的期待

随着社会结构日益复杂和公众法治意识逐渐觉醒，民众对检察机关参与社会治理的需求呈现出多元化特征。这种期待不仅体现在传统的刑事诉讼领域，更延伸至社会治理的全链条：在社区层面，民众希望检察机关通过典型案例巡回宣讲、模拟法庭进校园等形式，将法律知识转化为通俗易懂的生活指南；在特殊群体关怀方面，民众要求建立未成年人犯罪预防档案库，针对重点青少年群体开展"一对一"法治帮扶，同时完善社区

---

〔1〕 陆苏玉：《行政公益诉讼诉前检察建议内容的规范化研究》，华东政法大学 2023 年硕士学位论文。

〔2〕 张东生、宋行、李凤奎：《"两法"实施背景下未成年人检察监督参与社会治理研究》，载《河南司法警官职业学院学报》2023 年第 2 期。

矫正对象的就业技能培训衔接机制。

实践证明，单一的执法模式已难以应对新型社会风险。某地检察机关联合教育局、妇联等部门，打造"法治副校长＋心理咨询师"的校园安全守护模式，通过定期开展防欺凌、防性侵主题课堂，结合心理疏导和家庭干预，使辖区未成年人犯罪率显著下降。这一成功经验表明，检察机关必须主动打破部门壁垒，与应急管理、市场监管等职能部门建立信息共享平台，针对网络诈骗、食品药品安全等民生痛点，共同制定风险预警机制和联合执法方案。

在构建共建共治共享格局的过程中，检察机关可发挥法律监督的专业优势，推动建立社会组织参与社会治理的规范体系，通过公益诉讼督促职能部门履职的同时引导行业协会、志愿者组织等社会力量参与矛盾纠纷调解，形成"检察监督＋多元共治"的协同治理网络[1]。例如，在生态环境保护领域，检察机关可联合环保组织开展"河长制＋公益诉讼"专项行动，既发挥专业法律监督效能，又借助社会组织的群众动员能力，实现治理效能最大化。

这种深度参与不仅重塑了检察机关的社会角色，更通过具体行动将法治理念融入社会治理。从社区普法的"微课堂"到跨部门协作的"大平台"，检察机关正以实际行动证明，只有将法律监督触角延伸到社会治理的神经末梢，才能真正筑牢预防犯罪的第一道防线，让公平正义以看得见、摸得着的方式惠及每一位公民。检察机关在深度参与社会治理的进程中，还需主动对接国际治理规则，将国内治理经验与国际合作需求相融合。通过参与国际司法互助网络建设，借鉴国外先进的社会治理法

---

〔1〕 门中敬、高洁：《行政检察建议的实践样态、制度逻辑与规范路径》，载《法学杂志》2023 年第 5 期。

治化经验，同时将我国在公益诉讼、未成年人保护等领域的治理成果推向国际舞台，可以提升我国检察机关在全球治理中的话语权。这种内外联动的治理模式，将进一步拓宽检察工作的社会效能边界，为构建人类命运共同体贡献法治力量。

（四）公众对检察机关国际合作能力的要求

随着全球化进程加速，人员、资金与信息的跨境流动日益频繁，公众对检察机关国际合作能力的期待已从"有作为"转向"善作为"。以电信网络诈骗、跨国洗钱等新型犯罪为例，犯罪分子常利用不同司法管辖区的法律差异逃避制裁，这就要求检察机关必须突破传统办案思维。在东南亚某国侦破的跨国诈骗案中，我国检察机关通过提前介入侦查，与当地警方共享犯罪窝点监控录像、资金流向数据等关键证据，仅用两周时间就完成了犯罪事实认定，展现了高效协作的实践价值。

在具体合作机制层面，公众期待检察机关建立"全周期"协作模式：合作前，依托国际刑警组织等多边平台，定期更新重点国家的法律制度、证据规则等信息库；合作中，针对跨境取证难题，可通过签订双边司法协助协议简化程序；合作后，建立案例复盘与经验共享机制，将成功案例转化为可复制的操作指南。在技术应用方面，区块链存证技术已在跨境知识产权案件中崭露头角，检察机关可探索搭建区域化电子证据联盟链，确保证据在传输过程中的真实性与完整性[1]。

国际合作中的语言壁垒与文化差异不容忽视。某沿海省份检察机关通过组建"法律+外语"复合型人才团队，在涉外案件办理中同步配备精通当地法律的翻译人员，有效避免了因法律术语误读导致的协作障碍。这种将专业能力与实践需求紧密结

---

〔1〕 吕昊：《新时代检察案件管理的特点、规律与方式方法》，载《北京政法职业学院学报》2023 年第 3 期。

合的做法，为提升国际合作效能提供了有益借鉴。检察机关只有将国际合作能力转化为具体的制度设计、技术应用和人才储备，才能在维护跨国司法秩序中真正发挥中流砥柱的作用。未来，随着国际司法合作需求持续攀升，检察机关还需在机制灵活性与规则适应性上持续发力。一方面，可探索建立跨国案件快速响应通道，针对跨境电信诈骗、知识产权侵权等时效性强的案件，简化内部审批流程；另一方面，需深入研究国际刑事司法准则的最新变化，将人权保障、正当程序等理念融入合作实践，确保在维护国家司法主权的同时展现中国检察的国际担当。

三、技术革新对检察工作的挑战

技术革新如同一股不可阻挡的浪潮，正以肉眼可见的速度重塑检察工作的运行范式。在某基层检察院的经济犯罪案件办理中，检察官们面对涉案企业庞杂的电子财务数据，传统人工筛查模式如同大海捞针，不仅耗时耗力，还容易遗漏关键线索。引入大数据分析工具后，系统能够自动抓取资金流水异常波动，通过语义识别技术快速梳理合同文本中的风险条款，甚至能依据历史判例数据，构建案件风险评估模型，精准预判诉讼走向[1]。但技术应用并非一劳永逸，当 AI 辅助量刑建议系统基于算法给出的刑期区间与检察官依据案件情节、社会影响形成的经验判断产生分歧时，如何通过建立人机协同的复核机制，既发挥技术的数据处理优势，又保留司法人员的主观能动性，成为技术应用中的关键课题。

云计算平台的应用打破了地域壁垒，让跨区域协同办案从

---

〔1〕　纪闻：《检察机关在民事支持起诉中的三重角色定位》，载《人民检察》2023 年第 S1 期。

设想变为现实。不同省市的检察系统通过云端共享案件卷宗，实现异地阅卷、远程会商。但数据在云端流转过程中，面临着跨境传输合规性审查、云端存储加密安全等挑战。部分检察院创新试点区块链存证系统，将电子证据哈希值上链存证，通过分布式账本技术实现证据的防篡改与可追溯。在一起跨省网络诈骗案件中，区块链存证系统快速验证了电子聊天记录的原始性，确保关键证据被法庭采信。这种技术创新不仅显著提升了跨区域办案的效率，更通过技术手段强化了司法证据的公信力。由此可见，技术革新在提升检察工作效率的同时也倒逼检察系统在制度规范层面完善技术应用细则，在人员能力建设方面开展数字化转型培训，在安全保障领域构建全流程的数据防护体系，实现多维度的系统性升级。

（一）新兴技术对证据收集与分析的影响

新兴技术对证据收集与分析产生了深远的影响。以检察机关办案场景为例，在某起金融诈骗案中，检察人员通过大数据分析技术，将海量交易数据进行关联比对，成功识别出犯罪团伙利用虚假账户频繁转账的规律，不仅锁定了犯罪嫌疑人的作案模式，还预测出他们可能针对的下一个目标，为提前布控争取了宝贵时间。而在另一起电子数据盗窃案件中，数字取证专家运用专业工具，从犯罪嫌疑人损毁的手机存储芯片中恢复出被删除的聊天记录和文件，这些关键信息成为定罪的重要依据。

人工智能和机器学习在证据分析领域同样发挥着不可替代的作用。智能算法能够快速扫描数万份卷宗，自动标记出存在矛盾的证人证言和可疑时间节点，相比人工筛查效率提升了数十倍。某省检察机关引入的证据智能分析系统，通过机器学习训练，可自动识别鉴定报告中的异常数据，错误识别率较传统人工审核大幅降低。

　　然而，技术革新也带来了新的挑战。在数据安全层面，检察机关需要建立多重加密机制，防范电子证据在传输、存储过程中被篡改；面对技术工具的可靠性问题，检察机关需制定标准化操作流程，定期对设备进行校准和验证。在某起案件中，取证软件版本漏洞导致数据恢复不完整，险些影响案件定性，这一事件凸显了技术应用规范的重要性。新兴技术带来的法律空白也亟待填补，如人工智能生成证据的法律效力认定、生物识别信息的使用边界等问题，都需要在实践中不断探索解决方案。

　　为此，检察机关需构建"技术+专业"的复合型办案体系。一方面，通过定期开展数字取证、大数据分析等专项培训，提升办案人员的技术应用能力；另一方面，建立技术专家库，邀请计算机、密码学等领域的专业人士参与复杂案件的证据分析工作[1]。只有持续提升技术应用的深度与广度，才能在数字化时代筑牢证据基石，确保司法公正。

　　(二) 检察机关信息技术系统的安全性与可靠性

　　检察机关信息技术系统的安全性与可靠性是确保检察工作高效开展的关键因素。在数字化转型浪潮中，检察业务流程已深度嵌入信息系统：从案件受理时扫描卷宗生成电子档案，到庭审阶段依托智慧检务平台调取证据，再到文书制作时通过协同办公系统流转审批，每一个环节都涉及案件资料、证人信息、个人数据等敏感内容的存储与处理。以某基层检察院为例，其案件管理系统日均处理案件数据量超百 GB，涵盖刑事、民事、行政等多领域，任何数据泄露或系统故障都可能引发严重后果。

　　为此，检察机关构建的安全防护体系需实现"全链条、立体化"覆盖。在数据传输环节，采用国密算法对核心业务数据进行端到端加密，确保即使数据被截获也无法被破解；网络边

---

〔1〕　谭彧:《检察权积极主义研究》，吉林大学 2023 年博士学位论文。

界部署多层异构防火墙，结合 AI 驱动的入侵检测系统，可实时识别钓鱼攻击、流量攻击等 300 余种威胁类型，并自动阻断异常流量。日常运维中，建立"周巡检、月评估、季演练"的常态化机制：每周对服务器日志进行深度分析，每月聘请第三方机构开展渗透测试，每季度组织模拟数据泄露应急演练，确保安全防护体系始终处于激活状态。

在内部管理层面，安全意识教育需突破传统培训模式。通过开发沉浸式网络安全实训平台，设置勒索病毒攻击、社工钓鱼等模拟场景，让干警在实战中掌握数据备份恢复、钓鱼邮件识别等实用技能。建立"双人复核"制度，对案件信息的导出、修改等高危操作实行权限分级管理，将人为风险降至最低。这种"技术防护+制度约束+意识培养"的组合模式，不仅能筑牢数据安全防线，更能通过可靠的信息系统保障检察机关检察监督、公益诉讼等核心职能的高效运转，最终赢得公众对司法的信任。

（三）智能化工具在案件审查中的应用与局限

智能化工具在案件审查中的应用已深入检察机关工作的各环节，成为提升办案质效的重要助力。以某市检察院引入的智能办案系统为例，该系统通过光学字符识别（OCR）技术，将纸质卷宗快速转化为电子文档，配合自然语言处理算法，可自动标注案件关键信息，如犯罪时间、地点、涉案金额等。当检察官面对非法集资类案件时，系统能在数分钟内梳理出上千份银行流水，将原本需要人工耗时一周的证据筛查工作压缩至小时级[1]。此外，基于机器学习训练的法律条款匹配模型，能根据案件事实精准推送相关法律法规及类案裁判文书，帮助检察官快速构建法律逻辑框架。

---

〔1〕 韩雪：《社会治理检察建议的适用范围研究》，山东大学 2023 年硕士学位论文。

然而，技术应用过程中潜藏的风险不容忽视。在某起网络诈骗案件审查时，智能系统因训练数据集中缺少新型"AI换脸"作案类型，错误地将部分电子证据判定为有效，最终经检察官人工复核才避免错案发生。这暴露出算法依赖单一历史数据带来的局限性——当新型犯罪手段突破原有数据样本范围时，系统的判断能力便会大幅下降。技术应用还面临法律与伦理挑战：某地检察机关在使用智能分析系统时，因案件数据跨区域调取引发公民个人信息泄露争议，后通过建立数据脱敏机制和区块链存证技术，才确保了数据流转的安全性。

为破解这些难题，检察机关需建立"人机协同"的审查模式。一方面，制定智能化工具应用负面清单，明确禁止完全依赖算法作出批捕、起诉等关键决定；另一方面，在技术开发阶段引入检察官参与数据标注和模型优化，将司法实践经验转化为算法优化的规则[1]。例如，某省检察院与高校合作开发的"法律智慧大脑"，通过定期更新新型犯罪案例库、设置人工校验节点，既发挥了技术的高效性，又保留了检察官在价值判断、自由裁量等方面的核心作用，真正实现技术赋能与司法公正的平衡。

（四）数据隐私保护与技术使用的平衡

在数字检察建设加速推进的当下，利用现代科技手段推进检察工作的同时平衡数据隐私保护与技术使用的需求已成为亟待破解的难题。以大数据分析技术为例，检察机关通过构建刑事案件智能辅助系统，自动抓取案卷中的关键信息，快速生成证据链分析图谱，显著提升了复杂案件的审查效率；借助云计算平台搭建的跨区域协同办案系统，实现了案件材料的云端共享与实时流转，让多地检察机关能够同步开展远程提审、证据

---

〔1〕 周寅行、乐乐、芮斌斌：《刍议大数据赋能法律监督与系统治理》，载《中国检察官》2024年第7期。

复核等工作。

但技术应用的深度拓展也带来了新的挑战。某基层检察院在试点电子卷宗智能识别系统时发现，系统在自动提取犯罪嫌疑人通信记录、消费轨迹等数据时，存在个人敏感信息误抓取的风险；在跨部门数据共享过程中，因权限管理漏洞导致部分证人身份信息意外泄露。这些案例印证了公众对个人数据隐私权的担忧并非空穴来风[1]。特别是在办理职务犯罪、未成年人犯罪等案件时，涉案人员的金融流水、家庭住址等信息一旦泄露，可能引发次生伤害。

为实现技术赋能与隐私保护的动态平衡，检察机关需构建全链条数据治理体系。在制度层面，应制定"检察数据分级分类管理办法"，明确不同密级数据的采集范围、使用场景和保存期限，要求所有数据操作必须经过双人复核和电子留痕；在技术层面，采用同态加密、联邦学习等前沿技术，确保数据在加密状态下完成分析计算，同时建立多因素身份认证与行为审计系统，实时监测异常访问行为。例如，某省级检察院研发的智能红黑库系统，可自动识别并屏蔽卷宗中的敏感信息，在不影响案件办理的前提下，最大限度降低隐私泄露风险。

检察机关还需构建双向透明的数据交互机制。在接触当事人时，办案人员需使用标准化告知书，通过二维码链接提供详细的数据使用说明，包括数据存储周期、共享对象等信息，并开通在线异议反馈渠道。对涉及重大隐私风险的操作，检察机关应要求当事人通过电子签名完成知情确认。这种将隐私保护嵌入办案流程的方式，既能发挥现代科技在提升检察质效中的关键作用，又能筑牢个人信息安全防线，真正实现让"数字正

---

〔1〕 牛正浩：《新时代检察机关诉源治理改革论纲》，载《东岳论丛》2024年第3期。

义"与"隐私保护"同频共振。

（五）技术培训与人才队伍建设的需求

随着数字技术浪潮席卷司法领域，检察机关在案件审查、线索追踪等工作中，对大数据分析、人工智能辅助办案系统的应用日益深入。面对电子证据审查、网络犯罪侦查等新型业务场景，传统办案模式已难以满足需求，迫切需要构建一支既懂法律又精技术的复合型人才队伍。

在现有人员能力提升方面，应建立分层分类的培训体系。针对基层检察人员，开设 Python 基础编程、电子数据取证实操等入门课程；对业务骨干，则开展大数据建模、机器学习算法在司法场景应用等进阶培训。培训可采用"线上学习+线下实训"相结合的形式，引入真实案件数据进行模拟操作，例如通过虚拟仿真系统还原网络诈骗案件的电子证据链分析过程[1]。同时建立培训效果评估机制，将技术应用能力纳入绩效考核指标，推动学习成果向办案实践转化。

在专业人才引进与保留上，可探索"技术专家+检察官"协作模式。设立专门的技术岗位，提供具有竞争力的薪酬待遇，吸引网络安全、数据分析等领域的人才加入。通过建立跨部门办案小组，让技术人员深度参与案件办理。例如，在知识产权侵权案件中，由数据分析师协助梳理侵权产品的网络销售数据，为案件定性提供关键证据支撑。此外，应为技术人才开辟职业发展双通道，其既可以选择走专业技术路线，也可通过国家统一法律职业资格考试转型为检察官助理，拓宽职业发展空间。

在长效培养机制建设方面，检察机关可与高校共建"智慧司法实验室"，联合开展课题研究。例如与计算机学院合作研发

---

〔1〕　陈卫东、申育冰：《立体化格局：检察机关参与社会治理之全新面向》，载《探索与争鸣》2024 年第 6 期。

智能法律文书生成系统，在实践中检验技术成果；定期选派检察人员到高校进修数字法学课程，邀请高校专家参与重大案件研讨，实现理论与实务的双向互动。同时搭建国际交流平台，组织检察官参与国际司法科技大会，学习国外"数字检察"先进经验，推动建立跨国网络犯罪侦查协作机制，提升检察机关应对新型犯罪的国际视野与实战能力。

第二节　应对策略

在依法履职的刚性要求下，检察权运行的应对策略需构建系统性解决方案。在司法体制改革方面，要持续深化员额制动态管理，通过建立检察官业绩科学考评机制，优化案件分配与质量监督流程，确保"谁办案谁负责"的责任体系落地；检察队伍建设方面，可推行"理论+实训"的分层培养模式，针对刑事、民事、行政等不同业务条线开展专项能力提升计划，同步完善廉政风险防控体系，筑牢队伍思想防线；在科学技术方面，信息技术应用需聚焦智慧检务平台建设，运用大数据分析类案特征辅助证据审查，开发电子卷宗智能处理系统提升办案效率，同时强化数据安全管理；在跨部门协作方面，要依托侦查监督与协作配合办公室等实体化平台，与公安部门、法院、监察委员会建立常态化会商机制，统一证据标准与法律适用尺度，消除执法、司法中的程序衔接盲区。通过多维度协同发力，检察机关既能破解办案质效瓶颈，又能增强法律监督刚性，真正将检察权运行规范转化为守护法治的实际效能[1]。

---

〔1〕 王勇、汪志军：《检察机关践行新时代"枫桥经验"的法治化路径——以12309 检察服务中心入驻社会治理中心为契机的展开》，载《广西政法管理干部学院学报》2024 年第 3 期。

一、加强检察队伍建设

加强检察队伍建设是提升检察工作整体水平、确保检察权依法高效运行的关键所在。在新时代背景下，面对复杂多变的国内外形势和人民群众日益增长的司法需求，检察机关需要构建一个全面且系统的培养体系。

在政治素养培育方面，检察机关应建立政治轮训常态化机制，将习近平法治思想融入日常学习，通过定期开展专题讲座、研讨交流等形式，加深检察人员对习近平法治思想的理解与领悟；把党史教育作为必修课，引导检察人员从党的百年奋斗历程中汲取智慧和力量，增强政治判断力、政治领悟力、政治执行力〔1〕。在日常工作中，积极开展"以案说法"政治学习活动，选取具有代表性的案例，深入剖析案件背后的政治因素、社会影响以及法律适用中的政治考量，确保检察队伍在政治立场上坚定不移。

在业务能力提升层面，检察机关依托"导师帮带制"搭建成长平台，组织资深检察官与青年检察人员结成对子。资深检察官凭借丰富的办案经验和深厚的法律功底，在办理重大疑难案件过程中，对青年检察人员进行全程指导，从案件受理时的线索梳理、证据收集，到审查起诉阶段的法律适用、文书撰写，再到庭审环节的出庭应对、辩论技巧，全方位传授经验。此外，应定期开展模拟法庭辩论活动，模拟真实庭审场景，设置复杂案例，让检察人员们在实战演练中锻炼法律适用能力和证据审查能力，提升应变能力和口头表达能力。

在纪律作风建设上，检察机关应完善日常监督考核制度，

---

〔1〕　潘剑锋：《公益诉讼中检察谦抑性原则的理论与应用》，载《现代法学》2024 年第 4 期。

明确将纪律作风表现纳入绩效考核体系，细化考核指标，涵盖出勤情况、工作态度、廉洁自律等多个方面；运用信息化手段，对案件办理流程全程留痕，从线索受理到案件办结，每个环节都有详细记录，便于实时监督和事后回溯。一旦发现苗头性问题，应及时进行谈话提醒，通过批评教育、诫勉谈话等方式，将问题消灭在萌芽状态。同时建立容错纠错机制，明确容错界限，对于在改革创新、担当作为过程中出现的无意过失，给予适当宽容，激励检察人员放下包袱，积极履职，担当作为。

通过以上多方面举措协同推进，检察机关能够逐步打造出一支政治过硬、业务精通、作风优良、纪律严明的检察队伍，更好地履行法律监督职责，维护社会公平正义，回应人民群众对司法工作的新期待。

（一）提升检察人员专业素质

为了切实提升检察人员的专业素质，构建系统化、多层次的职业培训与继续教育体系势在必行。在检察官人才培养的"源头活水"环节，应建立标准化入职培训机制。新入职人员需完成为期三个月的封闭式集训，培训场地选址于配备模拟法庭、证据分析室等专业设施的检察官实训基地。培训课程采用模块化设计：在刑事诉讼法全流程模拟课程中，学员将以控辩双方身份，完整参与从立案侦查到庭审宣判的全流程演练[1]；法律文书规范撰写课程特别引入最高人民检察院发布的典型文书范例，通过逐字批注的方式解析文书逻辑与格式要求；证据审查要点解析课程则选取近三年具有代表性的冤假错案作为反面教材，深度剖析证据链断裂的关键节点。考核环节创新采用"双

---

〔1〕 付士成、赵阳：《行政处罚确保义务履行之检讨》，载《哈尔滨工业大学学报（社会科学版）》2023年第6期。

盲情景模拟"，随机抽取真实案例进行改编，要求学员在限定时间内完成证据梳理、法律适用分析，并进行模拟庭审答辩，成绩达标后方可进入下一阶段培养。

针对在职检察官，需打造"动态更新式"继续教育模式。一方面，检察机关可依托国家检察官学院等专业机构，定期开设经济犯罪侦查、公益诉讼实务等高级研修班。课程设置注重前沿性与实践性相结合，例如，经济犯罪研修班可邀请经侦领域专家解读数字货币洗钱犯罪的侦查取证难点，公益诉讼课程则安排学员实地参与长江流域生态环境损害鉴定评估工作。授课采用"双师课堂"模式，法学教授负责理论框架搭建，一线办案能手结合实际案例进行策略分析[1]。另一方面，检察机关可利用数字化平台搭建"云端课堂"，上线包含最新司法解释解读、典型案例剖析等内容的微课资源。特别开发"案例拆解互动系统"，学员可在线参与对疑难案件的法律关系分析、量刑建议讨论等环节，系统自动生成学习轨迹报告。为确保学习实效，还可设置"学分制考核"，将学习成果与职级晋升、评优评先直接挂钩，同时引入学分银行制度，允许学员在三年内累积学分完成进阶学习。

实践能力的锻造离不开实战化训练。检察机关可通过建立"法律实务技能工作坊"，每月围绕类案办理难点开展沙盘推演。以跨境电信诈骗案件模拟训练为例，工作坊还原犯罪团伙搭建虚假交易平台、实施资金转移等完整作案流程，要求检察官运用电子数据取证规则固定证据，结合《反电信网络诈骗法》构建指控逻辑。同时创新设立"案例共享云平台"，设置"办案思维可视化"专栏，鼓励检察官上传典型案例的办案手记，并配

---

〔1〕　刘用铨、黄京菁：《以预算执行为抓手强化行政事业单位财会监督》，载《中国财政》2024年第1期。

套制作思维导图、流程图等可视化资料。平台内置智能检索系统，支持通过案件类型、争议焦点等多维度快速定位所需案例。针对疑难复杂案件，实施"导师带教制"，由省级业务专家牵头组建办案小组，在实际案件办理中开展"手把手"教学。导师团队建立"一案一档案"跟踪机制，从案件线索初查阶段即介入指导，通过案件定性研讨会、法律文书撰写批注会、模拟庭审预演等环节，帮助年轻检察官掌握从事实认定到法律适用的全流程办案技巧，切实提升其处理复杂案件的实战能力。这种理论与实践深度融合的培养模式，不仅能夯实检察官的专业基础，更有助于培育其在司法实践中发现问题、解决问题的创新思维，最终实现检察机关办案质效的全面跃升。

（二）优化检察队伍结构

为了优化检察队伍结构，实现人才资源的高效整合与协同发展，可从年龄、性别及专业背景三个维度构建立体化培养体系，并通过制度创新推动经验传承。

在年龄结构优化上，应建立"老中青"三层梯度架构。资深检察官凭借其丰富的司法实践经验，可在复杂案件定性、法律适用争议等关键环节提供权威指导；中年检察官作为业务骨干，在保持工作稳定性的同时能够高效执行各项任务；青年检察官则通过引入新思维、新技术，为队伍注入创新活力。例如在某新型网络犯罪案件办理中，青年检察官运用数字取证技术发现关键线索，中年检察官主导证据链构建，资深检察官把控法律适用，形成优势互补的办案模式。

性别结构的优化需要突破传统人才选拔思维，重点关注不同性别在思维方式和工作风格上的互补性[1]。女性检察官往往

---

〔1〕 秦前红、刘平华：《数字时代背景下行政检察监督范式的转型及规范路径》，载《河北法学》2025年第5期。

在未成年人案件办理、心理疏导等工作中展现出细腻敏锐的优势，而男性检察官在侦查取证、应急处置等方面更具魄力。某省检察院建立性别均衡的办案小组，在处理涉及家庭暴力的刑事案件时，女检察官负责与被害人沟通取证，男检察官主导外围调查，显著提升了案件办理效率与司法人文关怀。

专业背景多元化是应对新型犯罪挑战的重要策略。除法学专业人才外，还应积极吸纳心理学专家参与涉众型经济犯罪案件的被害人心理评估，邀请信息技术专家协助破解电子数据取证难题，引入审计专业人才参与金融犯罪案件的资金流向分析。某市检察院组建的知识产权案件专业化团队，由法学、计算机科学、专利代理师等多领域人才构成，成功办理多起技术含量高的侵权案件，展现出跨学科协作的显著优势。

为确保新老检察官的经验传承形成长效机制，可建立"双导师制"培养模式：业务导师负责指导案件办理、法律适用等实务技能，职业导师则侧重于职业规划、心理建设等软性能力培养[1]。通过定期开展案例研讨沙龙、模拟法庭演练等活动，让年轻检察官在实战中积累经验。某基层检察院实施该机制后，青年检察官独立办案周期从平均 6 个月缩短至 3 个月，办案差错率下降 40%，有效实现了人才培养与业务发展的良性互动。

（三）强化职业道德与纪律建设

为了强化职业道德与纪律建设，检察机关应构建全方位、多层次的规范体系与监督网络。在制度构建层面，需制定兼具原则性与可操作性的"检察官职业道德规范细则"，明确将宪法宣誓制度常态化，要求检察官在入职、晋升等关键节点公开宣誓，

---

〔1〕　袁航、李娜薇：《社会共治视阈下食品安全行政公益诉讼审前程序优化分析》，载《食品与机械》2025 年第 3 期。

以仪式感强化宪法法律信仰[1]；细化司法公正的具体衡量标准，如案件办理过程中的程序合法、证据采信规范、自由裁量权合理运用等；针对保密要求，制定"检察工作涉密信息管理办法"，明确涉密案件的分级处理流程及接触权限，通过签订保密承诺书、开展定期保密培训，确保责任到人。

行为准则的制定应更具实操性，例如将"廉洁自律"具象化为禁止接受当事人及其代理人宴请、礼品馈赠，明确非公务交往报告制度；建立检察官职业行为负面清单，涵盖违规干预司法、泄露案件信息、滥用强制措施等具体禁止行为，为日常履职划定清晰红线。

在监督管理方面，除定期开展纪律检查外，可建立"线上+线下"双轨监督机制。线上依托检察业务应用系统，通过大数据分析筛查异常办案节点、频繁接触特定人员等风险预警；线下组建由纪检监察、检务督察、群众代表构成的联合监督小组，采取不打招呼的突击检查、案件回访等方式，动态掌握检察官履职情况。

违规处理机制需构建"发现—调查—处理—反馈"闭环。一旦发现违规线索，立即启动专项调查程序，成立独立调查小组，通过调取案卷、询问证人、核查通信记录等方式固定证据。处理措施应与违规程度精准匹配，例如，首次轻微违规采用"训诫谈话+岗位调整"，多次严重违规直接解除职务。处理结果不仅应在检察机关内部通报，还应通过官方渠道向社会公开，同步发布典型案例剖析报告，让案例发挥震慑效应，持续提升检察机关的公信力。

---

[1] 余圣琪：《公共大模型决策的法治化约束》，载《国家检察官学院学报》2025 年第 1 期。

（四）完善激励与考核机制

为了完善激励与考核机制，检察机关可从绩效评价、晋升管理、奖惩落实三个维度构建闭环体系[1]。在绩效评价环节，需建立动态化考核机制，通过引入案件质量评查小组，定期对已办结案件开展交叉评审，重点核查法律适用准确性、证据链完整性及文书规范性；设置"社会效果反馈"专项指标，结合当事人回访、社区满意度调查等方式，评估案件处理是否真正实现案结了了。例如，针对公益诉讼案件，可将生态修复进度、民生问题整改率纳入考核范畴，避免单纯追求办案数量。

晋升制度设计应建立"阶梯式培养通道"，根据检察官的专业能力、办案年限等要素，划分基础办案岗、专项领域岗、团队管理岗等进阶路径。配套建立"成长档案"，完整记录检察官参与重大案件办理、理论研究、业务培训等情况，作为晋升的重要依据。对通过国家统一法律职业资格考试新增科目、主导创新办案模式的检察官，可设置破格晋升通道，激发队伍创新活力。

在奖惩机制方面，可实行"双轨激励法"，物质奖励采用"基础奖金+绩效加成"模式，对成功办理疑难复杂案件、挽回重大经济损失的检察官给予专项奖励；精神激励设立"季度办案标兵""群众满意之星"等荣誉称号，通过内部通报表扬、事迹专题宣传等方式扩大影响力[2]。惩戒措施则需细化负面清单，对存在程序瑕疵的案件实行"黄牌预警"，对出现的错案启动责任倒查机制，将处理结果与年度考核、岗位调整直接挂钩。通过这套机制，既能让优秀人才脱颖而出，也能督促后进人员

---

〔1〕孙洪坤、张飘：《反电信网络诈骗检察公益诉讼的双重观察——兼论〈反电信网络诈骗法〉第 47 条之完善》，载《安徽大学学报（哲社版）》2025 年第 1 期。

〔2〕高秦伟：《健全行政执法监督体制机制的路径》，载《广东社会科学》2025 年第 1 期。

补齐短板，营造良性竞争氛围。

（五）加强团队协作与沟通能力

为了加强团队协作与沟通能力，检察机关可从活动组织、项目推进、平台搭建、机制建设四方面精准发力。在团队建设活动方面，每月定期开展主题鲜明的特色活动，如以户外拓展训练为载体，通过攀岩、定向越野等项目，让检察官在突破体能极限与团队配合中，加深对彼此的了解；每季度举办团建晚会，设置法律知识竞赛、案例情景演绎等趣味环节，在轻松的氛围中增进信任，培养团队协作意识。

在跨部门合作推进上，检察机关应打破部门壁垒，建立常态化联合办案机制。针对复杂、新型案件，抽调刑事检察、公益诉讼、未成年人检察等不同部门业务骨干，组建专项联合办案小组。小组成员每周召开案情分析会，运用各自专业优势，整合案件线索、证据资源与法律适用经验，实现不同部门间资源的高效整合与信息的深度共享，提升复杂案件的办理效率。

内部沟通平台建设则注重实用性与便捷性。检察机关可搭建集工作交流、文件传输、业务研讨于一体的内部网络论坛，按案件类型、业务领域设置不同板块，检察官可随时发布案件难点、研讨办案思路。还可以引入安全稳定的即时通信工具，建立不同层级工作群组，对于紧急案件办理、重要工作部署等，实现信息的即时传递与交流，让检察官能第一时间沟通工作进展、分享实用的办案技巧与技术方法。

在信息共享机制构建上，应制定明确的信息发布、流转、反馈流程。设立专职信息管理员，负责筛选、整理重要信息，并通过内部办公系统、即时通信群组等多渠道同步推送。针对重大案件进展、政策法规更新等关键信息，要求相关人员在规定时间内查阅反馈，确保信息传递无死角，有效消除因信息不对称导致的重复劳动、工作衔接不畅等问题〔1〕。这一系列具体、可落地的措施能切实提升检察队伍的整体协作能力和沟通效率，为提高办案质量和工作效率筑牢基础。

二、完善检察工作机制

在社会治理数字化转型浪潮奔涌、法律体系持续迭代更新的时代背景下，检察机关正面临前所未有的复杂挑战。新型网络犯罪手段层出不穷，公益诉讼领域持续拓展，案件呈现隐蔽化、跨境化特征，跨境数据泄露事件频发且涉及多方利益，这些都对检察工作提出了更高要求。

面对司法需求的日益复杂化，构建现代化检察工作机制成为破局的关键。具体可从四个维度精准发力：

第一，优化组织架构，推行"专业化办案团队+跨部门协作小组"模式，打破部门壁垒。例如，在知识产权案件办理中，可以组建由刑事检察人员负责犯罪侦查、民事检察人员处理侵权纠纷、行政检察人员监督执法行为的复合型团队，实现全链条司法保护。

第二，革新流程管理，引入区块链技术，对案件受理、侦查、起诉等环节全流程留痕，确保每个操作都可追溯、可验证。同时建立案件质量评查"红黄蓝"预警机制，对临近办理期限、存在质量隐患、可能引发争议的案件，分别以不同颜色预警，督促承办人员及时处理。

第三，强化法律监督，依托大数据平台，对海量司法数据进行智能筛查和分析，及时发现异常数据背后的监督线索。针对重点案件，开展穿透式监督，不仅关注案件本身，更追溯案

---

〔1〕 林轲亮、李兴确：《数字政府背景下行政备案监管的法治化调适》，载《重庆社会科学》2025 年第 3 期。

件背后的制度漏洞和治理短板。

第四，深化协作机制，与市场监管、生态环境等部门建立紧密的协作关系，构建线索双向移送、联合调查制度。以食品安全领域为例，检察机关通过"行刑衔接"专项行动，实现行政执法与刑事司法的无缝对接，形成打击违法犯罪的强大合力。

通过上述立体化、精细化的改革举措，检察机关不仅能够显著提升个案办理的质量和效率，更能在制度层面形成系统性治理，为新时代检察事业高质量发展筑牢根基。

（一）强化案件审查机制

为了强化案件审查机制，检察机关应当不断完善案件受理与分配流程，并努力提高案件审查的质量和效率。优化案件受理程序至关重要，这需要确保每一起案件都能被及时、准确地记录并迅速进入审查流程。为此，检察机关应建立一套标准化的案件登记系统，明确规定案件受理的时间限制和所需材料，以减少不必要的延误。例如，可以设立统一的电子平台用于案件的在线提交和受理，同时确保所有提交的材料格式规范一致，便于后续审查工作。应根据案件类型、复杂程度等因素，将案件合理分配给具有相应专长和经验的检察官。这样不仅能够提高案件处理的专业性，还能避免资源浪费，确保每一个案件都能得到最合适的处理。为了达到这一目的，可以开发智能化的案件分配系统，根据检察官的专业背景和过往业绩自动匹配案件，提高分配的科学性和准确性。

建立健全案件审查制度也是必不可少的一步，以确保每一起案件都经过细致审查，包括证据审核、法律适用等方面的严格把关[1]。为了提高审查效率，可以引入先进的信息技术手

---

[1] 高景峰：《检察机关深化司法责任认定、追究的实践路径》，载《国家检察官学院学报》2025年第1期。

段，如利用大数据分析来辅助案件审查，提高审查工作的精准度和速度。例如，通过建立案件数据库，运用数据挖掘技术来分析相似案件的特点和趋势，检察官可以更快地找到相关案例和法律依据。

定期培训和案例研讨等方式也能不断提升检察官的专业技能和审查能力，确保案件审查的质量得到持续提升。可以邀请资深检察官和法学专家开展专题讲座，分享实践经验，讨论典型案例，以此增强检察官的专业素养和业务水平。通过这些措施，检察机关能够更好地履行职责，确保法律的正确实施和社会公共利益的维护。

（二）健全监督制约机制

为了健全监督制约机制，检察机关可从构建"三位一体"监督体系、打造全流程闭环管理着手，实现监督效能最大化。在内部监督层面，需建立"事前预防—事中管控—事后追责"的完整链条：一方面，通过完善内部审计制度，对案件办理经费使用、涉案财物管理等关键环节开展专项审计；另一方面，强化纪检监察的常态化监督，针对重点岗位定期开展廉政风险排查，利用大数据分析技术建立检察人员履职行为预警模型[1]。此外，还可推行"一案双查"制度，既查案件办理质量，又查检察人员纪律作风，将内部监督嵌入办案全流程。

外部监督体系建设则需构建多元化参与平台。除传统的媒体监督、公众举报渠道外，还可探索建立检察开放日常态化机制，邀请人民代表大会代表、政协委员、法律工作者等群体参与案件公开审查；利用政务新媒体平台开设"检察监督直通车"专栏，实时公示案件进展，接受社会质询。特别要建立监督线

---

〔1〕　张杰：《检察大数据法律监督的法理逻辑与视域诊定》，载《上海师范大学学报（哲学社会科学版）》2024年第6期。

索分级分类处理机制，对群众反映的问题，由专人负责跟踪督办，确保件件有回应。

针对检察建议与监督意见的执行落地，应打造"发现问题—督促整改—效果评估"的闭环管理体系。组建由业务骨干构成的专项督导组，采取"线上+线下"相结合的监督方式，通过检察业务应用系统实时监控建议执行节点，同步开展实地走访核查。建立执行效果"双评估"机制，既由承办部门对整改情况进行专业评价，又引入第三方机构对整改实效开展社会满意度测评。对执行不力的单位，还可通过联席会议、情况通报等方式，推动问题根源性解决，真正实现检察监督刚性约束[1]。

（三）优化案件管理与信息化建设

为了优化案件管理与信息化建设，检察机关可从电子卷宗系统与大数据分析两大核心方向精准发力。

在电子卷宗系统建设层面，需构建"建—管—用"体系。在硬件设施上配备高分辨率扫描仪、大容量存储服务器等基础设备，同步开发适配检察机关业务流程的电子卷宗管理系统，确保案件材料扫描、存储、检索功能完备。建立跨层级、跨部门的统一电子卷宗平台，通过权限分级管理机制，既保障案件信息在内部高效流转，又通过数据加密、容灾备份等技术手段，确保案件信息在存储与传输过程中的安全和完整。实际应用中，某基层检察院通过电子卷宗系统，将案件材料平均调取时间大幅缩短，显著提升了案件办理前期的材料准备效率。卷宗电子化减少了纸质文件的印刷、归档环节，可节省大量纸张和仓储空间，真正实现了绿色办公与降本增效的双重目标。

在大数据分析应用方面，应建立"收集—分析—应用"的

---

〔1〕 梁鸿飞：《数字检察赋能行政公益诉讼：从技术嵌入到制度融合》，载《兰州大学学报（社会科学版）》2024 年第 2 期。

闭环工作模式。可依托检察机关统一业务应用系统，对案件受理时间、办理节点、处理结果等数据进行全流程采集，形成结构化数据池。通过数据挖掘算法，分析不同类型案件在犯罪特点、证据链构建、法律适用等方面的共性规律，为制定类案办理指引提供数据支撑。例如，通过分析盗窃案件数据，可总结案发时段、高发区域等，辅助公安机关加强防范。运用机器学习模型对案件进行风险评估，可提前识别存在信访隐患、舆论风险的案件，便于制定针对性预案[1]。关于智能检索平台，检察官输入案件关键词后，系统不仅能快速匹配相关法律法规，还能通过语义分析，精准推送相似案例的裁判要点和证据采信标准，助力检察官在审查案件时快速把握要点，提高法律适用的准确性和办案效率。

（四）深化检务公开与社会参与

为了深化检务公开与社会参与，检察机关可从"信息透明化"与"参与实体化"两方面着手。在信息公开维度，需建立动态更新的检务信息清单，除常规的案件受理进度、重大案件判决结果外，还应公开法律文书说理过程、检察建议落实情况等关键内容。可依托新媒体矩阵打造"指尖上的检务公开平台"，通过短视频解读典型案例、直播案件庭审过程等创新形式，让专业法律知识转化为群众易懂的普法内容。可针对不同群体需求提供差异化信息服务，如为企业定制合规指引手册，为社区制作反诈检察提示卡等。

在公众参与机制建设上，可构建"线上+线下"双轨互动体系。线上搭建智能意见征集平台，运用自然语言处理技术对群众留言进行分类分析，将高频问题转化为检察工作改进方向；线下每月固定举办检察开放日，设置模拟庭审体验、法律文书

---

〔1〕　李晓明、刘舒婷：《数字赋能检察侦查：场景、逻辑、困境及发展》，载《犯罪研究》2024 年第 6 期。

写作等沉浸式活动。特别要建立分层分类的志愿者参与机制，对法律专业人士，可邀请其参与案件质量评查；对热心公益者，可组织其参与未成年人观护帮教、生态环境公益诉讼线索收集等工作。通过这些举措，让公众从检察工作的旁观者转变为参与者，真正实现检务公开与社会治理效能的双向提升。

（五）推进检察改革与创新

要构建契合时代发展需求的新型检察模式，需从团队建设、跨学科协作、基层创新、技术赋能等多维度着手。在团队专业化建设上，可依据刑事案件、经济犯罪、公益诉讼等不同案件特性，分别组建涵盖刑侦专家、经济分析师、环境法学者等专业人才的办案小组。通过定期开展案例研讨、模拟庭审等专项训练，强化团队对特定领域法律条文与实务操作的掌握，确保每个案件都能得到精准处理。

面对重大复杂案件，应突破传统办案局限，建立跨学科专家协作机制。例如，在涉及金融诈骗与区块链技术结合的新型案件中，可邀请计算机专家协助分析电子证据链，会计师参与资金流向核查，形成法律专业判断与技术、财务分析的有机融合，确保案件处理既符合法律规范，又具备科学性。

基层检察院作为直面群众的一线单位，应成为创新实践的沃土。允许基层单位在遵循法律框架的前提下，探索符合地方特色的办案方式。例如，针对乡村邻里纠纷案件，可试点"检察+乡贤调解"模式，将法律威严与乡土人情相结合，既可化解矛盾又可普法宣传[1]。鼓励基层院开发"微创新"，如建立类案处理标准化流程手册，提升同类案件办理效率。

信息技术是提升检察服务效能的关键引擎。在远程视频庭

---

〔1〕 余圣琪：《公共大模型决策的法治化约束》，载《国家检察官学院学报》2025 年第 1 期。

审方面，不仅要实现基础的音视频传输，更要完善电子证据同步展示、庭审笔录实时共享功能，确保异地当事人与法官、检察官实现"无壁垒"沟通。电子取证环节则运用区块链技术对证据进行存证固证，从源头保障证据真实性与完整性，缩短传统取证流程中的时间成本。

设立创新试点项目，需建立科学的评估体系。在特定地区试点"一站式"检察服务平台，整合案件受理、法律咨询、进度查询等功能，通过用户反馈问卷、办案效率对比分析等方式，全面评估平台的便民性与实用性，并及时总结试点经验，形成可复制的方案，为全国检察系统服务升级提供实践样本。

三、推进科技强检战略

推进科技强检战略是检察工作适应时代潮流、提升工作效率与质量的关键举措。在信息化、智能化高速发展的今天，检察机关面临着案件量激增、证据形式复杂化等新挑战，传统办案模式已难以满足现实需求。以电子卷宗智能编目系统为例，该系统运用 OCR 技术，可自动提取卷宗中的关键信息，替代人工手动录入，使单案材料整理时间大幅缩短。大数据分析平台能对海量案件数据进行多维度比对，精准识别类案特征，为检察官提供量刑建议参考，降低同案不同判风险。

此外，区块链技术在证据存证领域，通过分布式账本确保电子证据不可篡改、可追溯，有效破解电子证据易灭失、难认定的难题。远程提讯系统则突破空间限制，利用 5G 高清视频技术实现检察官对看守所犯罪嫌疑人"面对面"讯问，既保障了办案效率，又降低了人员聚集风险[1]。这些科技手段的深度应

---

〔1〕　孙洪坤、张飘：《反电信网络诈骗检察公益诉讼的双重观察——兼论〈反电信网络诈骗法〉第 47 条之完善》，载《安徽大学学报（哲社版）》2025 年第 1 期。

用，不仅优化了检察工作流程，更推动了检察事业从"人力驱动"向"数据驱动""智能驱动"的现代化转型，真正实现了科技赋能检察的战略目标。

（一）加强信息化基础设施建设

为了加强信息化基础设施建设，检察机关需从硬件设施升级与网络通信安全防护两大维度共同发力。对于硬件设施建设，应制定三年滚动升级计划，针对核心业务场景分类实施改造：对于案件管理系统，应优先部署支持弹性扩展的分布式服务器集群，满足案件数据快速检索与并发处理需求；对于电子卷宗存储，应引入冷热数据分层存储架构，将高频访问的近期卷宗存储于固态硬盘中，历史卷宗迁移至蓝光存储设备，既保障响应速度又降低存储成本。还可通过模块化网络架构设计，利用软件定义网络（SDN）技术，实现网络带宽的动态分配，从而适应远程提讯、视频会议等业务的突发流量需求。在设备选型时，应严格遵循国家绿色数据中心标准，选用80PLUS认证电源和液冷散热方案。

网络通信安全防护需构建"监测—防御—响应"体系。可在网络边界部署下一代防火墙，通过应用层深度检测技术，精准识别伪装成正常流量的恶意攻击。在数据传输环节，可对跨地域、跨部门的案件数据采用国密SM4算法加密，配合区块链存证技术，确保数据全程可追溯。针对勒索病毒等新型威胁，可建立沙箱检测机制，对可疑文件进行隔离分析。检察机关可将网络安全培训纳入年度考核，每季度开展钓鱼邮件模拟攻击演练，通过真实案例复盘提升全员安全意识，同时制定"网络安全事件分级响应手册"，明确数据泄露、系统瘫痪等不同场景下的处置流程，每半年组织与公安网络安全部门的联合应急演练，确保突发情况下能在短时间内启动数据容灾切换和完成系统恢复。

（二）推动大数据和人工智能应用

大数据技术与人工智能技术在案件分析与处理流程中，正以多维度、精细化的方式重塑司法工作模式。在案件分析环节，大数据平台通过搭建案件信息集成系统，可实时采集案件受理时间、涉案金额、犯罪手段等结构化数据，以及笔录文本、监控录像等非结构化数据，并运用图数据库技术构建案件关联图谱。例如，在金融诈骗类案件中，系统能够自动梳理出不同案件中犯罪嫌疑人的资金流向网络，通过社交网络分析算法挖掘出隐藏的犯罪团伙关系，帮助检察官快速锁定关键证据链。在类案参考方面，基于机器学习的聚类算法可提取案件中的特征标签，精准匹配相似案件的犯罪手法、量刑结果等，形成可视化的类案对比报告。时序预测模型能结合地区治安数据、政策变化等外部变量，预测非法集资、网络赌博等具有季节性高发特征的案件趋势，为司法资源调配提供动态预警。

人工智能技术则从决策辅助与流程优化两端发力。在案件分类领域，基于 Transformer 架构的自然语言处理模型，可对起诉意见书、侦查卷宗等文书进行语义分析，不仅能自动识别案件类型，还能标注出罪名争议点、证据薄弱环节等关键信息，准确率较传统关键词匹配方式显著提升。智能文档审核系统通过光学字符识别与知识图谱技术，可快速定位合同条款中的法律风险点，对重复出现的证据材料进行自动去重，并生成包含争议焦点、法条引用的审查建议。在案件记录整理环节，智能语音转写系统支持方言识别与专业术语优化，结合自动分段、重点标注功能，可明显提升庭审记录效率，同时还可通过语义理解算法自动生成案件摘要，便于后续归档与检索[1]。这些技术的

---

〔1〕　林轲亮、李兴确：《数字政府背景下行政备案监管的法治化调适》，载《重庆社会科学》2025 年第 3 期。

协同应用，实现了从案件分析到处理全流程的智能化升级。

（三）深化云计算和移动办公技术

为了深化云计算和移动办公技术的应用，检察机关可通过分阶段、场景化的建设策略，推动云平台与移动办公系统的深度融合。在云平台建设方面，可优先完成基础设施层的改造，采用分布式存储架构搭建检察云数据中心，对案件卷宗、法律文书等核心数据进行分级分类存储，同时配置冷热数据分层管理机制，既能确保高频使用数据的快速调取，又能降低长期存储成本。例如，在处理跨区域案件时，检察官可通过权限认证快速获取异地关联案件的电子卷宗，配合智能检索功能，实现关键证据材料的精准定位。

移动办公系统开发则需聚焦办案场景痛点，构建"端到端"的闭环工作流程。在案件办理场景中，可开发具备 OCR 功能的移动端案件查询模块，支持将检察官拍照上传的纸质材料自动转化为电子文档并关联至案件库；针对文档编辑需求，可集成轻量化的法律文书模板库，内置自动纠错与法条引用功能，降低外出办案时的文书制作门槛[1]。在非工作时间突发情况处理上，系统需设置紧急事务优先级通道，当出现需立即审批的强制措施申请时，检察官可通过生物识别验证，在移动端完成电子签章确认，同步生成操作日志留存审计。

为保障数据安全与使用的便捷性，可建立动态数据同步机制。系统根据设备使用场景自动切换同步策略：在连接检察内网时，采用全量同步模式确保数据完整性；在外网环境下，则启用智能差分同步技术，仅传输必要更新数据。还可引入区块链存证技术，对案件数据的每一次修改操作进行哈希值记录，

---

〔1〕 张杰：《检察大数据法律监督的法理逻辑与视域诊定》，载《上海师范大学学报（哲学社会科学版）》2024 年第 6 期。

既满足数据一致性要求,又为司法证据链提供不可篡改的追溯依据。

(四)提升网络安全防护能力

为了提升网络安全防护能力,检察机关可从制度建设、动态监控、人员培训三方面构建立体化防护体系。在制度建设层面,需形成"策略—评估—应急"的闭环管理机制:通过制定覆盖数据传输、系统访问等环节的网络安全策略,明确操作规范与责任边界[1];引入第三方专业机构每季度开展风险评估,重点排查核心业务系统、数据库、云平台等高风险领域;针对勒索病毒攻击、数据窃取、DDoS 攻击等典型场景,制定包含响应流程、技术处置、法律追责在内的应急预案,并确保预案每年更新迭代。

在动态监控方面,应建立网络安全监测中心,部署入侵检测系统(IDS)、入侵防御系统(IPS)和流量分析工具,对异常登录、数据异常传输等行为进行实时告警。每周开展自动化漏洞扫描,重点关注系统补丁缺失、弱口令、配置错误等常见风险点;每月进行安全审计,核查权限分配是否合规、操作日志是否完整,对发现的漏洞 48 小时内完成修复,高危漏洞采取临时防护措施并限期整改。

人员培训则采用"理论+实操+考核"的三维模式。每季度组织网络安全专题培训,邀请行业专家讲解最新攻击手段与防护技术;每半年开展实战化攻防演练,模拟钓鱼邮件攻击、社工渗透、系统漏洞利用等真实场景,通过红蓝对抗检验防护体系有效性。演练后召开复盘会议,分析攻击路径与防御薄弱点,针对性优化防护策略。依托检察内网搭建的网络安全学习平台,

---

〔1〕 梁鸿飞:《数字检察赋能行政公益诉讼:从技术嵌入到制度融合》,载《兰州大学学报(社会科学版)》2024 年第 2 期。

上线情景模拟课程、典型案例分析等模块，每月推送安全知识测试，将考核结果纳入部门网络安全责任制考核体系。通过制度与技术双轮驱动、管理与培训协同发力，全面筑牢检察机关网络安全防线。

（五）促进科技成果在检察工作中的转化

积极推动先进技术在检察业务中的集成应用，需构建系统化的成果转化体系。应成立专业化的成果转化办公室，配置兼具法律专业知识与技术素养的复合型人才，制定严格的成果筛选标准和评估流程。对每一项科技成果进行多维度考量，包括技术成熟度、与检察业务的契合度、实际应用价值等。建立动态跟踪机制，定期对已筛选的成果进行再评估，确保推广的技术方案切实可行。

在激励机制建设方面，可设立专项奖励基金，将科技成果转化成效纳入检察官和技术人员的绩效考核体系。针对不同类型的贡献制定差异化奖励措施，对提出创新技术应用思路的人员给予创意奖[1]，对主导完成技术研发与转化的核心成员授予突出贡献奖，对积极配合成果落地的团队颁发协作优秀奖。将科技成果转化成果与个人职业发展挂钩，在职称评定、评优评先中予以优先考虑。

在技术应用实践层面，需结合检察业务实际需求进行深度融合。以人工智能技术为例，可构建智能案件审查辅助系统，利用自然语言处理技术自动提取案件关键信息，生成初步审查意见，辅助检察官快速梳理案件脉络。对于复杂案件，系统可通过机器学习算法分析相似案例的判决结果，为检察官提供参考。

---

〔1〕 李晓明、刘舒婷：《数字赋能检察侦查：场景、逻辑、困境及发展》，载《犯罪研究》2024 年第 6 期。

　　大数据分析技术的应用应聚焦于业务痛点。可搭建案件智能分析平台，对海量案件数据进行清洗、分类和挖掘，通过分析案件类型、作案手段、发案时间等维度，预测犯罪趋势，提前制定防控策略。还可运用大数据进行风险评估，对涉众型、敏感型案件的社会影响进行预判，为检察决策提供数据支撑。

　　云计算与移动办公技术的应用需强化安全保障。可构建检察专属云平台，设置多层加密防护体系，确保案件资料在云端存储和传输过程中的安全。还可开发适配移动端的办案 APP，支持检察官在外出调查、异地提审等场景下，通过移动终端实时调取案件资料、撰写审查报告、开展远程会议，实现办案全流程移动化、智能化。

　　区块链技术的应用则应贯穿证据收集、存储、使用的全周期。在证据固定环节，可通过区块链技术对电子证据进行哈希值存证，确保证据一旦生成便不可篡改。同时建立跨部门的区块链证据共享平台，实现公检法等部门之间的证据互通互信，提升司法协作效率，保障司法公正。

四、强化社会监督与舆论引导

　　在法治社会建设进程中，检察机关作为法律监督体系的核心枢纽，其职能发挥直接影响着法律的权威性与公信力。从具体实践来看，检察机关不仅承担着刑事诉讼中的审查起诉、法律监督职责，还在公益诉讼、民事行政监督等领域持续发力，成为守护社会公平正义的最后一道防线。然而，这一防线的稳固性离不开社会监督力量的协同配合。

　　社会监督如同一面镜子，能够及时折射出检察工作中的薄弱环节。比如，群众通过来信来访、网络平台反映的线索，往往能暴露出执法程序瑕疵或法律适用争议；媒体对典型案件的追踪报道，则能促使检察机关主动回应社会关切，优化办案流程。与此同时，舆论引导的重要性同样不容忽视。检察机关定期召开新闻发布会、发布指导性案例、开展法治宣传教育，既能澄清公众对法律条文的误解，又能以真实案例为教材，推动形成办事依法、遇事找法的社会氛围[1]。这种双向互动机制，不仅能提升检察工作的透明度，更能通过良性互动强化公众对司法制度的理解与信任，为法治社会建设注入持久动力。

（一）拓宽社会监督渠道

检察机关应当构建立体化、多层次的公众监督体系，通过搭建数字化平台与创新互动机制，切实将民意转化为服务优化的内生动力。在公众监督平台建设方面，需以用户需求为导向，打造集多功能于一体的线上服务枢纽。平台首页应设置简明易懂的操作指引，配合动态演示视频，帮助不同年龄层用户快速掌握使用方法。在线投诉举报系统要配备智能分诊功能，根据举报内容自动分类转办，同时生成专属查询码，方便群众随时通过短信或平台入口查看办理状态。案件进展查询系统则需细化至每个关键节点的图文说明，如立案审批、证据收集、开庭审理等环节，让群众对案件流程一目了然。此外，政策法规咨询模块可引入"智能问答+人工客服"双轨服务，既通过关键词匹配即时推送相关法规解读，又提供在线预约律师咨询服务，确保复杂问题得到专业解答。

在民意征集工作中，应建立常态化、多样化的互动机制。每月围绕重点工作发布主题问卷调查，问题设计注重具体场景，如"您认为在办理邻里纠纷案件时，检察机关哪些环节需要改进"，避免笼统提问。在线投票环节可结合典型案例开展法律适

---

〔1〕 何坤、何恬：《数字检察背景下的检察大数据平台建设路径与思考》，载《江西通信科技》2024年第4期。

用讨论，引导群众参与司法实践思考。每季度召开的公开听证会，除邀请人民代表大会代表、政协委员外，还应通过随机抽取方式吸纳普通群众参与，设置现场提问与辩论环节，让不同声音充分碰撞。此外，针对老年人等面临"数字鸿沟"的群体，可联合社区开展"检察开放日"活动，通过面对面交流收集意见。

为深化监督实效，检察机关需建立"征集—反馈—整改—公开"的闭环机制。通过社交媒体、官方网站发布工作报告时，不仅要呈现工作成果，更要逐项回应前期征集的群众意见，说明改进措施与成效。重要决策出台前，可采用"政策草案意见征集+专家解读直播"的形式，让公众深入了解决策背景与影响。对群众关注度高的案件处理结果，除在平台公示外，还可制作通俗易懂的普法短视频，以案说法，提升公众法律认知，真正实现"办理一案、教育一片、服务一方"的社会效果。

（二）加强舆论监测与应对机制

加强舆论监测与应对机制，构建系统化的舆论管理体系，需要从技术应用、组织架构、响应流程、内容传播等多维度协同发力。

在舆情监测系统建设方面，要打造覆盖全网的动态监测网络。除了重点关注微博、微信等社交媒体平台，还需将新闻客户端评论区、地方性论坛、问答社区等公众发声渠道纳入监测范围。例如，针对检察系统相关话题，可细化监测方向，包括案件办理进展、普法宣传效果、队伍建设评价等。运用智能分析工具，对抓取的海量信息进行分类处理，通过语义识别技术精准定位公众讨论焦点，区分出普通建议、建设性意见和负面舆情。建立舆情分级预警制度，根据舆论热度、传播范围和情感倾向，将舆情划分为一般、紧急、重大三个等级，为后续处置提供清晰指引。

快速响应与正面引导机制的健全，需要落实到具体的执行环节。可以组建由宣传部门、业务部门骨干组成的专业舆情应对小组，明确小组内信息收集、分析研判、内容撰写、发布审核等岗位分工。当监测到负面舆情时，启动"1 小时响应"机制：用半小时完成舆情初步核查，确认信息真实性与影响范围；再用半小时拟定回应框架，由法律顾问审核后通过官方微博、微信公众号等渠道发布。对于公众关注的热点问题，除了及时澄清事实，还要开展"以案释法"系列宣传，结合具体案例解读检察职能和法律条款。例如，针对群众热议的某类案件办理流程，可制作图文并茂的解读文章，通过短视频平台进行可视化传播，让公众直观了解检察机关的工作逻辑和法治价值[1]。此外，还可以定期策划"检察开放日""检察官故事"等主题宣传活动，用真实生动的案例和人物故事，展现检察队伍维护公平正义的专业形象和为民情怀，将正面引导融入常态化传播。

（三）完善信息公开制度

为了完善信息公开制度，检察机关可从流程规范、范围拓展、渠道建设和反馈优化四个维度着手。在流程规范层面，需制定覆盖全环节的操作细则。从信息采集的审批权限，到不同密级信息的脱敏处理标准，再到发布前的多级审核机制，都要形成书面规范。例如，对涉及未成年人的案件信息，必须严格执行姓名隐去、面部模糊等特殊处理，确保法律规定的隐私权保护落到实处。

在扩大信息公开范围时，可建立动态调整清单，将检察工作中的典型案例剖析、法律监督专项行动进展、公益诉讼线索征集等纳入常态化公开范畴。针对群众关注度高的食品药品安

---

〔1〕 刘文琦、邵梦：《大数据侦查的检察监督困境及其破解路径》，载《四川警察学院学报》2025 年第 1 期。

全领域公益诉讼，可定期公开调查取证过程、行政机关整改反馈等阶段性成果，让公众直观感受检察监督的实效。

信息发布渠道建设要突出精准触达，在维护好官方网站主阵地的同时针对不同群体特点优化传播策略。对年轻群体，可通过短视频平台以"检察说案"系列视频解读热点法律问题；对老年群体，可联合社区开展"法律明白人"培训，将检察政策转化为通俗易懂的案例讲解。同时建立信息发布日历，固定每月发布检察业务数据、每季度召开新闻发布会，形成稳定的信息供给节奏。

在反馈机制建设方面，可设立"检察开放日意见直通车""线上留言24小时响应"等渠道，将公众反馈分为政策咨询、流程建议、问题投诉三类。对政策咨询类问题，整理成常见问题解答库；对流程建议，组织业务部门专题研讨并公开改进方案；对投诉类问题，建立"受理—核查—反馈"闭环管理，通过电话回访、书面回复等方式确保群众关切有回应。通过持续优化信息公开全链条工作，切实提升检察工作透明度和公信力。

（四）加强与媒体的合作

为了加强与媒体的合作，检察机关应当建立科学完善的媒体联络机制，并定期召开高质量的新闻发布会。具体而言，可从以下几个方面入手：

第一，构建系统化、规范化的媒体联络机制。可设立专门的媒体联络办公室，配备政治素养高、沟通能力强、熟悉检察业务的专职人员，负责日常媒体关系维护与沟通协调工作；建立24小时媒体接待热线，安排专人轮班值守，确保媒体的采访请求能在第一时间得到响应[1]；开通专用电子邮箱，设置智能回复系统，明确告知媒体材料提交要求与反馈时限；制定详细

----

〔1〕 万毅：《论法律监督效能》，载《国家检察官学院学报》2025年第1期。

的"检察机关媒体访问操作指南",从预约登记、材料审核、采访陪同到稿件审阅,将每个环节的操作流程、注意事项以图文并茂的形式呈现;细化信息发布规范,明确哪些内容可以公开、哪些需经审批,以及不同类型信息的发布渠道和时间节点,确保对外发布的信息准确、规范、统一。

第二,定期举办新闻发布会,搭建常态化信息公开平台。可根据检察工作重点和社会关注热点,科学制定年度新闻发布计划,每季度至少召开一次综合性新闻发布会,遇重大案件、重要政策出台等特殊情况,及时召开专题发布会。发布会内容聚焦检察机关在法律监督、公益诉讼、未成年人保护等重点领域的工作进展,通过典型案例剖析、办案过程还原等方式,生动展现检察职能作用[1]。设置专门的问答环节,提前收集媒体和公众关注的焦点问题,组织业务骨干进行针对性准备,在发布会上进行详细解答。建立会后反馈机制,及时整理媒体报道和公众意见,为后续工作改进提供参考。

第三,创新开展多样化的媒体互动活动。可定期邀请媒体记者走进检察机关,参观12309检察服务中心、案件管理大厅等办公场所,近距离了解检察工作流程;组织业务部门负责人与媒体记者开展专题访谈,围绕社会热点问题、法律政策解读等主题,进行深入交流探讨;针对重大典型案件,邀请媒体参与案件办理过程中的公开听证、司法救助等活动,通过现场观摩、跟踪报道,让媒体更直观地感受检察工作的严谨性与温度[2]。这些形式多样的互动活动能够增进媒体对检察工作的认知和理

---

〔1〕 黄宝跃:《大数据:检委会案件类议题决策科学化路径》,载《数字法治》2024年第6期。

〔2〕 原美林、王雪晴:《论数字时代的协作互动侦查监督模式》,载《浙江工商大学学报》2024年第6期。

解，为正面宣传报道提供丰富素材，树立检察机关良好形象。

（五）提升公众参与度

检察机关可定期举办公众开放日活动，每月设定固定开放时段，邀请市民走进检察机关。活动中，不仅可以安排专人带领参观智能化办公场所、陈列着珍贵案例档案的荣誉室，还可以设置模拟办案流程演示环节，让市民直观了解案件受理、审查起诉等核心职能。活动现场增设"检察官答疑角"，通过面对面交流，解答公众对法律程序、公益诉讼等热点问题的疑惑，展现检察工作维护社会公平正义的价值所在，切实增强公众对检察机关的信任感。

在鼓励公民参与检察监督方面，可设立24小时开通的"阳光举报"专线，同步搭建功能完备的网络举报平台，引入区块链技术保障举报人信息全程加密。同时优化举报流程，采用"一键式举报"设计，简化填写内容，并在3个工作日内给予初步受理反馈。还可以通过电视专题访谈、公交移动媒体投放鼓励举报宣传短片，联合社区开展"法律知识进万家"活动，发放印有举报渠道的便民手册，全方位提升公众对举报途径的知晓度。

此外，检察机关还可以每季度组织多样化公众监督活动：精选具有典型教育意义的刑事案件，邀请人民代表大会代表、社区工作者等群体旁听庭审，设置庭审后即时反馈环节；针对重大疑难案件，开展线上线下相结合的公众评议活动，通过问卷调查、直播互动等形式广泛收集民意，将公众意见纳入案件审查参考体系，真正实现检察工作与群众需求同频共振。

结 论

在依法履职的背景下，检察机关通过一系列改革和创新措施，不仅提升了自身的专业能力和工作效率，还进一步拓展了其在社会治理中的功能，为构建和谐社会和建设法治中国作出了重要贡献。

在队伍建设方面，检察机关通过加强队伍建设，显著提升了检察官的专业素质和道德水平，确保了检察队伍的高质量发展，为依法履职奠定了坚实的人才基础。检察机关高度重视检察官的职业培训与继续教育，通过定期举办各类专业培训课程，确保检察官能够掌握最新的法律知识和办案技能；通过开展法律实务技能提升与案例研讨，加强检察官之间的经验交流和业务学习，提高他们的实践能力；注重优化队伍结构，促进年龄、性别及专业背景的多元化，并建立健全高级检察官与年轻检察官之间的传帮带机制，有效传承宝贵的经验和知识；强化职业道德与纪律建设，制定严格的职业道德规范与行为准则，并建立有效的纪律检查与违规处理机制，确保检察官队伍的廉洁自律；完善激励与考核机制，通过科学的绩效评价体系与晋升制度，以及合理的奖励与惩罚措施，激发检察官的工作积极性和责任心。

在案件审查方面，检察机关强化案件审查机制，通过优化案件受理与分配流程，提高案件审查的质量和效率，确保每一起案件都能得到及时、公正的处理；健全监督制约机制，推动内部监督与外部监督相结合，完善检察建议与检察监督意见的执行反馈机制，增强检察机关的自我约束能力和外部监督的有效性。此外，检察机关还优化了案件管理与信息化建设，通过推进电子卷宗系统的建设和加强大数据分析的应用，提高案件管理的现代化水平，使得案件处理更加高效和精准。其还深化了检务公开与社会参与，扩大检务信息公开范围，并建立健全公众参与检察工作的机制，增加了检察机关工作的透明度和公众参与度。同时，检察机关推进了检察改革与创新，探索新型检察模式与办案机制，并鼓励基层检察院进行创新实践，进一步提升了检察机关的工作效能和创新能力。

在社会监督方面，检察机关积极拓宽社会监督渠道，加强了舆论监测与应对机制，不断完善信息公开制度，并且加强了与各类媒体的合作。这些举措有效提升了公众的参与度，进而增强了检察机关的透明度和公信力。通过主动公开重要案件信息和社会关注的热点问题，检察机关能够及时回应社会关切，接受社会各界的监督，确保权力在阳光下运行。此外，检察机关还利用新媒体平台和技术手段，创新宣传方式，增强与公众的互动交流，进一步巩固了人民群众对检察工作的信任和支持。

在当代社会治理体系中，检察权的功能得到了显著拓展。除了承担传统的职责，如审查批准逮捕、提起公诉等，检察机关还主动参与到更广泛的社会治理工作中。这一转变使得检察机关能够在预防犯罪、化解社会矛盾等方面发挥更加积极的作用。通过开展法治宣传教育、参与社区矫正工作、监督行政执法等方式，检察机关有效促进了社会的稳定与和谐。此外，检察机关还加强了对公共利益的保护，比如在环境保护、食品药品安全等领域进行公益诉讼，进一步彰显了其在维护社会公共利益方面的重要地位。这种全方位的参与不仅提升了检察机关的社会影响力，也为构建法治社会提供了有力支持。

检察机关还在全球化背景下加强了与其他国家及国际组织的合作，这在操作层面上体现为信息共享、案件协作与司法协助、联合调查与行动、能力建设与培训以及法律框架与政策协调等多个方面的深入合作。通过建立高效的信息交流机制，检察机关能够及时获取有关跨国犯罪的情报，为有效打击此类犯罪提供了坚实基础。在案件协作与司法协助方面，检察机关与国际伙伴密切合作，共同处理涉及多国的复杂案件，提高了跨境犯罪的侦破效率。此外，通过开展联合调查与行动，检察机关能够协同各国执法机构，对跨国犯罪网络实施精准打击。为了提升整体应对能力，检察机关还积极参与国际能力建设项目，为国内外同行提供专业培训和技术支持。通过参与制定和修订国际法律框架与政策标准，检察机关在推动形成更加公正、高效的国际合作机制方面也扮演着重要角色。这些措施共同提升了检察机关应对跨国犯罪的能力，为维护全球安全与稳定作出了贡献。

随着社会的不断进步和法治建设的深入推进，检察权在社会治理中的功能将持续拓展。检察机关不仅要继续强化其核心职责，还要不断创新工作机制，提升服务水平，更好地服务于社会公众。未来，检察机关还应进一步加强国际合作，共同应对跨国犯罪挑战，维护国际法治秩序；继续深化社会矛盾化解工作，通过更加科学合理的机制，有效预防和化解社会矛盾，为构建和谐社会、推进法治中国建设贡献力量。在新时代背景下，检察权将在维护国家安全、社会稳定和促进经济社会发展中扮演更加重要的角色，为实现中华民族伟大复兴的中国梦提供坚实的法治保障。

后 记

为深入学习贯彻党的二十大和二十届二中、三中全会精神，全面贯彻落实中共中央办公厅、国务院办公厅《关于加强新时代法学教育和法学理论研究的意见》，最高人民检察院、教育部联合印发《关于加强新时代检察机关与高等学校合作的意见》，贵州民族大学法学院联合贵州省毕节市威宁自治县人民检察院联合开展检察理论研究的背景下，组织编著本书，而本书也是双方单位之间的成果之一。在本书的编著过程中，得到了贵州民族大学相关校领导、法学院院领导的大力支持与关心，主编、副主编及各位编委成员齐心协力、各司其职，以严谨的治学态度和高度的责任感，共同完成了这部凝聚着集体智慧与心血的著作。

副主编况贞勇、王林、罗仪、徐燕飞、邹军、倪亭、杨婷婷也积极投入编著工作，他们充分发挥各自的专业优势，在资料收集、初稿审核、意见反馈等环节发挥了重要作用。其中广东外语外贸大学博士生况贞勇作为第一副主编，独立撰写了第一章到第四章第一节内容，以扎实的专业知识和敏锐的学术洞察力，深入剖析检察权相关理论，为本书的体系构建和内容充实作出了突出贡献。各位副主编之间密切配合、相互支持，形成了强大的工作合力，有效推动了编纂工作的顺利进行。

编委俞俊峰、王胜坤、刘伟琦、张雪、邵明月、李飞龙、瞿绍豪、王肃、禄秋萍、马渊、聂萍、孔德正、马勋思、虎尊丹、李小会、陈富娴、宋燕、朱坤、沈诺同样发挥了重大作用。他们在各自分工的部分凭借对检察权领域的深入研究和丰富实践，为本书提供了大量宝贵的资料和独到的见解。在编著过程中，他们认真对待每一项任务，反复斟酌每一个观点，精心打磨文稿，确保了本书内容的科学性、准确性和权威性。

本书各章节内容既相互独立又紧密联系，共同构成了一个完整、系统的理论体系。这一成果的取得，离不开每一位参与编著的老师的辛勤付出和无私奉献。

在此，我们向所有为本书编著工作作出贡献的贵州民族大学校领导、贵州民族大学法学院院领导、威宁自治县人民检察院相关领导、主编、副主编及编委成员表示衷心的感谢和崇高的敬意！希望本书能够为检察权领域的研究和实践提供有益的参考和借鉴，推动检察权理论与实践的不断发展。

主编：陈雪梅　王化宏　戴兴栋